Max Gallo

Agrégé d'histoire, docteur ès lettres, longtemps enseignant, Max Gallo a toujours mené de front une œuvre d'historien, d'essayiste et de romancier, s'attachant à restituer les grands moments de l'Histoire et l'esprit d'une époque. Il est aussi l'auteur de biographies abondamment documentées sur de grands personnages (Napoléon, de Gaulle, César, Victor Hugo, Louis XIV, Jésus, François Ier). Avec *1940, de l'abîme à l'espérance* (2010), il a initié une grande histoire de la Deuxième Guerre mondiale, achevée en 2012 avec *1944-1945, le triomphe de la liberté*. Il est également l'auteur d'une histoire de la Première Guerre mondiale, composée de *1914, le destin du monde* (2013) et de *1918, la terrible victoire* (2013). Tous ces ouvrages ont paru chez XO.

Chez le même éditeur, Max Gallo a publié ses mémoires, *L'oubli est la ruse du diable* (2012), ainsi que, plus récemment, *Dieu le veut : chronique de la première croisade* (2015), *Richelieu : la foi dans la France* (2015), *Moi, Charlemagne, empereur chrétien* (2016), *Henri IV, un roi français (2016)*. Son dernier ouvrage, *1917*, paraît chez XO en janvier 2017. Max Gallo a été élu le 31 mai 2007 à l'Académie française, au fauteuil du philosophe Jean-François Revel.

RICHELIEU

DU MÊME AUTEUR
CHEZ POCKET

MAX GALLO

de l'Académie française

RICHELIEU

La Foi dans la France

Pocket, une marque d'Univers Poche,
est un éditeur qui s'engage pour la préservation
de son environnement et qui utilise du papier fabriqué
à partir de bois provenant de forêts
gérées de manière responsable.

© XO Éditions, Paris, 2015
ISBN : 978-2-266-26825-7

« Regardez tous !
voilà l'homme rouge qui passe !
[...] Sa pourpre est faite avec des gouttes
De leur sang ! »

Victor Hugo,
Marion de Lorme

PROLOGUE

Décembre 1608

Il a appris le maniement des armes, le jeu de paume, la danse, et il est bon cavalier.

Mais comment refuser les dix-huit mille livres de revenu et le pouvoir qui s'attachent à l'évêché de Luçon, qui fait partie du patrimoine de la famille ?

Or les du Plessis ont besoin de cet argent.

Le père, François du Plessis, est mort en 1590.

Le fils aîné, Henri, doit tenir son rang à la Cour. Il est le chef de famille. La mère, Suzanne de La Porte, veuve, a dû seule élever ses six enfants, dont trois filles à marier – Françoise, Isabelle, Nicole – et trois fils, Henri, Alphonse, et Armand Jean.

Henri, l'épée au côté, usant de son droit d'aînesse, prélève quatre mille livres sur les revenus de l'évêché de Luçon. Alphonse, à qui l'évêché aurait dû revenir, a choisi la vie monastique.

Et Armand Jean ne peut donc se dérober. Le devoir familial, le service du roi l'exigent.

Il laissera son épée au fourreau. Il sera évêque « pour le bien de l'Église et la gloire de notre nom », confie-t-il.

Il ne veut pas douter, mais le voyage dans le Bas-Poitou,

vers la ville de Fontenay-le-Comte, située à sept lieues de Luçon, est long, lassant.

Richelieu a connu la Cour, prêché devant le roi, même si la fièvre souvent l'a contraint à renoncer. Et il le pressent, il risque de s'embourber dans cet évêché de Luçon, qui compte seulement cent mille diocésains. L'évêché n'est pas le plus pauvre de France, mais les guerres de Religion ont dévasté le pays. La cathédrale est saccagée, la flèche abattue. Les huguenots ont détruit à coups de marteau les statues, les objets du culte ; les tableaux ont disparu. Et Sully, le gouverneur du Poitou, proche du roi, est, contrairement à Henri IV, resté ferme huguenot, soucieux de protéger les siens.

Et des querelles d'argent opposent les trente chanoines de l'évêché de la famille du Plessis.

Or Richelieu est si jeune qu'il n'a pas le droit, lui, l'évêque, de percevoir les revenus de l'évêché et de décider des dépenses ! Il est préoccupé, mais il serre les dents. Il n'existe qu'un seul chemin. Il doit faire respecter l'évêque de Luçon. Et de ce lieu marécageux, boueux, il tirera pouvoir, gloire et revenus.

Il le doit à Dieu, au roi, à son nom.

Le carrosse s'arrête sur la petite place de Fontenay-le-Comte. Richelieu descend. Les représentants de la ville le saluent avec une déférence mêlée de curiosité et d'étonnement aussi : ce jeune efflanqué mais au regard perçant, brillant dans un visage de bretteur, est-ce bien là l'évêque de Luçon ?

Richelieu se redresse. Il est de haute taille, mais si malingre, le teint si blafard ! Il veut que son visage, que ses yeux expriment à la fois aménité et autorité.

Il s'avance vers les échevins et les notables.

« Je rends grâce à Dieu, d'avoir si proche de mon évêché une ville renommée pour avoir donné une infinité de beaux esprits à la France », commence-t-il.

Il veut l'amitié des habitants de Fontenay-le-Comte, « toutes les sciences, comme disent les anciens, se tenant par la main », conclut-il.

Il se dirige vers les délégués du chapitre de la cathédrale de Luçon venus l'accueillir, ceux-là mêmes qui sont en procès avec la famille du Plessis.

Richelieu n'hésite pas, évoque le différend, d'une voix apaisante :

« J'attribue ce malheur à mon absence et au peu de connaissance que vous avez pu prendre de la bonne volonté que je vous porte. Mais maintenant que je serai avec vous et que je pourrai vous faire paraître combien je vous honore, je me promets que vous me voudrez tous du bien. »

Les chanoines s'empressent, s'inclinent, puis Richelieu remonte dans son carrosse, et escorté par les chanoines, il prend la route de Luçon.

Il retrouve les paysages de son enfance, ces étendues mamelonnées, crevées d'étangs boueux, et il ressent devant ce panorama désolé, qu'une brume noirâtre recouvre ici et là, un sentiment d'accablement comme si la fièvre redoublait. Mais en même temps, il éprouve de l'exaltation, de l'enthousiasme, de la ferveur.

Dieu lui lance un défi, le soumet à une épreuve, et s'il l'emporte, Dieu le reconnaîtra.

Il doit donc montrer au Seigneur qu'il est prêt au sacrifice pour le servir, et dans le même élan, œuvrer pour le roi.

Cependant il lui faut faire appel à toute sa volonté pour ne pas céder au découragement.

Le pays est encore plus pauvre que ce que Richelieu avait imaginé, lisant les descriptions des voyageurs. « Luçon, écrivait l'un d'eux, ne devrait pas être mise au rang des villes, si on ne considérait la qualité qu'elle porte d'évêché. Elle est située dans le Bas-Poitou sur un petit ruisseau, au milieu de grands marais… étant éloignée de la mer seulement par deux lieues. »

Richelieu se penche, découvre de part et d'autre du chemin étroit des fossés où le carrosse peut à chaque tour de roue verser.

L'un des chanoines, assis près de lui, lui dit que dans les petites chaumières qu'on aperçoit, enveloppées de fumée, les pauvres gens ne vivent que d'un peu de blé. Ils sèment le grain sur la terre qu'ils ont tirée des canaux et des pâturages où ils nourrissent quelques têtes de bétail. Ils n'ont point de bois pour se chauffer. « Ils usent des bousats de vaches séchés au soleil qui brûlent comme des tourbes. En un mot, je ne sais point des gens plus pauvres dans la France que dans les marais du Bas-Poitou. »

Ce peuple de misère s'est rassemblé devant la pauvre cathédrale qui porte les stigmates infligés par les hérétiques, lors de ces guerres religieuses auxquelles en sa sagesse le grand roi Henri IV a mis fin par l'édit de Nantes en 1598.

Mais les huguenots n'ont pas disparu. Et c'est un autre défi auquel Richelieu pense que Dieu le soumet.

« Je sais qu'en cette compagnie il y en a qui sont désunis d'avec nous quant à la croyance, dit-il à la petite foule, mais je souhaite que nous soyons unis d'affection. Je ferai tout ce qui me sera possible pour vous convier à avoir ce dessein qui leur sera utile aussi bien qu'à vous et agréable au roi à qui nous devons tous complaire. Le temps vous donnera plus de connaissance de l'affection que je vous porte que mes paroles ; c'est ce qui fait que je me réserve aux effets pour vous faire paraître que toutes mes intentions ne tendent qu'à ce qui est de votre bien. »

Et quant aux différends qui opposaient les du Plessis aux chanoines, il veut, dit-il, une « amnistie d'oubliance », mais à la condition que ce désir de réconciliation soit partagé. Que les chanoines ne fassent avec lui qu'un seul cœur et qu'une seule âme pour le bon exemple et le bien du diocèse.

Il n'oubliera jamais qu'il est le pasteur du troupeau, l'évêque choisi par Dieu et le roi, et qu'on doit plier devant lui.

Il veut qu'on le sache dès le jour de son arrivée à Luçon, quand, revêtu des ornements pontificaux, il reçoit les promesses d'obéissance de tous les prêtres réunis dans le chœur de la cathédrale. Lui-même prête serment, la main posée sur l'Évangile. Il est Armand Jean du Plessis de Richelieu, évêque de l'église cathédrale, seigneur et baron de Luçon.

Le 21 décembre 1608, jour de la fête de saint Jacques, il célèbre sa première messe dans la cathédrale dévastée et abandonnée depuis longtemps.

Il se sent porté par le murmure des prières, l'élan des voix, cette foi qui se ressource à sa présence, s'exalte. Et il rend grâce à Dieu de l'avoir déterminé à quitter la Cour, à venir ici, parmi ce peuple abandonné, démuni, afin de montrer à Dieu et au roi ce dont il est capable. Et si Dieu le veut, alors, il pourra s'élever pour mieux servir.

Car il est aussi blessé par la situation dans laquelle il se trouve.

« Je suis extrêmement mal logé, écrit-il, car je n'ai aucun lieu où je puisse faire du feu à cause de la fumée. Vous jugez bien que je n'ai pas besoin de grand hiver, mais il n'y a remède que la patience. »

Il s'efforce de donner à sa vie l'apparat qui est nécessaire pour faire respecter sa charge d'évêque, sa dignité et sa grandeur de seigneur et de baron de Luçon.

Il recrute des domestiques qui ne soient pas seulement des paysans maladroits. Il achète du mobilier, de la vaisselle plate. Il sent qu'on commence, après quelques semaines, « à le prendre pour un grand Monsieur dans le pays ». Et il en est flatté.

« Je suis gueux, comme vous savez, écrit-il, mais toutefois lorsque j'aurai fait plat d'argent, ma noblesse en sera fort relevée. »

Mais il n'est pas dupe, et sous l'ironie percent souvent l'impatience, une pointe d'amertume, et ce désir déjà d'échapper à ce lieu, à ce sort :

« Je vous puis assurer que j'ai le plus vilain évêché de France, le plus crotté et le plus désagréable », répète-t-il, même s'il sait fort bien qu'il en est de pires et de moins fructueux. « Je vous laisse à penser quel est l'évêque ! Il n'y a ici aucun lieu pour se promener, ni jardin, ni allée, ni quoi que ce soit, de façon que j'ai ma maison pour prison. »

Mais il monte en chaire, il prêche, et la foi le soulève, lorsque le jour de Noël il s'adresse aux fidèles de son diocèse. Le jeune évêque de vingt-trois ans ne se contente pas d'« inviter le doux Jésus à venir faire Sa demeure en nous ».

Richelieu hausse le ton, comme s'il parlait, par-delà les murs nus de la cathédrale de Luçon, à tous les sujets du royaume. Il dit :

« La paix publique s'entretient par l'obéissance que les sujets doivent à leur prince, se conformant entièrement à ses volontés, en ce qui est du Bien de son État. »

Il martèle qu'il faut « respecter les lois et les ordonnances de ceux qui ont autorité ».

Il a empoigné les rebords de la chaire. Sa voix vibre :

« La paix est en nos cœurs lorsque la raison commande comme reine et maîtresse, dit-il, que la partie inférieure qui contient le peuple séditieux de nos appétits obéit, et que toutes deux se soumettent à la raison éternelle, de laquelle la nôtre emprunte ce qu'elle a de lumière. »

Pourtant il ne suffit pas de s'en remettre à la raison, fût-elle éternelle. Le jeune évêque Armand Jean du Plessis de Richelieu, au visage de bretteur, sait déjà qu'il faut soutenir la raison par l'action.

« Dieu, dit-il, par sa bonté a tellement favorisé les armes de notre roi Henri le Quatrième, qu'apaisant les troubles il a mis fin aux misères de son État. Nous ne voyons plus la France armée contre soi-même épancher le sang de ses propres enfants. »

Mais Richelieu n'ignore pas que la paix est fragile. La Cour est déchirée par les révoltes entre Grands du royaume, rétifs à l'autorité royale. Les huguenots détiennent des places fortes et n'ont pas renoncé à leur foi hérétique.

L'évêque de vingt-trois ans lève, écarte le bras, dit d'une voix vibrante :

« J'emploierai si peu que j'ai d'esprit, si peu que j'ai de force pour maintenir l'union, de laquelle dépend notre conservation. »

PREMIÈRE PARTIE

1585-1608

« Richelieu avait de la naissance. »

Cardinal de Retz,
Mémoires

1

Richelieu a l'impression lorsqu'il a fini de prêcher dans la cathédrale glacée qu'il n'aura plus la force de descendre les quelques marches de l'escalier de la chaire au bas duquel les chanoines et les fidèles l'attendent.

Et certains se sont agenouillés.

Il reste quelques instants recueilli, agrippé au bord de la chaire, voûté, les yeux fermés, avec la sensation que s'il desserrait ses mains, il s'effondrerait, réduit à ne plus être qu'un tas de loques froissées. La fatigue, l'épuisement vont avoir raison de lui, l'ensevelir. La cloche sonne.

Il doit se redresser, trouver au fond de lui cette source d'énergie et de volonté qui depuis le XIe siècle irrigue sa lignée.

Il descend lentement l'escalier, on lui baise les mains.

Il est l'évêque, Armand Jean du Plessis de Richelieu, seigneur et baron de Luçon.

Il est fort bon gentilhomme. Il a de la naissance.

Sa mère est de noblesse de robe. Les La Porte sont avocats, mais ils comptent aussi des nobles d'épée.

Et les du Plessis, dès le règne de Louis VI le Gros, sont au service du roi, chevaliers ou valets. Il y a un Guillaume du Plessis qui apprend le métier des armes aux côtés de Philippe Auguste, à la fin du XIIe siècle.

On s'écarte pour laisser passer monsieur l'évêque, ce jeune homme maigre, au regard de feu.

Il quitte la cathédrale. Il veut se rendre à Richelieu, le manoir de son enfance, dont les fondations et les plus vieux murs remontent au XIVe siècle.

Il vient souvent y retrouver le souvenir de ses premières années. Mais il recherche en vain les images précises du moment où sa mère, Suzanne de La Porte, c'était au mois de juin 1590, a rassemblé ses enfants pour leur annoncer que leur père, François du Plessis, venait de mourir.

Il semble à Richelieu que c'est sa grand-mère Françoise de Rochechouart qui, apprenant la mort de son fils, a d'une voix forte, ne laissant paraître aucune émotion, évoqué pour ses petits-enfants la figure de son fils. François du Plessis, prévôt de l'Hôtel royal et grand prévôt de France du roi Henri III, et fait par ce dernier, en 1586, chevalier de l'ordre du Saint-Esprit.

Il y avait autour d'elle les trois filles de François du Plessis et Suzanne de La Porte, Françoise âgée de treize ans, Isabelle qui avait neuf ans, et Nicole quatre ans, puis les trois fils, Henri onze ans, Alphonse huit ans, et Armand Jean qui avait cinq ans.

Richelieu, plusieurs fois par mois, parcourt les salles voûtées du manoir.

Par les meurtrières, au-delà des étangs, des jardins et des bois, il aperçoit le clocher de l'église du village de Braye, dont le curé, François Hyver, autrefois, au temps de l'enfance et à l'adolescence, venait souvent au château de Richelieu.

Suzanne de La Porte accueillait le prêtre avec bienveillance. Le château appartenait à sa paroisse. Il avait charge de l'âme de ses habitants. Mais Françoise de Rochechouart le traitait avec morgue et dédain. Elle invitait Armand Jean à la suivre, à ignorer ce curé crotté.

Et elle parlait de son fils François du Plessis, s'arrêtant devant un portrait en pied, montrant le père d'Armand Jean, l'épée au côté, décoré de l'ordre du Saint-Esprit. Le grand prévôt, un bonnet enfoncé jusqu'aux sourcils, avait le visage rendu sévère et énigmatique par une barbe taillée en pointe entourant sa bouche.

Richelieu contemple ce portrait de son père et la conviction s'enracine en lui qu'il doit, pour être fidèle à sa lignée, être plus que l'évêque de Luçon, afin de porter haut le nom des du Plessis de Richelieu, nobles d'épée.

C'est Françoise de Rochechouart qui entraînait Armand Jean jusqu'à une fenêtre. Elle montrait le château de Mausson – ou ses ruines, l'évêque ne sait plus ce que voyait l'enfant – situé sur une hauteur, à une demi-lieue du manoir des du Plessis de Richelieu. Françoise de Rochechouart raconte comment, devenue veuve, l'aîné de ses fils fut tué dans une embuscade par le sieur de Mausson, seigneur du château voisin.

Et Armand Jean ne se lassait pas d'entendre sa grand-mère répéter comment elle avait chargé son deuxième fils, François du Plessis, de venger son aîné.

C'était donc cet homme-là, le père d'Armand Jean.

François du Plessis avait tendu un guet-apens au sieur de Mausson. Celui-ci, qui se méfiait, sortait de son château par un souterrain qui débouchait sur les rives d'une rivière qu'il traversait à gué.

François du Plessis à l'affût avait jeté dans le cours d'eau une roue de charrette. Elle avait effrayé le cheval de Mausson qui s'était cabré et avait désarçonné son cavalier.

François du Plessis avait bondi et mis à mort le sieur de Mausson.

Armand Jean n'avait retenu que la résolution et la détermination de son père, vengeur qui avait pourtant transgressé les règles du duel. François du Plessis avait dû fuir le royaume, et s'était réfugié en Pologne, où il avait retrouvé le duc d'Anjou. Lorsque celui-ci, à la mort d'Henri II, lui avait succédé, devenant Henri III, le père de Richelieu était rentré en France avec le roi.

Voici François du Plessis, prévôt de l'Hôtel royal et grand prévôt de France, chargé d'assurer nourriture et police de la Cour, qu'elle fût à Paris ou qu'elle se déplaçât dans le royaume. Dans les villes d'étape, François du Plessis faisait dresser la potence avant l'arrivée du roi, pour bien signifier que celui qui ne respecterait pas les ordonnances édictées par le prévôt de France serait exécuté. Et il n'hésitait pas à sévir : entouré de ses archers, il fait brûler vifs, ou pendre ceux – fussent-ils ses amis – qui ont contesté l'autorité du roi.

Quand, au château de Blois, en 1588, Henri III fait assassiner le duc de Guise, c'est François du Plessis qui brûle le corps et disperse les cendres dans la Loire.

Mais il ne peut empêcher en 1589 un moine ligueur, Jacques Clément, de poignarder Henri III. Il ne peut même pas se saisir du coupable afin qu'il soit jugé et soumis à la torture comme régicide. On le tue dans la chambre même du roi agonisant.

François du Plessis se rallie aussitôt à Henri IV et combat auprès de lui, contre les armées des ligueurs, à Arques, à Ivry. Il est au camp de Gonesse, en juin 1590, quand Henri IV fait le siège de Paris. C'est là que le souverain le nomme premier capitaine des gardes du roi. Mais les fièvres le saisissent, et il meurt à quarante-deux ans le 10 juin 1590.

Armand Jean a cinq ans.

Il est né dans ce château de Richelieu le 9 septembre 1585.

Le prêtre venu du village de Braye l'a ondoyé. Mais point question de le baptiser. Il est nourrisson chétif, fiévreux, dont on ne sait s'il survivra. Quatre nouveau-nés sur dix meurent à la naissance. On ne peut même pas envisager de porter Armand Jean à la cathédrale de Luçon, le siège de cet évêché que le roi Henri III, en 1584, a donné aux du Plessis.

Ce n'est qu'au huitième mois, le 5 mai 1586, que l'enfant est baptisé, à l'église Saint-Eustache de Paris.

C'est la grand-mère Françoise de Rochechouart qui raconte à Armand Jean comment la rue du Bouloi, où se trouve l'hôtel de Losse – l'hôtel du grand prévôt –, a été décorée.

Portiques et draperies aux armes des du Plessis de Richelieu, l'écu à trois chevrons couleur de sang sur fond d'azur.

Les enfants marchent en tête, puis la nourrice portant Armand Jean et enfin, Françoise de Rochechouart, le grand prévôt et ses compagnons les plus proches. La mère est absente, malade, sans doute restée au château de Richelieu.

Les spectateurs se pressent dans la rue du Bouloi, aux fenêtres des immeubles, suivent le cortège qui par les rues des Petits-Champs et Saint-Honoré rejoint la rue de Grenelle et défile ainsi devant l'hôtel de Soissons.

D'une fenêtre la reine mère, Catherine de Médicis, entourée de ses dames d'honneur. D'une autre croisée, le roi Henri III et ses favoris regardent le cortège.

« Le roi, dit l'ambassadeur vénitien, en homme délicat et raffiné a aimé la perfection et la beauté des corps et des vêtements chez le grand prévôt, comme chez ses serviteurs et ses domestiques. »

Et Henri III fait un don de cent dix-huit mille écus à son grand prévôt ; à charge pour lui de les prélever sur les recettes fiscales perçues par les receveurs des finances, à Orléans, à Châlons, à Poitiers, à Lyon, à Rouen, à Paris... Et le grand prévôt, prudent, traite avec un financier, lui abandonnant une large part du don du roi... dont il ne reste à François du Plessis que dix-sept mille écus !

Mais Richelieu se souvient d'abord de ce geste généreux du souverain, qui attestait la faveur de son père auprès du roi.

François du Plessis est le continuateur glorieux de sa lignée.

Armand Jean, même s'il reconnaît à son frère aîné Henri la qualité de descendant désigné de François du

Plessis, veut honorer lui aussi le nom, dont on lui a fait don, avec la protection de Dieu et du roi, le jour de son baptême, le 5 mai 1586, à Saint-Eustache.

« 1586, le cinquième jour de mai, fut baptisé Armand Jean, fils de messire François du Plessis, seigneur de Richelieu, chevalier des ordres du roi, conseiller en son Conseil d'État, prévôt de son hôtel et grand prévôt de France, et de dame Suzanne de La Porte, sa femme, demeurant en la rue du Bouloi, et ledit enfant fut né le neuvième jour de septembre 1585, et eut pour parrains, messire Armand de Gontaut de Biron, chevalier des ordres du roi, capitaine de cent hommes d'armes de ses ordonnances et maréchal de France, et messire Jean d'Aumont, aussi maréchal de France, chevalier des ordres du roi, conseiller en son Conseil d'État, capitaine de cent hommes d'armes desdites ordonnances, et pour marraine dame Françoise de Rochechouart, dame de Richelieu, mère dudit François de Richelieu. »

Lorsqu'il relit cet acte de baptême, Armand Jean du Plessis, évêque de vingt-trois ans, seigneur et baron de Luçon, entend s'entrechoquer les épées et résonner le pas des hommes d'armes.

Ces bruits-là, il ne peut les oublier.

Il est d'Église et d'Épée.

2

Il marche seul, le buste penché en avant, les mains croisées derrière le dos.

Il aime arpenter les cours et les jardins du château de Richelieu. Là est son enfance. Il suit les fossés où gargouille une eau vive.

Ici il a souvent couru avec ses frères Henri et Alphonse, plus âgés que lui. Ses sœurs, Françoise, Isabelle, Nicole – la dernière des enfants –, étaient assises devant la petite chapelle gothique située non loin des écuries et des granges.

Près de vingt ans ont passé, et rien n'a changé.

Armand Jean s'arrête, regarde ces murs, ce manoir aux formes lourdes, aux toits d'ardoise.

Mais autrefois, quand enfant il jouait, au bord de ces fossés, Armand Jean imaginait qu'il serait homme d'épée, homme de guerre, et non cet évêque désargenté, qui rêve de pouvoir un jour agrandir ce château. Il en aime la situation, sur une hauteur, surplombant l'une des rares plaines point trop marécageuses de la région. Et le château des du Plessis domine la route qui va de Chinon à Châtellerault, et s'élève entre Tours et Poitiers, les deux villes principales de la région.

Les jardiniers, les paysans, les domestiques viennent vers l'évêque. Ils sont si peu nombreux. Il n'a pas les revenus nécessaires à l'entretien d'une maison. Il ne peut vivre sur un grand pied, comme il le devrait.

Il en est humilié. Il retrouve ainsi ce sentiment qui l'a blessé durant toute son enfance.

Il se souvient des soupirs de sa mère. Suzanne de La Porte avait dû à la mort de François du Plessis faire face aux créanciers. Elle avait vendu l'hôtel de Losse, et même la croix du Saint-Esprit. Il fallait faire argent de toutes choses, pour écarter ces rapaces qui brandissaient leurs reconnaissances de dettes et faire vivre dignement six enfants, dont les aînés, Françoise et Henri, avaient à peine plus de dix ans, et le dernier garçon, Armand Jean, seulement cinq.

L'évêque se remémore avec amertume, et presque du désespoir, ces années grises, quand sa mère devait faire face aux saisies, qu'elle découvrait l'endettement de François du Plessis. Le grand prévôt avait couru après l'argent, avait prêté à Henri IV, acheté des parts de navires lancés dans la « grosse aventure », vers le Brésil, rêvant à la fortune et ne laissant que des dettes.

Et Françoise de Rochechouart regardait avec hauteur sa belle-fille, Suzanne de La Porte, tenter de tenir son rang, et ne jamais élever la voix, pour regretter que son mari, François du Plessis, ait été à ce point imprévoyant.

La belle-mère régnait, trônant sur ses propriétés, et la belle-sœur, la tante Marconnay, léguait sa fortune à Henri, l'aîné de ses neveux, qui sera page du roi, chef de la Maison du Plessis, et rapportera gloire et richesse à toute la famille.

Armand Jean n'est que le dernier des fils, souffreteux, « toujours tourmenté par ses fièvres », ses maux de tête, et Suzanne de La Porte, mère attentive, soucieuse, pensive et triste, le prend contre elle, humecte les lèvres, le front de l'enfant, le berce, et les trois sœurs, Françoise, Isabelle, Nicole, entourent aussi leur frère maladif. La grand-mère Françoise de Rochechouart et la tante Marconnay se joignent à elles, pour entourer l'enfant malingre, que les fièvres assiègent et que la mort guette.

Il a survécu à la maladie, à la peste qui rôde dans le pays et il est devenu cet évêque devant lequel on s'agenouille et qui bénit.

Et pourtant dans l'enfance, il rêvait d'être homme d'épée, soldat.

Les années se sont écoulées. Le roi, le bon, le grand Henri IV, a promulgué en 1598 l'édit de Nantes, qui institue la tolérance entre huguenots et catholiques. Il a voulu l'union de tous ses sujets, et pour cela a abjuré dès 1593 sa foi huguenote et hérétique. Et les violences, les combats dont Armand Jean a été témoin dans son enfance, ne sont qu'un cauchemar.

Et pourtant le Poitou a été dévasté. Les bandes de ligueurs catholiques, les huguenots sont venus assiéger le château.

On a pillé, ravagé.

La ville voisine de Faye-la-Vineuse a été livrée au pillage et à l'incendie, les hommes tués, les femmes violées, l'église mise à sac. Et la « briganderie » n'a cessé que contre versement de rançon. Les campagnes autour du château ont été désertées, les paysans quittant leurs masures pour se réfugier dans les villes, mais celles-ci ont été elles-mêmes livrées aux pillards. Elles changeaient de camp, un jour ligueuses, le lendemain ralliées au roi Henri IV, absous par le pape Clément VIII en 1595.

Armand Jean du Plessis est un enfant de dix ans, fasciné plus qu'effrayé par les « coureurs », les « bandeurs », toute cette tourbe d'Italiens, d'Espagnols, d'Albanais, s'abattant sur le pays, rassemblés sous la bannière de la Ligue, parce que là était le désordre, manière de s'opposer au pouvoir royal d'Henri IV. Le duc de Mercœur est devenu chef de la Ligue, en Bretagne, en Poitou, bientôt dans tout l'Ouest.

Ses « bandeurs » pillaient, volaient, violaient.

Et Armand Jean se souvient du visage angoissé de sa mère, des ponts sur les fossés qu'elle faisait lever, parce qu'un fuyard annonçait l'arrivée d'une « bande ». Ligueurs ? Huguenots ? Menaces, violences quel que soit le camp d'appartenance.

Et Armand Jean dira de sa mère qu'« elle avait reçu en sa vie nombre de traverses, d'afflictions, et d'amertumes ».

Richelieu mesure aujourd'hui alors que s'achève son premier hiver d'évêque, de seigneur et de baron de Luçon, combien les premières années de sa vie en ce château ont été chargées d'émotion.

Nuits de guerre, quand les « bandeurs » assiégeaient

le manoir, tentaient de franchir les fossés, et parfois réussissaient à pénétrer dans les jardins et les cours. Et Armand Jean, ses frères et ses sœurs se blottissaient contre leur mère, qui essayait de les rassurer mais qu'ils sentaient tremblante et anxieuse.

Si peu nombreux sont ses souvenirs d'avant dix ans, éclairés par la gaieté, la joie, les jeux.

Il a l'impression qu'il a été constamment fiévreux, aux aguets, ne quittant pas sa mère des yeux, frémissant d'émotion, à la deviner préoccupée, humiliée, et fier d'elle qui, néanmoins, faisait face.

Elle avait réussi peu à peu à restaurer les finances de la famille.

L'évêque de Luçon, Jacques du Plessis, avait été nommé évêque de Mende et avait laissé les revenus de Luçon à Suzanne de La Porte, la veuve de son frère.

En 1595, la mort de Françoise de Rochechouart, la grand-mère d'Armand Jean, avait augmenté le patrimoine et les revenus des du Plessis. Et Henri IV avait fait un don de vingt mille écus, en récompense des services rendus par François du Plessis, et afin de manifester l'affection et la reconnaissance qu'il éprouvait pour celui qui avait été son grand prévôt et son premier capitaine des gardes.

Armand Jean se souvient que le voile de tristesse qui avait enveloppé sa mère et toute la vie au château s'était peu à peu soulevé.

Armand Jean avait été si ému de voir sa mère sourire parfois qu'il s'était serré nerveusement contre elle, pour partager ces moments de bonheur, et il n'avait pu s'empêcher de pleurer de joie.

Elle l'avait embrassé, lui avait caressé les cheveux

et les joues, avait dit qu'elle reconnaissait en lui une âme, un cœur, qui vibraient à la moindre émotion.

Mais en même temps, elle l'avait sermonné.

Il devait suivre l'exemple de son frère aîné, Henri, devenu page du roi, et parce que au second fils, Alphonse, était promis l'évêché de Luçon, lui Armand Jean devait se destiner au métier des armes, et apprendre comme Henri le maniement de l'épée.

Il en avait été heureux.

Enfin il allait pouvoir – comme son frère aîné – apporter la gloire à sa lignée, à la Maison et au nom des du Plessis.

Et lorsque sa mère lui apprend qu'il va rejoindre son frère aîné à Paris, et suivre les cours du collège de Navarre, il en tremble d'impatience. Jusqu'à sa dixième année, il a seulement suivi les cours donnés par le prieur de l'abbaye Saint-Florent de Saumur. Le maître était respectable mais son enseignement sommaire.

Et Armand Jean a hâte de gagner le collège de Navarre où le duc d'Anjou, futur Henri III, et Henri de Bourbon, devenu Henri IV, ont été élèves.

Et entrant dans ce bâtiment situé sur la montagne Sainte-Geneviève, il a le sentiment de commencer sa vraie vie de gentilhomme.

Il est accueilli, avec ses frères Henri et Alphonse, par leur oncle – le demi-frère de leur mère – Amador de La Porte, chevalier puis commandeur et grand prieur de l'ordre de Malte.

Armand Jean est fier d'appartenir à cette double lignée, paternelle et maternelle, qui s'enracine dans la noblesse, dans le service des armes, du roi et de l'Église.

C'est à ce moment-là, autour de sa dixième année, qu'il a pris conscience de ses devoirs et de ses privilèges.

Il doit surmonter la fièvre, les maux de tête et la maladie qui le frappe souvent, pour suivre les cours de grec, de latin, et comme ses frères aller au bout des études de grammaire, des arts, et entreprendre ce que même la plupart des gentilshommes négligent, des études de philosophie.

Il se soumet à cette éducation sévère et exigeante.

Il est attentif, ses yeux au regard aigu brillent dans son visage mince, et, en dépit de sa maigreur, sa silhouette exprime la force et la volonté.

« Il a une soif de la louange, et une crainte du blâme, qui suffisent pour le tenir en haleine. Il avale comme un trait toute la grammaire », dit-on de lui.

Il s'adonne avec ferveur aux exercices, à ce développement littéraire des thèmes – la *sententia* – qui est la clé de voûte de l'enseignement.

Parfois il s'insurge, bouillonne de colère et d'impatience, se dresse contre une mesure qui lui paraît « hors de raison ».

La raison est déjà le ressort de son esprit.

« Ce que les autres enfants font en enfants, lui il le fait avec méthode. Il est conscient de tout ce qu'il dit et fait. Il sait avant de répondre et par des questions embarrassantes prévenir les questions suivantes. »

Mais puisque c'est au métier des armes qu'on le destine, car il est le plus jeune des fils, celui auquel n'échoient en héritage ni le privilège d'être auprès du roi, ni la part la plus importante des revenus de la Maison du Plessis – cela c'est pour Henri –, ni l'évêché de Luçon promis à Alphonse, il doit s'inscrire à l'académie fondée par M. de Pluvinel, qui est l'école des gens de guerre.

Armand Jean n'a jamais côtoyé un homme de la trempe d'Antoine de Pluvinel. Ce grand écuyer du roi a parcouru l'Italie et la Hollande, où l'on sait former les gens de guerre. Il a accompagné Henri III en Allemagne et en Pologne, et guerroyé aux côtés d'Henri IV.

L'ambassadeur vénitien, Pietro Duodo, vante les mérites de cette académie voulue par le roi « pour élever la noblesse le plus vertueusement possible, où chaque jour les exercices sont conduits par le grand écuyer du roi. Celui-ci doit fournir aux jeunes gens des chevaux qu'il tire d'ailleurs des écuries royales. Il leur enseigne à monter à cheval et tous les exercices qui se rapportent à l'équitation. Il leur procure des maîtres d'escrime, de table, de musique, de mathématiques, il leur fournit un ou deux valets selon la qualité de chacun d'eux, le tout moyennant une somme de sept cents, huit cents ou mille écus l'an... Il est à croire que l'on verra beaucoup moins de jeunes Français en Italie et que notamment la ville de Padoue en souffrira... »

Chaque jour, Armand Jean, jeune homme de quinze ans, se rend au manège, dans cette académie installée rue Saint-Honoré, près de la rue du Dauphin.

Armand Jean excelle dans le maniement des armes, dans la maîtrise de sa monture. Il aime tenir les rênes, trouver en lui l'énergie pour, malgré sa maigreur, sa fatigue, chevaucher, ou affronter lame à la main un adversaire.

Il se sent fait pour le métier des armes.

Il se fait appeler marquis du Chillou, du nom d'une terre voisine du château de Richelieu, qui a appartenu à sa grand-mère Françoise de Rochechouart. Il est sous la protection d'Amador de La Porte et d'un avocat parisien, Denis Bouthillier, qui, autrefois, avait été clerc chez François de La Porte, le grand-père maternel d'Armand Jean.

Mais il est indépendant. Il dispose d'un logis, de deux laquais, d'un précepteur secrétaire, son homme de confiance, à peine plus âgé que lui, Michel Le Masle.

Il croit être au début de cette route qu'est la vie d'un noble d'épée. Elle sera marquée par la gloire, et la fortune. Il le doit à sa lignée. Et il se sent d'autant plus sûr de son avenir que les difficultés financières de sa Maison ne sont plus aussi oppressantes. Et les bandes de ligueurs et de huguenots ne menacent plus le château de Richelieu.

Le roi qu'Armand Jean veut servir, comme le sert déjà l'aîné des du Plessis, a pacifié le royaume.

La paix est faite avec l'Espagne – et Philippe II le grand rival est mort en 1598 –, elle est conclue avec la Savoie qui en 1601 a cédé à la France, en échange du marquisat de Saluces, la Bresse, le Bugey, le Valmorey et le pays de Gex.

Quant à Henri IV, le 16 décembre 1600, il épouse Marie de Médicis, et le 27 septembre 1601, un Dauphin est né.

Si Dieu le veut, c'est ce futur roi-là, un Louis Treizième du nom, que devra servir Armand Jean du Plessis, marquis de Chillou.

En 1601, ce jeune homme au visage fin et énergique, au corps aguerri par les exercices d'escrime et d'équitation a seize ans.

L'âge de commencer le métier des armes.

3

Armand Jean du Plessis, marquis de Chillou, la main sur le pommeau de son épée, est sûr de son avenir. Il commandera un jour un régiment, peut-être sera-t-il maréchal de France, serviteur du roi, pour la plus grande gloire du souverain et la renommée de la lignée des du Plessis.

Il sait qu'il lui faudra être patient. Que l'éclat de cette gloire viendra tard, puisqu'il n'est que le plus jeune des fils, et que c'est son frère Henri, son aîné de six ans, qui côtoie déjà le roi dont il est devenu l'un des pages.

Armand Jean n'éprouve ni amertume ni jalousie à l'égard d'Henri.

La règle qui fait de l'aîné des fils le chef de la Maison n'admet aucune exception. Toutes les familles nobles s'y soumettent. Et Armand Jean ne peut même pas concevoir qu'on s'y dérobe.

Henri a le devoir de briller à la Cour d'Henri IV. Il lui faut des revenus. Il s'est fait créancier des biens de son défunt père, afin de pouvoir racheter ou se faire attribuer les terres du grand prévôt de France.

Il recueille les biens de sa tante Françoise du Plessis de Marconnay. Il organise le mariage de sa sœur aînée Françoise, avec René de Vignerot, seigneur de Pont de Courlay, vieux soldat fortuné se souciant peu de la dot de son épouse. Vignerot est capitaine des gardes du roi, compagnon d'Henri IV aux batailles d'Arques et d'Ivry. Et le roi – suprême honneur – signe l'acte de mariage.

C'est toute la famille du Plessis qui est distinguée. Henri IV propose même à Suzanne de La Porte d'entrer au service de la reine Marie de Médicis. Mais la mère d'Armand Jean préfère rester dans l'ombre. La présence à la Cour est une trop lourde charge financière. Il faut tenir son rang, emprunter et se mêler aux intrigues qui opposent les clans de courtisans. La reine Marie de Médicis se dresse contre la maîtresse d'Henri IV, Henriette de Balzac d'Entragues. Et chacun est sommé de choisir.

Armand Jean écoute, captivé, ce que son frère Henri rapporte de la rivalité entre les deux femmes, toutes deux mères d'un fils, visitées l'une et l'autre par le roi, qui les loge côte à côte au Louvre. Et qui, en plus de ce double ménage, « chasse » ici et là. Le représentant de Toscane n'hésite pas à écrire au grand-duc, dont Marie de Médicis est la nièce :

« En vérité, a-t-on jamais vu bordel semblable à la Cour de France ? »

Henriette de Balzac d'Entragues traite Marie de Médicis de simple « courtisane royale », de « lourde banquière de Florence » et la reine maudit cette « *putana* » d'Henriette et ses bâtards.

Armand Jean entrevoit, fasciné, Marie de Médicis, femme aux formes généreuses, au regard voilé.

Entourée de chiens, d'écureuils, de guenons, elle marche d'un pas pesant, suivie d'une cohorte d'astrologues, de Leonora Galigaï, la sœur de lait de la reine, l'épouse de Concino Concini, le conseiller de Marie de Médicis, aux allures de spadassin.

Armand Jean écoute, observe. Son frère Henri, et René de Vignerot de Pont de Courlay sont du « clan » de Marie de Médicis. Ils dénoncent à Henri IV les conspirations animées par Henriette de Balzac d'Entragues et ses proches.

« Tous les jours, écrit Sully, le roi recevait avis qu'Henriette d'Entragues prêtait non seulement les oreilles mais aussi le cœur à la plupart des trames et menées qui s'ourdissaient contre sa personne et son État. »

Armand Jean se passionne pour ces luttes d'influence autour de la personne sacrée du roi, qui doit rester maître du jeu.

Henri IV en effet tranche, condamne Henriette d'Entragues, son mari, son frère, puis les gracie et se détourne pour choisir une autre favorite.

Et Marie de Médicis parce qu'elle est la reine, la mère du Dauphin Louis, reste en place.

Et le roi va de femme en femme, dans cette Cour « bordel ».

Armand Jean sait que son frère Henri suit l'exemple du roi, se vante de ses conquêtes, incite même son cadet à se conduire en noble d'épée, en futur soldat, à s'initier aux plaisirs de l'amour, et aux jeux des corps. Armand Jean découvre alors qu'il peut séduire, attirer, que son regard, quand il le darde, fait rougir, baisser les yeux, et ouvre les portes les plus intimes.

Mais cela ne va pas sans risque. Son frère Henri, averti, lui envoie Jean de La Rivière, médecin d'Henri IV, qui sait soigner le mal napolitain et autres maladies d'amour.

Mais ces désagréments n'empêchent pas Armand Jean de continuer à ajouter à ses exercices d'escrime les aventures galantes. Ne font-elles pas partie de la vie de l'homme d'armes, dont elles sont l'un des attraits ?

Il s'y adonne, apprenant ainsi, alors qu'il atteint sa dix-septième année, non seulement le maniement de l'épée, mais aussi le plaisir d'amour. Et il découvre et se passionne pour les intrigues qui se nouent autour du roi.

Armand Jean mesure la puissance du souverain : Henri IV gracie ou condamne en ne rendant compte qu'à Dieu.

Le roi est le maître ultime du jeu. Impitoyable monarque, qui d'un mot, d'un geste, fait et défait les vies. Charles de Gontaut-Biron, maréchal de camp, ancien compagnon d'armes d'Henri IV, vaillant combattant d'Arques et d'Ivry, est arrêté et jugé pour avoir comploté avec le roi d'Espagne et le duc de Savoie. Pardonné une première fois il récidive et il est condamné à mort. Dernière magnanimité royale : le 31 juillet 1602 il n'est pas décapité sur la place de Grève, mais dans la cour de la Bastille.

Dure et implacable est la loi du roi, et rien sinon sa foi, sa volonté et sa raison, la conscience qu'il a de ses devoirs ne vient limiter son pouvoir.

Armand Jean en écoutant son frère Henri raconter le supplice de Charles de Gontaut-Biron murmure que le plus puissant, le plus titré des sujets du royaume peut être brisé par le pouvoir du roi.

Peut être ou doit être ?

Il rêve de servir le roi, de vivre dans sa proximité, d'être au centre de cette toile d'araignée qu'est le pouvoir, même si la situation est précaire et si cela doit provoquer une incertitude angoissante, mais n'est-ce pas ainsi que l'homme doit vivre ?

Le métier des armes lui paraît tout à coup, malgré les attraits qu'il comporte, d'une brutalité et d'une austérité qui relèguent au second plan les jeux de l'esprit, la tension des affaires de Cour, quand on est au sommet du pouvoir. Le soldat lui n'est d'abord qu'une épée. Armand Jean veut être la main, l'esprit, l'âme, celui qui commande aux hommes de guerre, qui peut arpenter le champ de bataille mais qui a d'abord conçu, loin des camps, les alliances, les manœuvres.

Il se sent attiré par l'écriture, la lecture, la réflexion. Et il se persuade qu'il y a des voies plus directes pour approcher le roi que celles qu'empruntent les hommes d'armes.

Son frère Henri, par le simple fait de sa date de naissance, est à chaque heure du jour proche du roi.

Dieu l'a voulu ainsi. Il faut accepter les conséquences de ce droit divin. Et la principale, c'est qu'Armand Jean, le dernier des fils du Plessis, est destiné au métier des armes.

Mais en quelques jours de cette année 1602, il semble à Armand Jean que Dieu change l'ordre des choses.

Alphonse du Plessis, dévot pourtant, refuse de devenir l'évêque de Luçon comme sa mère, son frère aîné en avaient décidé pour le bien de la Maison du Plessis. Car les chanoines de l'évêché ne supportaient plus que le siège épiscopal, après le départ de Jacques du Plessis devenu évêque de Mende, soit à la fois vacant, et réservé à un du Plessis – mais lequel ? – et que les bénéfices et les revenus soient recueillis par le curé de Braye, François Hyver, à charge pour lui de les transmettre à la famille du Plessis. Cette pratique de réservation d'un siège épiscopal, uniquement pour en toucher les rentes, est condamnée par la papauté comme simoniaque.

Suzanne de La Porte a fait patienter les chanoines en leur assurant que son fils Alphonse, dès ses études terminées, deviendrait l'évêque régulier de Luçon.

Or voici qu'Alphonse choisit la vie monastique, et en 1602 devient novice de la Grande Chartreuse, prononçant ses vœux le 13 mars 1603.

À cette date le conseil de famille, la mère, Suzanne de La Porte, son fils aîné, Henri, mais aussi Amador de La Porte, a déjà décidé qu'Armand Jean du Plessis serait évêque de Luçon.

Et le dernier fils a, sans hésiter, renoncé au métier des armes, « pour le bien de l'Église et la gloire de notre nom ».

Dieu lui a ouvert une porte vers le pouvoir, et il l'a sans attendre franchie.

Fini le manège de l'académie d'Antoine de Pluvinel, fini les jeux de l'épée et ceux de l'amour, l'heure est à la théologie.

Armand Jean doit, pour accéder au siège épiscopal de Luçon, franchir les grades de bachelier, de licencié, de docteur.

Il étudie avec fougue, comme s'il se jetait en avant, arme à la main, pour un assaut.

« Il se mit, dit un témoin, sur les bancs de la Sorbonne et après y avoir acquis, par-dessus les titres ordinaires, toute la réputation que l'on peut attendre de ce lieu-là, il se retira en diverses maisons des champs proches de Paris, où il conféra deux ans entiers avec un docteur de Louvain pour se consumer entièrement en l'étude des saintes lettres. Il se jeta dans les controverses avec tant de contention et d'assiduité qu'il y mit, quatre ans durant, tous les jours règlement huit heures. »

Il s'épuise. Les fièvres, les maux de tête le saisissent à nouveau.

Mais il n'accepte pas d'être terrassé par la maladie. Il doit avancer, vaincre, plier ce corps aux exercices de l'esprit.

Ce sont là les épreuves auxquelles Dieu le soumet. Il doit les franchir. Il pense que, devenu évêque, il sera l'un de ceux qui, au service de Dieu, de l'Église et du roi, exerceront le pouvoir.

Et que ce soit le pouvoir de la parole et de l'esprit qui lui soit échu et non celui des armes le comble. Lorsqu'il se livre à une joute théologique, il force son contradicteur à reculer. À plier les genoux. Les textes saints se sont gravés dans sa mémoire. Il les cite avec une jouissance de tout son être, âme et corps.

Et aucun exercice avec un maître d'armes, aucun plaisir avec un corps de femme ne lui a fait éprouver une telle satisfaction. Dieu l'a placé sur la route qui lui convient.

Il lui rend grâce.

Il sera le combattant de Dieu, de l'Église et du roi.

Auprès du roi et de la reine Marie de Médicis, son frère Henri du Plessis et René de Vignerot de Pont de Courlay – l'époux de Françoise du Plessis – s'emploient à soutenir les espoirs d'Armand Jean du Plessis.

Le temps n'est plus au marquis de Chillou.

Armand Jean est un du Plessis promis au siège épiscopal de Luçon.

En 1606, il n'a pas conquis encore tous les grades universitaires nécessaires, et il n'a pas l'âge requis pour être évêque.

Mais Henri IV a le pouvoir de le nommer au siège de Luçon, même s'il faudra ensuite obtenir l'investiture canonique et, pour cela, bénéficier d'une dispense d'âge, puisque Armand Jean du Plessis n'a que vingt et un an, et qu'un évêque doit être, selon les canons de l'Église, âgé d'au moins vingt-six ans.

Le 18 décembre 1606, par lettres patentes, Henri IV nomme Armand Jean du Plessis évêque de Luçon.

Puis, le roi écrit à l'ambassadeur du royaume de France près du pape, pour lui recommander d'intercéder auprès du souverain pontife afin que soit accordée la dispense d'âge nécessaire.

« J'ai naguère nommé à notre Saint-Père le pape, écrit Henri IV, M. Armand Jean du Plessis diacre du diocèse de Paris, frère du sieur Henri du Plessis de Richelieu, pour être pourvu de l'évêché de Luçon en Poitou, par la démission et résignation qu'en a faite à son profit M. François Hyver, et parce que ledit du Plessis, qui est dans les ordres, n'a encore du tout atteint l'âge requis par les saints décrets et constitutions canoniques pour tenir ledit évêché et que je suis assuré que son mérite et suffisance peuvent aisément suppléer à ce défaut ; je vous écris cette lettre afin que vous fassiez instance de ma part à Sa Sainteté, parce que Armand Jean du Plessis de Richelieu est du tout capable de servir en l'Église de Dieu et que je sais qu'il ne donne pas peu d'espérance d'y être grandement utile... »

Mais le pape Paul V se laissera-t-il convaincre ?

Henri du Plessis rassure son frère : le souverain pontife est soucieux d'avoir de bonnes relations avec Henri IV le Roi Très-Chrétien. Ne vient-il pas, le 14 septembre 1606, d'accepter d'être le parrain du Dauphin de France, Louis Treizième du nom, à l'occasion du baptême de l'enfant ?

Mais alors, interroge avec inquiétude et impatience Armand Jean du Plessis, pourquoi Paul V tarde-t-il à répondre au roi ?

Qui peut le mieux plaider sa cause à Rome qu'Armand Jean du Plessis lui-même ?

4

En ce début du mois de janvier 1607, Armand Jean du Plessis de Richelieu n'écoute pas les conseils de prudence que lui prodigue son frère Henri.

Le voyage de Rome dure une vingtaine de jours, insiste l'aîné. Les cols alpins, enneigés, sont difficiles à franchir. Des bandes de brigands dépouillent et souvent tuent les voyageurs. Les marchands ne s'aventurent pas, durant ces semaines d'hiver, sur ces chemins dangereux.

Et, conseille Henri du Plessis, il faut être patient. Les missives du roi à son ambassadeur à Rome, d'Halincourt, viennent à peine d'être confiées aux courriers. Laissons agir les cardinaux Givry et Joyeuse. Ils vont intervenir auprès du souverain pontife, et Paul V sera sensible à leurs arguments. Mais il faut laisser le temps s'écouler.

Henri du Plessis rappelle à son cadet que, nommé au siège épiscopal de Luçon, il n'a pas vingt-deux ans, n'a pas été ordonné prêtre, n'a pas soutenu sa thèse de théologie et qu'il n'est ni bachelier ni licencié !

En se rendant à Rome, Armand Jean ne peut que troubler le jeu. On ne force pas la main du pape.

Et à la Cour pontificale, les mœurs sont feutrées, les ambitions cachées. Tout s'oppose à la fougue.

Mais Armand Jean a déjà retenu voiture et équipage. Il écoute son frère Henri sans l'entendre.

Maintenant que le roi l'a nommé évêque, Armand Jean veut aller vite, arracher la décision du pape, ne pas laisser son affaire s'enliser, comme il ressent que cela peut arriver souvent. L'eau se perd dans les méandres. Or il veut aller droit au but, parce qu'il se sent porté par une confiance et une certitude, qui sont la manifestation du choix de Dieu et du roi.

Armand Jean ne peut, ne doit pas échouer.

Il prend donc la route, malgré les bourrasques de neige, l'inconfort de la voiture, les inquiétudes quand apparaissent des bandes de cavaliers et qu'il faut rejoindre au galop le relais, où il n'y a plus de chevaux frais. On poursuit donc son chemin. On descend des pentes abruptes.

Il faut prier et en même temps serrer la garde de son épée, s'en remettre à Dieu, et se souvenir des exercices d'escrime accomplis à l'académie d'Antoine de Pluvinel.

Enfin, après vingt-deux jours, c'est le soleil de Rome, la foule et les embarras dans les rues, les voitures qui roulent roue contre roue, et la basilique Saint-Pierre dont une partie est encore inachevée, cachée par les échafaudages.

Il suffit à Armand Jean du Plessis de quelques heures, tant son impatience est grande, pour rencontrer l'ambassadeur d'Halincourt, puis les cardinaux Givry, Joyeuse, Borghèse.

Il s'agenouille. Il prie. Il observe ces hommes qui vivent et agissent au centre du monde. Ils détiennent le pouvoir sacré. Ils mettent en œuvre les décisions du pape qui s'imposent à tous les souverains. Ils excommunient et sanctifient.

Armand Jean apprend à chuchoter et à se familiariser avec l'italien et surtout l'espagnol, qui sont comme le latin les langues parlées à Rome.

On l'accueille avec curiosité et attention : il est le frère cadet de cet Henri du Plessis qui a l'oreille du roi. Et la nomination à l'évêché de Luçon est la preuve de l'influence des du Plessis sur Henri IV et de la bienveillance du souverain pour cette Maison, qui a été celle du grand prévôt de France.

Mais désormais tout dépend de ses qualités propres, de son art de convaincre. Il doit montrer quels sont ses talents, et combien il est un fils obéissant de la sainte Église.

Armand Jean aime ce jeu subtil, où il faut briller d'un vif éclat et en même temps se montrer soumis.

On le présente enfin à Paul V, qui veut connaître ce jeune homme qu'on dit capable de réciter un sermon qu'il vient d'entendre, de composer aussitôt une réponse, argumentée, riche de citations, et les témoins de ces exploits en parlent comme de miracles.

Armand Jean du Plessis s'agenouille devant Paul V, bienveillant, qui l'interroge sur ce roi Henri IV, « à peine arraché aux erreurs de l'hérésie, mais qui s'abandonne à toutes les tentations des sens et se livre à tous les plaisirs. Ne faut-il pas craindre qu'une telle conduite l'éloigne de la voie droite et ne le rejette vers ses anciennes erreurs ? ».

Armand Jean écoute, disciple respectueux, puis phrase après phrase, il défend le roi de France, qui sera d'autant plus déterminé à respecter, à honorer l'Église, que des confesseurs, des aumôniers, des prélats l'entoureront, le guideront selon les canons pontificaux.

« *Henricus Magnus armandus Armando* », Henri le Grand armé par Armand, conclut Paul V.

Armand Jean sollicite jour après jour la grâce de rencontrer à nouveau ce pape, qu'il sent séduit, qui reste fermé aux rumeurs qui dénoncent en ce jeune Français un ambitieux, prêt à tout pour parvenir à ses fins.

On prétend que Richelieu a calomnié un prélat espagnol. On murmure qu'il a falsifié son acte de baptême afin de se vieillir de deux années, alors qu'il n'a pas encore vingt-deux ans !

« Il est juste que l'homme qui montre une sagesse au-dessus de son âge soit ordonné avant l'âge », aurait dit Paul V.

On assure même qu'aussitôt après avoir obtenu du pape la dispense, avoir eu en ses mains la bulle pontificale qui l'atteste, Armand Jean se serait précipité aux genoux de Paul V, confessant sa faute, cette falsification de l'acte de baptême, et le pape aurait dit :

« *Questo giovane sarà un gran furbo.* »

Mais le pape aurait souri, comme si de découvrir qu'un jour ce « jeune homme serait un grand fourbe » ne l'étonnait ni ne l'inquiétait !

Et le 17 avril 1607, à l'occasion des fêtes de Pâques, Armand Jean du Plessis de Richelieu est sacré à Rome évêque de Luçon, par le cardinal de Givry.

Armand Jean parcourt Rome, habité par un sentiment de plénitude. Il prie en tous les lieux saints qu'elle recèle.

Ici est le cœur du monde, le centre de cette toile des pouvoirs humains, qui ici sont confrontés au pouvoir de celui qui est le descendant de l'apôtre Pierre, le représentant de Dieu parmi les hommes.

Et même les rois et empereurs, et même le Roi Très-Chrétien ont besoin du souverain pontife et de l'Église catholique qu'il gouverne.

Richelieu éprouve à se vivre à la rencontre de ces deux pouvoirs, celui du roi et celui du pape, la certitude que Dieu l'a placé là pour qu'il accomplisse, au service de la monarchie et de l'Église, une grande tâche, à la mesure des deux légitimités qu'il représente et sert.

Il séjourne encore quelques semaines à Rome, retenu par cette ville, où viennent confluer toutes les passions et les intrigues politiques des royaumes de ce monde. Il noue des liens avec les cardinaux, il apprend en les observant, en les écoutant, cet art suprême que devient dans cette ville sacrée la politique.

Il découvre, à l'orée de sa vie, une manière de traiter les conflits, les choses humaines. Il a la conviction, quand, au mois de mai 1607, il quitte Rome pour Paris, d'avoir entrevu le cœur du monde, et comment on y maîtrise les grandes passions qui habitent les hommes.

Il confie à son frère Henri qui, en quelques mois, a renforcé sa position auprès d'Henri IV et de la reine Marie de Médicis, les enseignements qu'il a tirés de son séjour de près de six mois à Rome.

« C'est d'abord, dit-il, une leçon de réalisme, de lucidité. On voit le monde tel qu'il est.

« Il n'y a point de lieu où la puissance soit plus considérée qu'en cette Cour, ce qui paraît si clairement que le respect qu'on y rend aux ambassadeurs croît ou diminue et change de face selon que les affaires de leurs maîtres vont bien ou mal, d'où il arrive si souvent que des ministres reçoivent deux visages en un jour si un courrier qui arrive le soir apporte des nouvelles différentes de celles qui sont venues le matin… Il est presque impossible d'être en grande réputation dans cette ville, qui a longtemps été le chef et qui est le centre du monde, sans l'être par tout l'univers… »

Mais il sait qu'il n'est pas encore en état de mettre en application ce qu'il a compris à Rome.

S'il est désormais évêque, du fait et du roi de France et du pape, il lui faut acquérir en quelques mois – voire quelques semaines – les diplômes qu'habituellement on met sept années à obtenir.

Mais il est dans l'étrange situation d'être l'évêque qui doit s'asseoir sur les bancs de l'école !

Et les maîtres de la Sorbonne pensent eux aussi qu'il faut mettre fin à ce statut paradoxal. Il côtoie les étudiants, mais il a la tête couverte en considération de son titre épiscopal. Et ce 29 octobre 1607, il est reçu à l'examen qui fait office à la fois de licence et de doctorat !

Et il a écrit, en épigraphe de sa thèse, ces paroles des Écritures : « *Quis erit similis mihi ?* »

« Qui sera semblable à moi ? », interroge-t-il ainsi.

Et au fond de lui il répond : personne, même si,

face aux maîtres qui le félicitent, aux étudiants qui l'applaudissent, il garde une expression modeste.

Mais deux jours après cet examen réussi, il demande avec « respect et humilité » à faire partie du collège de la Sorbonne. Et les maîtres flattés qu'un évêque veuille les rejoindre déclarent qu'il est « admis dans l'hospitalité de leur maison ».

Il prie, il remercie Dieu de lui avoir permis de s'engager si vite dans cette voie, à laquelle il y a trois ans il ne songeait pas, et le voici reçu par le roi, qui l'appelle « son » évêque, devant lequel il prêche, qui fait de lui l'aumônier de sa chapelle royale.

Il se mêle aux courtisans, est admis dans l'entourage de Marie de Médicis. Certes, il n'est que le cadet d'Henri du Plessis, le second donc à la Cour, mais sa réussite est telle qu'il en est parfois grisé.

Il ne peut résister au désir d'éprouver son pouvoir, sa séduction. Et aussitôt, tous ceux qui le jalousent répandent le bruit que l'aumônier de la chapelle royale est aussi l'amant de Marie de Bragelongne, épouse d'un Claude Bouthillier, lui-même fils de ce Denis Bouthillier, qui avait été, avec Amador de La Porte, l'un de ses « protecteurs » à Paris.

On va jusqu'à dire que Léon, l'enfant de Marie de Bragelongne, serait issu non de Claude Bouthillier, mais de ce jeune évêque pressé, protégé du roi.

Armand Jean du Plessis de Richelieu n'avait pas mesuré la vigueur de la haine que sa réussite suscitait. Et après ces mois d'euphorie, mais aussi de tension et d'efforts intellectuels intenses, il est rejoint par la maladie, les maux de tête, en même temps que les ragots l'assaillent.

Il pourrait s'obstiner, devenir l'un de ces courtisans qui ne vivent que d'intrigues, de rivalités et consument leur vie à ourdir de petits complots ou à se défendre de ceux qui les visent.

Son ambition est plus grande.

Quis erit similis mihi ? Qui sera semblable à moi ?

Il quitte l'entourage du roi. Il n'y est d'ailleurs que le cadet d'Henri du Plessis.

Il part à la mi-décembre 1608 pour son évêché de Luçon, le plus crotté de France.

Il prêche une première fois le 21 décembre, et célèbre, le 25 décembre, sa première messe de Noël.

Il est porté par sa ferveur mystique et politique.

Il parle comme s'il s'adressait non à une assemblée de paysans rassemblés dans une pauvre et petite cathédrale, mais à tous les sujets du royaume de France.

Il appelle à la paix, à l'union, à la raison, à l'obéissance à Dieu et au roi.

« Seigneur, lance-t-il, toute cette assemblée se prosterne à Vos pieds pour Vous supplier humblement de nous vouloir donner la paix...

« Bon Dieu, regardez cette troupe de Votre œil de pitié ! Exaucez ses prières... »

DEUXIÈME PARTIE

1609-1616

« Nous sommes tous gueux
dans ce pays et moi le premier,
ce dont je suis bien fâché. »

« Plus on est honoré et respecté,
plus il faut faire l'humble
et le respectueux. »

Richelieu,
évêque de Luçon, 1609

5

Armand Jean du Plessis de Richelieu ne peut, à son retour dans son évêché de Luçon, oublier les mois qu'il vient de vivre.

Lorsqu'il se trouve face aux curés qu'il a rassemblés, auxquels il défend sous peine d'amende d'entretenir des concubines au logis, de boire et de se livrer à la débauche, de se rendre en bande dans les lieux publics pour prendre part aux réjouissances qui se produisent lors des foires et des marchés de gros bourgs, il se souvient de son séjour à Rome, tête et cœur du monde et de la sainte Église.

Il se remémore ses rencontres avec le souverain pontife et les cardinaux, son élévation à l'épiscopat.

A-t-il vraiment vécu cela ?

Il lui faut recommander à ses prêtres une tenue décente. Ils doivent cesser d'occuper des emplois déshonorants. Il leur est interdit de jouer aux cartes. Il leur faut être tonsurés, et s'adonner soigneusement à la piété et à la vertu. Il leur faut lire et relire le bréviaire.

Richelieu se souvient du temps – c'était il y a quelques semaines – où il s'inclinait devant Henri IV qui, bienveillant, l'appelait « son » évêque. Il se souvient d'avoir dit la messe dans la chapelle royale devant le souverain.

Et il lui faut maintenant parcourir les chemins défoncés de son diocèse. Et pour ses prêtres, comme pour ses ouailles, il écrit une *Instruction du chrétien*, qu'il veut simple et naïve :

« Le plus grand soin de l'auteur, écrit-il, a été de s'abaisser. Son but étant plutôt de paître les colombes que les aigles... Pour cet effet il a laissé tout ornement et omis plusieurs choses qui eussent pu marquer quelque érudition en lui et plaire aux doctes. »

Il répète qu'il ne veut être qu'un « évêque de campagne ». Il l'écrit à son frère Henri, à une amie parisienne, Mme de Bourges.

Il veut être exemplaire, et faire savoir qu'il l'est, nouer aussi en Poitou, à Angers, à Saumur et jusqu'à Bordeaux – le siège de l'archevêché, dont dépend le diocèse de Luçon – des liens utiles.

Il trace son autoportrait lorsqu'il écrit :

« Pour avoir un évêque à souhait, il le faudrait savant, plein de piété, de zèle et de bonne naissance... Il faut surtout qu'un évêque soit humble et charitable, qu'il ait de la science et de la piété, un courage ferme et un zèle ardent pour l'Église et pour le salut de ses âmes. »

Il devient dans son diocèse un directeur de conscience écouté, suivi, qui invite ceux qui viennent se confesser à lui, solliciter ses conseils et son aide, à rechercher en eux-mêmes la force de résoudre les questions qui les assaillent.

« Souvenez-vous que quelque agitation que vous ayez il est toujours en vous de vaincre si vous le voulez ; l'issue de ces combats dépend entièrement de vos volontés. Ne méconnaissez la force de cette volonté que Dieu vous a donnée et qui ne peut être vaincue si vous ne le voulez être. »

Malgré les fièvres, les migraines qui parfois voilent son regard, chaque jour il rencontre les curés, les sermonne.

Le plus souvent, il ne laisse échapper aucune parole d'amertume, aucune plainte. Il est actif, énergique, et à sa démarche, à la vivacité de ses gestes, on devine le jeune homme qui a été formé au métier des armes.

Mais, écrivant à Mme de Bourges, il se confie, parce que le découragement, un moment, le saisit, et aussi parce qu'il veut qu'on l'aide, lui dont on connaît la valeur et qui patauge dans les chemins boueux du Poitou.

« Nous sommes tous gueux dans ce pays et moi le premier, ce dont je suis bien fâché, dit-il. C'est grande pitié que la pauvre noblesse mais il n'y a remède : contre fortune bon cœur ! »

Il ajoute à cette femme, une amie chère mais dont il ne dévoile rien de la nature de leurs liens :

« Tenant un peu de votre humeur, c'est-à-dire un peu glorieux, je voudrais bien, étant plus à mon aise, paraître davantage, ce que je ferai mieux ayant un logis à moi. »

Mais c'est à Paris qu'il veut ce logis, et il charge Mme de Bourges de lui acheter des meubles.

« Dorénavant, j'espère faire un tour à Paris tous les ans. »

Mais pour l'heure, en cette année 1609 et durant les premiers mois de l'année 1610, ce n'est encore qu'un songe.

Il n'y renonce pas. Il s'efforce au contraire d'en préparer la réalisation tout en assumant sa charge d'évêque. Il arpente son diocèse.

Il séjourne souvent au prieuré des Roches non loin de l'abbaye de Fontevraud, où les religieuses ont abandonné toutes les règles de leur communauté.

Elles violent le vœu de pauvreté. Elles rompent le silence au réfectoire, et au dortoir. Elles reçoivent des personnes étrangères au couvent, et Dieu seul sait quelles libertés elles s'accordent.

Richelieu veut rétablir la règle à Fontevraud, et il a rencontré à l'abbaye un moine franciscain à la parole rare mais dont toute l'attitude révèle l'énergie, la passion. Ce François Leclerc du Tremblay, qui est devenu le père Joseph, a été destiné comme lui à la carrière des armes. Il est l'aîné de Richelieu de huit ans, mais l'évêque de Luçon devine chez ce mystique le désir de servir, et Armand Jean du Plessis lui accorde sa confiance. Ils réforment, en conjuguant leurs efforts, l'abbaye de Fontevraud.

Et souvent, Richelieu invite le père Joseph à le suivre, au prieuré de Coussay non loin de Poitiers. Là Richelieu s'est aménagé une retraite. Ce petit château de la Renaissance est environné de fossés, de douves profondes. Les quatre tours sont cachées dans un repli du terrain, mais le donjon domine une vallée.

Là Richelieu médite, écrit, dit la messe dans la chapelle, va et vient le long d'un promenoir, puis s'enferme dans le cabinet de la tour maîtresse.

Il dit qu'il « mène l'existence d'un pauvre moine réduit à la vente de ses meubles et à la vie rustique ».

En fait il a besoin de cette solitude, pour réfléchir

aux moyens qu'il faut mettre en œuvre pour s'arracher à cet évêché crotté et retrouver la Cour du roi de France.

Il s'enferme dans la tour maîtresse du prieuré-château de Coussay.

Il veut dresser son plan de bataille pour quand, au moment où les circonstances s'y prêteront, il retournera à Paris afin d'y conquérir auprès du roi la place que Dieu lui a destinée. Et il ne doute pas un instant de ses talents.

D'abord, il choisira un logement qui « ne l'éloignera ni de Dieu ni du roi ».

Chaque jour, les premiers instants de la matinée seront consacrés à prier et à célébrer Dieu, puis il sera tout entier au service du roi, pour la grandeur, la gloire du souverain et le bien du royaume. Et ce sera encore manière d'honorer Dieu que d'occuper auprès d'Henri IV la première place, celle pour laquelle son âme et son esprit sont faits.

Il faudra, sans être importun, rencontrer le roi ; une fois par semaine à Paris, tous les deux jours à Fontainebleau.

Et retenir son attention, être distingué par lui.

« Les mots les plus agréables au roi sont ceux qui élèvent ses royales vertus. Il aime les pointes et les soudaines reparties. Il ne goûte point ceux qui ne parlent pas hardiment, mais il y faut du respect. L'importance est de considérer quel vent tire et de ne le prendre point sur des humeurs auxquelles il ne se plaît de parler à personne, se cabre à tous ceux qui l'abordent... Prendre garde d'arrêter le discours quand le roi boit. »

Il songe un instant qu'Henri IV aura un jour pour successeur ce Dauphin Louis le Treizième, qui n'est pour l'heure qu'un enfant de neuf ans, mais dont chacun dit qu'il est « fier, ardent, très agile, qu'il aime déjà particulièrement les armes et les chevaux et parle très souvent de guerre, de capitaines, de soldats, de forteresses. Sa colère et sa volonté sont très fortes ». « Il est, a ajouté le frère de Richelieu, Henri, d'autant plus difficile à gouverner qu'il semble être né pour gouverner et commander aux autres. » Il a une cuisante jalousie de son autorité.

Et avec cela, il connaît des moments d'épuisement, d'abattement, de fièvres et de maladie, le ventre douloureux, les boyaux sans doute enflammés.

Ce sera sans doute lui le prochain roi. Mais Henri IV est, malgré ses cinquante-sept années, d'une santé qui paraît robuste. Et qui que soit le souverain, le père ou le fils, il y aura, plus ou moins puissante, la reine Marie de Médicis, ses proches, Leonora Galigaï et son époux Concino Concini.

Heureusement, Henri du Plessis et son beau-frère Vignerot de Pont de Courlay – l'époux de Françoise du Plessis, la sœur aînée de Richelieu – font partie de l'entourage de la reine.

Il sera nécessaire de se joindre à eux, de fréquenter les Grands, leurs tables de souper et de jeux, mais sans excès, avec dignité, en se tenant à égale distance du reproche d'orgueil et de celui d'importunité.

Il faudra mettre en œuvre la science du courtisan : savoir dissimuler, savoir se taire, préférer toujours le silence à de vaines discussions, et à de petites querelles.

Et cependant « n'avoir jamais l'esprit distrait ni

les yeux égarés, ni l'air triste ou mélancolique quand quelqu'un parle et y apporter une vive attention ainsi que beaucoup de grâce, mais plus par l'attention et le silence que par la parole et l'applaudissement ».

Richelieu relit ce qu'il vient d'écrire, se souvient de la manière dont, à son retour de Rome, durant les quelques mois passés à Paris, à la Cour, il s'est comporté.

« En parlant avec des seigneurs de qualité, j'ai eu de la peine à me tenir et me resserrer en moi-même. »

Il n'avait pas encore compris que « là, plus on est honoré et respecté, plus il faut faire l'humble et le respectueux... De toutes choses, il faut dire son opinion avec respect et ne jamais ni juger ni conclure... ».

Et il faut oser « faire des réponses semblables aux retraites qui, sans fuir, sans désordre et sans combattre, sauvent les hommes et les bagages ».

Il n'a pas osé écrire qu'il faut, pour conserver une situation, faire plus que dissimuler : mentir.

Il se lève, enferme ses notes, son plan de bataille, dans l'armoire secrète qui se trouve dans la tour maîtresse.

Il faut garder ses écrits, les lettres reçues et les copies de celles qu'on envoie.

« Le feu doit garder celles que la cassette ne peut garder qu'avec péril. »

Plus tard on contestera que ce « plan de bataille » soit de sa main.

Mais ces lettres qu'il destine, chaque jour, à ceux qui, à Paris, à l'archevêché de Bordeaux, ne doivent pas l'oublier, sont bien de lui et s'inspirent des principes de « son plan ».

Il écrit au cardinal du Perron, grand aumônier de France, et au cardinal de Sourdis, archevêque de Bordeaux.

« Je veux faire gloire de vous admirer et de me faire connaître en toutes occasions, Monseigneur, votre très humble, très affectueux et très obéissant serviteur, Armand, évêque de Luçon », écrit-il au cardinal du Perron.

Et au cardinal de Sourdis, il dit : « Votre modestie impose silence à mes paroles, fait que je me contenterai de vous supplier de croire que je suis votre très obéissant serviteur... Ce sont les effets du zèle que vous avez à la gloire de Dieu... »

Richelieu veut qu'on sache à la Cour, à l'archevêché de Bordeaux et dans toute l'Église que dans son évêché – et dans toute la province – il s'emploie à persuader les protestants de renoncer à leur hérésie, et, à tout le moins, d'être fidèles au roi.

Il veut l'« union » dans cette province dont Sully est le gouverneur, et où les protestants sont présents dans toutes les villes, à Fontenay-le-Comte, à Luçon même, à Saumur, dont l'académie a à sa tête le pasteur Duplessis-Mornay, dont la notoriété s'étend bien au-delà de sa ville.

Et puis il y a, à quelques lieues, la place de sûreté de La Rochelle dont le port peut recevoir, si un jour la guerre reprenait, des navires ennemis.

Il combat les huguenots pas à pas, contestant leur volonté de construire un temple proche de la cathédrale de Luçon et donc de la maison de l'évêque, se plaignant qu'on ne le salue pas quand il passe en procession.

Il veut les soumettre à l'impôt de la dîme, ce que les protestants refusent.

Alors il multiplie les écrits, les missions, les harangues, polémiquant avec eux.

Les huguenots protestent, affirmant qu'« ils sont résolus à tenir raide si l'on continue de les incommoder ».

Mais, Richelieu s'obstine, jusqu'à ce qu'Henri IV contraigne les protestants à payer la dîme et à construire leur temple loin de la cathédrale.

Richelieu ressent cette décision royale comme une victoire de sa volonté, de sa « méthode », qui conjugue un discours mesuré – il veut l'union – et la détermination. C'est pour lui la preuve que la raison politique, habilement appliquée, peut servir les intérêts de l'Église et du roi.

Mais le roi est mort.

Richelieu ne peut, tant son émotion est grande, relire la lettre qu'un courrier arrivé de Paris vient de lui remettre.

L'homme, la voix tremblante, a murmuré qu'on a assassiné le grand roi Henri IV, le 14 mai, au milieu de l'après-midi. Le régicide est un moine qu'on dit se nommer Ravaillac, et c'est Sébastien Bouthillier, chanoine, abbé de la Cochère, et homme de confiance d'Armand Jean du Plessis de Richelieu, et fils de Denis Bouthillier, qui a rédigé cette lettre.

Richelieu a tenté de se maîtriser. Il a eu du mal à briser le cachet. Puis il a parcouru la lettre.

Il lui a semblé entendre le cri de la reine Marie de Médicis qui, tordant ses mains, avait hurlé « *l'hanno ammazzato* » – ils l'ont tué – puis « le roi est mort, le roi est mort ».

Et Richelieu ne réussit pas à retrouver son calme.

La perte d'un roi pour ceux qui le servent, et ont joué leur avenir sur le destin du souverain, est comme l'éruption du Vésuve, que raconte Pline. Elle peut tout détruire. Les cendres brûlantes du volcan ont fait disparaître la population de Pompéi et d'Herculanum.

Richelieu recommence à lire la lettre de Sébastien Bouthillier et peu à peu, il endigue, refoule l'émotion et il sent que son intelligence redevient souveraine.

Il apprend que Marie de Médicis a été sacrée à Saint-Denis, le 13 mai, la veille de la mort du roi. Henri IV s'apprêtait à partir en guerre contre l'Espagne, soulevant l'inquiétude et même la colère de tous ceux qui voulaient – et la reine était de ceux-là – une grande alliance entre les deux royaumes chrétiens, l'espagnol et le français.

Richelieu ferme les yeux.

Peut-être le moine Ravaillac n'a-t-il été que la main armée d'un poignard d'une conjuration visant à tuer le roi, cet ancien huguenot, et de cette manière en finir avec son « grand dessein » de guerre contre l'Espagne.

Dès le 15 mai, lors d'un lit de justice, en présence du jeune souverain Louis XIII, la reine Marie de Médicis est déclarée régente du royaume. Et à ses côtés se tiennent Leonora Galigaï et Concino Concini, les époux qui la conseillent.

Les vieux ministres d'Henri IV restent en place, peuvent prétendre que rien n'a changé dans la politique du royaume, mais Richelieu refuse d'y croire.

Il reprend la lecture de la lettre de Sébastien Bouthillier. Elle se veut rassurante.

Le chanoine rapporte à son évêque qu'il a interrogé le grand aumônier de France, le cardinal du Perron, le père Coton, ancien confesseur d'Henri IV, et d'autres encore. Aucun n'a tari d'éloges sur le jeune évêque de Luçon. Dans l'entourage de la régente, Marie de Médicis, Sébastien Bouthillier a recueilli les mêmes louanges. Concini qui vient d'être admis au Conseil du roi a été l'un des plus chaleureux. Il a loué le frère d'Armand Jean, Henri, dont la régente connaît les qualités.

L'impatience gagne Richelieu.

Ces jours où le pouvoir passe des mains du roi défunt à celles de Marie de Médicis, où l'on change de politique, où l'on envisage de marier le jeune Louis XIII à une infante espagnole – Anne d'Autriche – et l'infant d'Espagne, Philippe, à une fille d'Henri IV, Élisabeth, sont décisifs.

Richelieu attend chaque jour de nouvelles lettres. Elles tardent.

Le 22 mai enfin, Sébastien Bouthillier écrit, déclarant que « l'état des affaires n'est pas encore permanent », que deux évêques diront des oraisons funèbres aux obsèques du feu roi Henri IV.

« C'eussent été des actions dignes de vous si vous vous fussiez trouvé ici », conclut Bouthillier.

Cette dernière phrase que Richelieu lit et relit est comme un feu ardent qui le brûle.

Il est à Luçon, alors que le sort de ceux qui servent le royaume se joue à Paris.

Il ne peut plus, il ne veut plus attendre.

Il prend la plume ce 22 mai 1610, il veut être l'un des premiers – et sans doute a-t-il trop tardé, imagine-t-il – à prêter serment de fidélité à la régente et au jeune roi Louis XIII.

Il écrit d'un seul élan saluant la « vertueuse princesse, sa sagesse », jurant obéissance.

« Nous ressentons un contentement indicible de ce qu'il a plu à Dieu de nous donner la reine pour régente de cet État... »

Il confie le jour même la lettre à un courrier à charge de la remettre à son frère Henri du Plessis, afin que ce dernier la confie en mains propres à la reine.

Commence l'attente.

Puis la réponse décevante de Sébastien Bouthillier :

« Je crois, écrit le chanoine, que M. Henri du Plessis de Richelieu vous aura averti qu'il n'a point présenté l'acte de fidélité que vous aviez envoyé ayant su que cela n'avait été pratiqué par personne comme de mon côté je l'ai particulièrement appris... »

Richelieu est déçu, tenaillé par le désir d'agir, de ne pas laisser passer ce moment, où autour de la régente chacun se presse.

On murmure que Marie de Médicis comble ses favoris. Elle a donné trois cent mille livres à Concini, afin qu'il achète le marquisat d'Ancre en Picardie, la charge de premier gentilhomme de la chambre et le gouvernement de Péronne, Montdidier et Roye. Et Louis XIII a reçu le serment de fidélité du sieur Concini devenu maréchal d'Ancre, premier écuyer de la reine.

Leonora Galigaï n'est pas oubliée par la régente qui la couvre de cadeaux, qui sont autant de marques d'affection. La rumeur assure qu'entre la régente, la blonde et grasse Marie de Médicis, et le couple Galigaï-Concini, les relations sont troubles, équivoques.

Peu importe ! Là est le centre de la toile d'araignée du pouvoir.

Richelieu ne peut plus attendre : au début du mois de juillet 1610, il part pour Paris. Mme de Bourges a choisi pour lui un logement, non loin du Louvre, face à l'église Notre-Dame-des-Blancs-Manteaux.

Il se rend à la Cour, puisque son titre d'évêque lui donne le droit d'y paraître.

Il s'efforce, fidèle à son plan de bataille, d'être humble et attentif, dévoué et admiratif, silencieux le plus souvent.

On l'accueille avec une bienveillance distante.

Il souffre de ne pas attirer l'attention, de n'être que l'évêque de vingt-cinq ans d'un petit évêché bien crotté.

Il n'aperçoit que furtivement la régente qui bavarde avec Leonora Galigaï, formant un couple disgracieux, Marie de Médicis blonde au visage lourd, au menton prononcé, et sa sœur de lait petite femme noiraude aux yeux perçants.

Elles ignorent Richelieu.

Il se convainc qu'il doit retourner dans son évêché, qu'il est trop tôt encore pour parvenir au centre du pouvoir.

Mais lorsque, sous les premières pluies de la fin de l'été, il retrouve Luçon, les chemins détrempés du Poitou, il est découragé et amer.

Il ne se maîtrise pas, tant sa déception est grande.

Il interpelle ses chanoines, ses prêtres, ses deux grands vicaires.

Il n'a pas aimé la lettre que ces derniers lui ont adressée.

Le ton lui a semblé irrévérencieux.

« Si une mouche vous a piqués, leur écrit-il, vous la deviez tuer et non en faire sentir l'aiguillon aux autres… Je sais, Dieu merci, me gouverner et sais davantage comment ceux qui sont sous moi doivent se gouverner… »

Si ces deux vicaires veulent renoncer à leur charge, qu'ils le fassent !

Sous la poussée de la colère et sur ce fond de déception qui noircit son humeur, Richelieu laisse apparaître son caractère, autoritaire, méprisant.

« Vous prêchez aux autres le libre arbitre, écrit-il, il vous est libre de vous en servir. Si je me suis trompé, vous désobligeant au lieu de vous gratifier, j'en suis fâché, mais je vous dirai qu'à toute faute il n'y a qu'amende.

« Je ne force personne à recevoir du bien de moi. »

6

Il a vingt-cinq ans. Il va et vient à pas lents dans la chambre de la tour maîtresse du prieuré-château de Coussay. Souvent il s'immobilise devant le grand miroir, placé entre deux fenêtres étroites, presque des meurtrières.

Il se regarde. Il croise les bras. Il éprouve à se voir ainsi vêtu de la robe violette, coiffé du bonnet carré, un large col blanc soulignant la pâleur de son teint, la noirceur de sa moustache – à la cavalière, extrémités relevées – et de la barbe taillée en pointe, un sentiment mêlé, fait de contentement, et en même temps d'amère insatisfaction.

Il est ce jeune évêque actif qui s'efforce de conserver et de tisser des liens, avec la Cour, Paris, ou bien l'archevêché de Bordeaux, et l'évêché de Poitiers.

Il vient précisément de terminer trois lettres. L'une pour le nouvel évêque de Poitiers, Mgr de La Roche-Posay. Il a besoin de son appui s'il veut être désigné à l'assemblée du clergé qui doit se tenir à Bordeaux. L'autre lettre est pour le grand vicaire du diocèse de Poitiers, Duvergier de Hauranne. Lui aussi est utile dans cette partie que veut jouer Armand Jean du Plessis : être distingué parmi les ecclésiastiques, ne plus être seulement un évêque quelconque, mais l'évêque qui peut parler au nom des autres. Et ainsi être entendu à Paris, par Marie de Médicis, son conseiller Concini et les ministres – de vieux barbons du feu roi Henri IV – dont la régente, habilement, ne s'est pas encore séparée. Voilà pourtant près de six mois qu'Henri IV a été assassiné. Marie de Médicis gouverne.

Et la troisième lettre d'Armand Jean est pour Henri, son frère aîné, qui se fait appeler marquis de Richelieu.

Il est plus que jamais l'un des familiers de la régente. Il fait partie du petit cercle des favoris qui se retrouvent avant le souper, jusqu'à près de dix heures. Et il n'y a là que « personnes considérables par l'esprit et la condition ».

Et l'amertume et l'impatience saisissent tout à coup Armand Jean du Plessis.

À quoi cela sert-il d'avoir ce port altier, de sentir brûler en soi talents et énergie, d'être le descendant d'un grand prévôt de France, d'une Maison de noblesse d'épée, et non pas seulement d'un lignage, si les mois passent sans que rien se dessine ?

D'autres, autour de la régente et de l'enfant roi, occupent des positions de pouvoir. Henri de Richelieu a vu sa pension augmentée par la régente, sa charge de gentilhomme de la chambre du roi, confirmée, sa situation dans les armées du roi, renforcée.

Armand Jean du Plessis de Richelieu en est persuadé, il faut être auprès de la régente, présent à la

Cour, se faire reconnaître par ce roi qui n'a pas dix ans, mais qui le 17 octobre vient d'être sacré à Reims, et le 21 octobre, au monastère de Saint-Marcoul, a touché les écrouelles, et apposant ses mains – « le roi te touche, Dieu te guérit » –, des malades se sont redressés, criant au miracle, remerciant le roi de les avoir arrachés à la maladie, par la grâce de Dieu.

Armand Jean se signe.

Servir Dieu, c'est servir le roi. Et *vice versa*.

Il s'assoit à sa table. Il va écrire d'autres lettres, préparer son prochain voyage à Paris. Car comment se contenter de servir le roi dans les brumes du Poitou, dans la boue de ce pays ?

Il faut s'en arracher et pour cela soutenir la reine dans sa politique de mariages espagnols.

L'infante d'Espagne, Anne d'Autriche, doit épouser Louis XIII – l'annonce en est faite le 29 janvier 1612, les contrats signés le 22 août à Madrid.

Et ces jours-là, on annonce et signe aussi le mariage et le contrat d'Élisabeth de France avec l'infant d'Espagne qui doit régner sous le nom de Philippe IV.

Cette politique est sans doute contraire à celle que voulait conduire Henri IV. Et Sully, son fidèle, pense à démissionner de sa charge de surintendant des finances ?

Sans doute.

Mais Armand Jean, évêque, serviteur de l'Église catholique, ne veut pas se dresser contre la politique de Rome, du pape qui l'a reçu, et Marie de Médicis, et sa cabale tout entière, sont décidés à soutenir cette politique « papiste », et donc tournée vers l'alliance avec l'Espagne.

Richelieu écrit d'une plume rageuse :

« C'est cracher contre le ciel que de vouloir heurter l'autorité du roi et de la reine. »

Il décide ainsi d'être, dans le Poitou, celui qui porte la parole royale, qui la devance même. Et qui veut faire savoir à la Cour qu'il est au service de la régente et de ses conseillers.

Alors que les Grands du royaume détestent Concino Concini, et que les bruits se répandent à propos des dons nombreux que la régente accorde à celui qui est maréchal d'Ancre, et bientôt promu maréchal de France, Richelieu lui écrit, fait acte d'allégeance :

« Monsieur, honorant toujours ceux à qui j'ai une fois voué du service, je vous écris cette lettre pour vous en continuer les assurances ; car j'aime mieux vous témoigner la vérité de mon affection aux occasions importantes que de vous en offrir, hors du temps, les seules apparences... Je vous supplierai seulement de croire que mes promesses seront toujours suivies de bons effets et pendant que vous me ferez l'honneur de m'aimer je vous saurai toujours très dignement servir. »

Il a choisi son camp : celui où se trouve l'autorité royale. Et qu'elle soit incarnée par la régente, acoquinée au couple Leonora Galigaï et Concino Concini, ne change rien à sa décision.

Le roi est à leurs côtés. Et qu'il soit encore un enfant n'efface pas le caractère sacré de sa personne.

Mais les fruits de ce choix politique tardent à mûrir. Richelieu s'impatiente, se rend régulièrement à Paris.

Il prononce même en l'église Saint-André-des-Arts un sermon devant Louis XIII et la régente.

Mais cet éclat et l'espoir qu'il suscite ne percent pas longtemps l'obscurité des mois qui deviennent vite, en s'entassant, des années.

Armand Jean n'est toujours que le jeune évêque de Luçon.

Il n'a pas réussi malgré les liens qu'il a tissés à être désigné comme représentant de la province à l'assemblée du clergé de Bordeaux.

Dès lors il ne s'y rend même pas, et la blessure de son orgueil devient très vite fièvre, maux de tête, épuisement.

Il écoute, maussade, amer, Sébastien Bouthillier lui rapporter les propos des évêques, qui tous se seraient accordés pour tresser des éloges au sujet du jeune évêque de Luçon. Mais qu'importe à Armand Jean puisque les années s'écoulent sans que sa condition change ?

Il lui semble même qu'elle empire.

Il est humilié, lorsqu'il apprend que l'une de ses sœurs, Isabelle, née en 1581, a sollicité d'Henri de Richelieu, leur frère aîné, le droit de se marier avec Louis Pidoux.

Le jeune homme est de bon et antique lignage – les Pidoux ont reçu leurs lettres de noblesse en 1345 ! – mais sa famille n'a jamais constitué une Maison, elle ne fait pas partie de la noblesse d'épée à laquelle appartiennent depuis le XIIIe siècle les du Plessis.

Armand Jean, comme ses frères Henri et Alphonse, n'a pas hésité à rejeter cette demande.

Une du Plessis de Richelieu ne peut épouser un Pidoux.

Mais Isabelle s'enfuit en compagnie de Louis. Ils se marient à Dole, dans cette Franche-Comté espagnole.

Ils violent ainsi toutes les lois et les coutumes, et Isabelle, en préférant ses sentiments à la gloire de sa Maison, ne peut plus rentrer dans le royaume de France sans risquer la peine de mort.

Elle est bannie de la mémoire des du Plessis de Richelieu.

Armand Jean du Plessis ne prie pas pour elle. Elle est comme morte.

Elle a reçu à Dole le sacrement du mariage, mais elle a péché contre l'ordre, sacré lui aussi, qui va de Dieu au roi, et du souverain aux nobles d'épée.

Que disparaisse Isabelle de nos mémoires !

Elle devait obéissance à sa Maison, à son frère aîné, et devait soumettre les choix de sa vie à l'intérêt et à la gloire de son nom.

Richelieu la condamne sans lui trouver aucune excuse.

Et sa colère et son mépris même sont d'autant plus vifs qu'il lui semble que, dans le royaume, les sujets du roi – et les plus grands d'entre eux, les princes du sang, les ducs – se rebellent contre cette règle de l'obéissance au pouvoir légitime et sacré.

Isabelle du Plessis a trahi sa Maison, et les Grands font de même en se dressant contre le pouvoir royal qu'incarnent la régente Marie de Médicis et Louis XIII.

Il prend connaissance avec indignation du « manifeste » qu'a rédigé le prince de Condé, prince du sang, qui n'est mû, Richelieu en est persuadé, que par la jalousie qu'il éprouve à l'égard de Concini.

Habilement, Condé a rassemblé dans ce texte toutes les insatisfactions dans l'espoir d'affaiblir la régente, de la menacer, et d'obtenir d'elle une capitulation ou bien des places, des châteaux, des gouvernements, de l'argent.

Il agit en maître chanteur.

« L'Église n'a plus de splendeur, écrit-il. Nul ecclésiastique n'est employé aux ambassades et n'a plus rang au Conseil. La noblesse appauvrie et ruinée est maintenant taillée, chassée des offices de judicature et de finances, faute d'argent, privée de la paye des gens d'armes et esclave de ses créanciers ; le peuple est surchargé par des commissions extraordinaires et tout tombe sur les pauvres pour les gages des riches. »

Le prince de Condé, les ducs de Nevers, de Longueville, le duc du Maine et le duc de Vendôme, l'un des frères naturels du roi, se mettent en campagne. Et quelques-uns de leurs hommes d'armes s'en viennent exiger le vivre et le couvert au château de Richelieu, où Suzanne de La Porte est contrainte de les accueillir, de tolérer ainsi qu'ils souillent le château.

Lorsque Richelieu entend le récit de sa mère, il s'indigne :

« Qui peut croire que ce "manifeste", cette prise d'armes, cette guerre qui menace entre les Grands et le roi ont pour but de renforcer le royaume, et donc le pouvoir légitime du roi ?

« Le temps est misérable, s'exclame Richelieu. Les plus grands font des brouilleries ! Les ministres sont plus occupés aux moyens nécessaires pour leur conservation qu'à ceux qui sont nécessaires pour l'État. »

Avec angoisse et colère, Richelieu, jour après jour, en ce début d'année 1614, suit l'évolution de la situation.

Il n'approuve pas l'accord que Marie de Médicis a conclu avec les Grands, leur promettant la réunion des états généraux, et leur distribuant places de sûreté, châteaux et argent.

Il conteste ce choix de faiblesse, dicté par Concini à la régente. Et il est heureux d'apprendre que l'armée royale avec à sa tête le jeune roi et la régente s'est mise en marche.

Il se rend à Poitiers pour y voir le roi, jeune et brillant cavalier, cheminant à la tête de cinq mille gentilshommes et soulevant l'enthousiasme des paysans venus l'acclamer.

Les Grands cette fois-ci se soumettent. Richelieu n'en est pas surpris. Il faut savoir menacer, tirer l'épée. Et ne jamais admettre que qui que ce soit se dresse contre le pouvoir royal, et cherche à l'affaiblir.

Pour un roi, exercer son autorité, c'est s'assurer le respect et l'amour de ses sujets.

Et Richelieu se trouve conforté dans la conviction qu'il doit être au service du roi, ce qui est aussi être au service de Dieu et de l'Église.

Il a le sentiment que les circonstances, cette victoire du roi et de la régente, lui sont favorables.

N'a-t-il pas, dès le 22 mai 1610, écrit à Marie de Médicis pour lui exprimer sa fidélité ?

Il veut recueillir les fruits de ce choix.

Il est temps de se faire reconnaître.

Il est dans sa trentième année.

Les états généraux vont se réunir, peut-être en septembre. Il veut être le député du clergé lors de cette réunion. Là, devant les trois ordres – clergé, noblesse, tiers état – et le roi, il pourra faire entendre sa voix, être distingué.

Dès le mois de juin 1614, il se met en campagne.

Il doit faire comprendre à la régente, au roi, que s'il est élu député du clergé, il parlera toujours en faveur du pouvoir royal.

Son frère, Henri de Richelieu, son chanoine, Sébastien Bouthillier, s'emploient à convaincre l'entourage de Marie de Médicis que l'évêque de Luçon est un partisan résolu de la régente.

Mais il faut d'abord obtenir des appuis dans la province.

À Poitiers, Richelieu sait qu'il peut compter sur l'évêque de La Roche-Posay, et son grand vicaire Duvergier de Hauranne. Il montre à ses deux soutiens les lettres de convocation des états généraux, que Sébastien Bouthillier a pu se procurer.

« Voici ce que je vous ai promis, vous en savez l'importance qui fera que le tiendrez secret, comme je vous en prie. »

Dans ces lettres, la régente demande aux gouverneurs des provinces de faire élire, dans les trois ordres, des députés partisans dévoués du roi. N'est-ce pas le cas de Richelieu ?

Il n'y a donc plus qu'à faire campagne, à faire lire en chaire par les curés la lettre que le gouverneur a adressée à Richelieu, en l'assurant de « son ardente affection ».

Le 2 août 1614, le clergé se réunit dans la salle de l'évêché à Poitiers et Armand Jean du Plessis, évêque de Luçon, est l'un des deux députés choisis – l'autre étant le doyen de Saint-Hilaire. Et le 24 août 1614, l'assemblée définitive des trois ordres confirme pour le clergé ce choix.

Richelieu participe au cours des semaines suivantes à la rédaction des cahiers de doléances.

La réunion des états généraux est fixée à Paris dans les premiers jours d'octobre.

Richelieu va quitter Luçon. Enfin !

Lorsqu'il apprend que, le 16 septembre, le roi Louis XIII est rentré dans sa capitale, acclamé par les Parisiens, Richelieu se persuade que les circonstances n'ont jamais été pour lui plus favorables.

Il était temps. Il va avoir trente ans.

Il remercie Dieu et le prie de l'aider à servir le roi, la reine régente et l'Église.

7

Armand Jean du Plessis de Richelieu, évêque de Luçon, ferme les yeux comme s'il voulait se recueillir à l'instant où sa voiture après avoir franchi la porte Saint-Honoré entre dans Paris.

Aussitôt il faut rouler au pas tant la cohue est grande.

On est vite immobilisé au milieu d'un tumulte de cris, qui couvrent par moments le son des cloches qui sonnent à toute volée, les unes sourdes, les autres légères, aiguës, et se mêlent le deuil, l'appel à la messe, l'annonce d'un baptême.

Dans les rues étroites aux pavés glissants, les voix, les appels des marchands ambulants, les jurons et les chansons, les plaintes aussi des mendiants, et les aboiements des chiens, les hennissements des chevaux, le bruit des charrois et les insultes que s'échangent les cochers, les palefreniers s'amplifient, comme si les vagues successives venaient s'engouffrer dans un chenal, battre les façades qui se font face, si proches qu'elles empêchent de voir le ciel.

Et puis il y a cette odeur de boue, d'excréments, de détritus qui prend à la gorge, donne la nausée.

Armand Jean du Plessis ne soulève le rideau de cuir

qui ferme les fenêtres de la voiture qu'au moment où elle recommence à rouler, lentement certes, mais elle avance, et c'est comme si la puanteur, poussée par le vent, se faisait plus âcre.

Mais peut-être la nausée qui le saisit ne doit-elle rien à ces relents pestilentiels, peut-être est-elle le fruit d'une ivresse, celle d'être enfin de retour à Paris non plus comme un simple visiteur, qui vient faire sa cour, mais comme député de l'ordre du clergé aux états généraux.

On roule au bord de la Seine. Richelieu aperçoit les tours de Notre-Dame et le Pont-Neuf. Il découvre la statue équestre d'Henri IV, qui vient d'être dressée, le 23 août 1614, au milieu du pont. Le piédestal est encore inachevé. Il se penche, aperçoit les flèches, les clochers des églises si nombreuses, et cette foule mêlée, affairée, bruyante. Il murmure ce quatrain, qui accompagne les premières esquisses d'un plan de Paris qu'il a pu consulter lors de son dernier passage :

Cette ville est un autre monde
Dedans un monde florissant
En peuples et en biens puissant
Qui de toutes choses abonde.

La voiture roule lentement au milieu de la cohue, passe devant la Sainte-Chapelle. Richelieu se recueille, se signe.

Paris est d'abord la ville du roi. C'est dans la Sainte-Chapelle, l'église voulue par Saint Louis, que Louis XIII, le 2 octobre 1614 – il y a quelques jours –, a entendu la messe de célébration de sa majorité : il est entré depuis le 27 septembre dans sa quatorzième année. Le roi, après la messe au cours de laquelle il a communié, s'est rendu au Parlement pour y tenir un lit de justice.

Sa mère, Marie de Médicis, à genoux devant lui, lui a remis la régence.

Et Louis XIII, d'une voix hésitante, sans réussir à maîtriser son bégaiement, a déclaré :

« Étant majeur comme je suis, j'entends gouverner mon royaume par bon conseil, avec piété et justice. J'attends de tous mes sujets le respect et l'obéissance qui est due à la puissance souveraine et à l'autorité royale que Dieu m'a mise en main, ils doivent aussi espérer de moi la protection et les grâces. »

Puis, regardant Marie de Médicis, il l'a remerciée, ajoutant, et butant cependant sur les mots :

« Je vous prie de continuer et de gouverner et commander comme vous avez fait par ci-devant. Je veux et entends que vous soyez obéie, en tout et partout, et qu'après moi et en mon absence, vous soyez chef de mon Conseil. »

Ces phrases, Richelieu les murmure, les répète.

Il éprouve à se souvenir des lettres qu'il a adressées à la régente, à Concini, jubilation et excitation.

Il a eu raison de choisir comme seule ligne de conduite le soutien du pouvoir royal, fût-il incarné non seulement par ce roi, mais par la régente et ses conseillers.

Et parmi eux, Henri de Richelieu.

C'est le frère aîné qui a décrit pour Armand Jean l'entourage du roi, où se pressent les nobles d'épée, respectueux du monarque mais bruyants, tapant du talon de leurs bottes éperonnées, portant larges chapeaux empanachés et toujours prêts pour une chevauchée, une chasse, une guerre. Et même malgré les édits sévères qui interdisent les duels, prompts à relever le gant, à dégainer.

Et puis dans les entresols retirés, entourée de ses femmes, de ses favoris, Marie de Médicis écoute les joueurs de luth, ou bien le babil de Leonora Galigaï, au visage aigu, aux lèvres pincées, à l'œil vif et à l'intelligence pétillante.

Elle sait distraire Marie de Médicis. Elle virevolte autour de la blonde et lourde régente.

Et Armand Jean se souvient des expressions du visage de son frère, lorsque Henri a évoqué la régente, la Galigaï, et l'époux de cette dernière, Concino Concini.

L'Italien est âpre au gain. Il accumule les rentes et les titres, maréchal d'Ancre, maréchal de France.

Il s'est fait construire une petite maison adossée au palais du Louvre. Elle communique avec l'entresol qu'habite la reine par un pont, que la rumeur populaire et maligne a baptisé « le pont d'amour ».

Et Henri de Richelieu a ajouté qu'on affiche couramment des ordures sur ce qui se passe au palais. Mais il a baissé la voix, pour évoquer ces placards injurieux, ces pamphlets.

Cependant il ne croit pas aux relations intimes entre Marie de Médicis et Concini.

« La passion du jeu est le seul divertissement de Concini, a murmuré Henri de Richelieu. La passion de l'amour n'y paraît point. »

Henri de Richelieu a ricané, et ajouté :

« Concini est rompu par deux hernies, de telle façon que la vertu ne fait en aucune façon partie de sa chasteté. »

Armand Jean ne veut rien oublier des confidences de son frère.

Il faut connaître la manière d'être de ceux qui, par le choix de Dieu, détiennent le pouvoir royal.

Il sait que Marie de Médicis « a certaines paillasses à terre où elle se couche l'été durant les chaleurs des après-midi avec des habits légers et beaux, étant ainsi étendue appuyée sur le coude, montrant ses bras et sa gorge, d'aucuns parlent de beauté admirable et admirée de tout le monde, d'autres la jugent, méprisée et délaissée ».

Qu'importe, elle est le pouvoir royal !

Elle a, jusqu'à ces derniers mois, fouetté elle-même le jeune roi, quand elle jugeait qu'il avait été impertinent, rebelle.

Certains murmurent qu'elle l'a, à dessein, humilié, affaibli par des purges et des saignées répétées, qu'elle l'a même perverti, l'entourant d'une foule de domestiques, flatteurs et débauchés, et qu'elle a ainsi tenté de le maintenir loin du gouvernement.

Qu'il chasse les oiseaux, adule les oiseleurs et les dresseurs de pies-grièches, en fasse ses favoris, pourvu qu'il laisse la régente gouverner avec ses conseillers italiens, ses ecclésiastiques tous partisans de l'alliance avec l'Espagne, catholique et papiste !

Et que Louis XIII demeure cet incapable aux joues mates et molles, à l'œil terne, à la mâchoire proéminente – comme celle de sa mère –, qu'il bégaie, qu'il soit souvent mélancolique, et tout à coup saisi par une violente colère !

« Mais c'est le roi, murmure Armand Jean du Plessis.

« C'est Louis le Juste, l'homme choisi par Dieu.

« Et en servant la régente, c'est le pouvoir royal que je sers. »

8

Ce pouvoir royal qu'il veut servir, Richelieu a le sentiment d'en découvrir la puissance, ce dimanche 26 octobre 1614, devant le couvent des Augustins, situé sur la rive gauche de la Seine, un peu en amont du Pont-Neuf.

Voilà deux heures qu'il attend devant le cloître du couvent, mêlé à la foule des députés aux états généraux.

Ceux du tiers état, vêtus de noir, ceux du clergé où se côtoient les robes violettes des évêques, les soutanes des curés et les robes austères des moines, des ordres mendiants, dominicains, franciscains, augustins et carmes, puis formant un groupe chatoyant, les députés de la noblesse, se tenant à l'écart, dédaigneux, dévisageant avec hauteur les députés du tiers état qui tiennent à la main un gros cierge blanc.

Le roi, la Cour arrivent enfin.

Louis XIII est morose, vêtu de blanc. Près de lui, enveloppée des voiles noirs de la veuve, Marie de Médicis entourée de ses gardes, de ses écuyers, des suivantes.

Le roi s'installe sous un dais, et l'on va défiler devant lui. Trois cardinaux ouvriront la procession, précédant l'archevêque de Paris, portant le saint sacrement, protégé par un drap d'or.

Les coins de ce dais sont tenus par les plus grands personnages du royaume : le duc de Guise et le prince de Joinville, le prince de Condé et Monsieur frère du roi.

Richelieu, lorsque la procession se met enfin en marche, pour gagner Notre-Dame, où doit être célébrée la messe d'ouverture des états, a l'impression qu'on ne pourra jamais atteindre la cathédrale, tant la foule est dense.

On veut apercevoir le roi, qui marche derrière le saint sacrement. Près de Marie de Médicis, on veut voir Élisabeth de France, qui doit se marier avec Philippe, infant d'Espagne.

Enfin la procession pénètre dans Notre-Dame, le roi et la reine gagnent le chœur, les députés s'installent sur des bancs dressés le long de la nef.

Richelieu regarde autour de lui, cette foule qui représente tout le royaume.

Il éprouve l'orgueil d'en faire partie, mais en même temps, il mesure que pour se frayer un chemin personnel dans cette masse il faudra déployer habileté et détermination, et espérer l'aide de Dieu.

Il n'est pour l'instant qu'un jeune évêque parmi d'autres, et le titulaire de l'un des évêchés les plus petits du royaume.

Tête baissée, il suit la messe, écoute le sermon prononcé par le cardinal de Sourdis, archevêque de Bordeaux, qui tout au long de son propos martèle avec une solennité brutale : « *Deum timete Regem honorificate* », « Craignez Dieu, honorez le roi. »

Richelieu se recueille : c'est ce qu'il ressent, c'est ce qu'il veut pour tous les sujets du royaume.

Le lendemain, lundi 27 octobre, lors de la séance d'ouverture des états, il est à nouveau divisé, entre d'une part la satisfaction d'être, dans cette grande salle de l'hôtel du Petit-Bourbon, en face du Louvre, sous la voûte semée de fleurs de lys, l'un des représentants de l'ordre du clergé, de l'Église qui est la colonne maîtresse du royaume, et d'autre part l'inquiétude de n'être que cela, un parmi près de cinq cents autres, dont cent trente-cinq représentants de l'ordre du clergé, et parmi eux cinquante-neuf archevêques et évêques !

Il a dû pousser des coudes et des épaules pour rejoindre sa place, point trop éloignée du trône où s'est installé le roi, ayant à sa droite, assise sur une chaise à dossier, la reine mère, Marie de Médicis.

Il a, à cet instant, le sentiment que l'on ne le remarquera jamais, que l'on ne se souviendra jamais de son visage, et que ses lettres à la régente, à Concini, ont été vaines.

Il est bousculé par la foule des courtisans, qui ont forcé les portes, et occupent la place des députés.

« Tout est plein de dames et de damoiselles, de gentilshommes et autres peuples comme si l'on se fût transporté pour le divertissement de quelque comédie. »

Richelieu porte le même regard que ce témoin. Il entend un député qui murmure : « C'est là le reflet du royaume, les courtisans, les Grands paralysent et entravent les efforts des fidèles sujets du roi. La France est incapable d'ordre. »

Et quand le jeune roi lève la main, d'un geste las, pour indiquer que les travaux des états généraux sont ouverts, Richelieu se souvient de la vigueur du grand roi Henri IV, du rayonnement de sa personne, de la force de sa voix entraînante.

Et Louis XIII, le Juste, est bègue, pâle, comme accablé. Mais c'est le roi.

Il faut le servir.

Richelieu s'approche du cardinal du Perron, grand aumônier de France, du cardinal de Sourdis qui, comme archevêque de Bordeaux, est le supérieur de l'évêque de Luçon.

Richelieu ne les quitte pas. Ceux-là qui gouvernent l'ordre du clergé le connaissent. Du Perron, à plusieurs reprises, l'a évalué du regard. Il veut envoyer une délégation du clergé au tiers état, parce que chaque ordre délibère séparément. Lorsque du Perron le désigne comme délégué du clergé, Richelieu se contente de baisser humblement la tête. Mais il a la certitude que Dieu vient de lui adresser un signe.

Il ne s'agit que de présenter au tiers état un calendrier et un horaire de travail. Mais peu importe le caractère du message. Ce qui compte, c'est de s'être distingué, de pouvoir lire, face aux cent quatre-vingt-sept représentants du tiers état, les propositions de l'ordre du clergé dont il est ainsi devenu la voix :

« Que les députés, dit-il, prêtent le serment solennel de travailler saintement pour la gloire de Dieu, le service du roi et le soulagement du peuple aux cahiers de doléances et de ne révéler de façon quelconque ce qui serait avisé aux chambres ; de venir deux fois le jour aux Augustins, sauf le jeudi et le samedi après dîner qu'on consacrerait à d'autres affaires... »

Le tiers état accepte. La mission est remplie. Il faut qu'elle soit suivie d'autres succès.

Il écoute, observe, côtoie les cardinaux du Perron et de Sourdis.

Il mesure la vigueur de la rivalité qui oppose le tiers état et la noblesse, et le rôle de pacificateur que peut – que doit – jouer l'ordre du clergé. L'Église doit rester solidaire de la noblesse, l'épée du royaume, la base de la pyramide dont le sommet est le roi, mais le clergé relève de Dieu, doit être l'arbitre des conflits humains. L'Église est l'âme du royaume. Or le 24 novembre 1614, devant la chambre de la noblesse, le délégué du tiers état déclare :

« Les trois ordres sont trois frères, enfants de leur mère commune, la France. Le clergé est l'aîné, la noblesse le puîné, le tiers le cadet... Le tiers a toujours reconnu messieurs de la noblesse être élevés de quelques degrés au-dessus de lui, mais la noblesse doit reconnaître le tiers état comme frère et ne pas le mépriser... Et qu'au reste il se trouve bien souvent dans les familles particulières que les aînés ravalent les maisons et que les cadets les relèvent et portent au loin leur gloire. »

Les nobles se récrient, font délégation au roi :

« Nous ne voulons pas que les fils de cordonniers et de savetiers nous appellent frères. Il y a de nous à eux autant de différences qu'entre le maître et le valet... »

Le roi exige des excuses du tiers état.

Et lorsque Richelieu apprend qu'on l'a choisi pour conduire la délégation du clergé chargée d'obtenir du tiers état réparation pour la noblesse, il s'efforce de contrôler ce flux d'orgueil et de joie qui l'emplit, cette fébrilité qui le parcourt.

Il écoute les arguments des orateurs du tiers état, répond d'une voix calme, prêche la paix, l'entente entre les ordres pour le bien du royaume et de ses sujets.

La querelle est arrangée.

Il devine aux regards qu'on lui lance que le cardinal du Perron et le cardinal de Sourdis sont satisfaits de son action.

Mais il sait maintenant qu'entre la noblesse – les Grands – et le tiers état, on ne se réconcilie qu'en apparence. Et seul le pouvoir du roi peut, avec l'aide de l'Église, apaiser les tensions.

Et lorsque, distinction qu'il a souhaitée, mais dont il a douté qu'on la lui accorde, il devient l'orateur du clergé à la séance de clôture des états généraux, le 23 février 1615, il veut exprimer ce qu'il ressent.

Il comprend vite que l'assemblée ne peut être attentive. Deux mille courtisans occupent les places dans la salle du Petit-Bourbon. C'est le brouhaha. On ne peut obtenir le silence, et Richelieu doit parler une heure durant devant le roi.

Il suit les recommandations établies par l'ordre du clergé. Il défend l'Église, « privée d'honneurs, dépouillée de biens, frustrée d'autorité, profanée… ».

Et d'une voix assurée, il invite le roi à appeler les ecclésiastiques dans son Conseil.

C'est de lui qu'il parle lorsqu'il déclare :

« Leur profession rend les ecclésiastiques propres à être employés dans les conseils, en tant qu'elle les oblige particulièrement à acquérir de la capacité, être pleins de probité, et gouverner avec prudence, qui sont les seules conditions nécessaires pour dignement servir un État.

« Ils sont en effet ainsi qu'ils doivent être par raison, plus dépouillés que tous autres d'intérêts particuliers, qui perdent souvent les affaires publiques, attendu que gardant le célibat comme ils font, rien ne leur survit que leurs âmes. Ils ne peuvent thésauriser en terre ; ils ne pensent qu'à s'acquérir pour jamais, là-haut au ciel, une glorieuse et toute parfaite récompense. »

Il sent sur lui le regard de Marie de Médicis.

Il sait qu'elle a insisté pour qu'il soit désigné comme orateur du clergé.

Les efforts qu'il a déployés pour se faire connaître d'elle, lui assurer sa fidélité n'ont donc pas été vains.

Il doit aller plus loin. C'est l'occasion qui ne se reproduira pas. Elle va l'entendre. Et tous les députés des états généraux l'écouteront.

Bien sûr il y a le roi. Mais c'est un enfant même s'il est majeur au regard des coutumes. En fait, Marie de Médicis détient le pouvoir.

Alors parlons-lui, dans cette grande salle du Petit-Bourbon. Approuvons sa politique des « mariages espagnols ».

« Vous avez beaucoup fait, Madame, commence-t-il, mais il n'en faut pas demeurer là. En la voie de l'honneur et de la gloire, ne s'avancer et ne s'élever pas, c'est reculer et déchoir. Que si après tant d'heureux succès, vous daignez encore vous employer courageusement à ce que le royaume recueille les fruits qu'il se promet et qu'il doit recevoir de cette assemblée, vous étendrez jusqu'à l'infini les obligations qu'il vous a, attirerez mille bénédictions sur le roi pour vous avoir commis la conduite de ses affaires. Sur vous, pour vous en être si dignement acquittée. Sur nous, pour la supplication très humble et très ardente que nous faisons à Sa Majesté de vous continuer cette administration. »

Il baisse la tête sous les applaudissements qui l'accompagnent lorsqu'il retourne à sa place. On le loue de toutes parts.

Il sourit humblement. Il sait qu'il vient de se déclarer devant tous les représentants du royaume au service de Marie de Médicis.

Et l'a fait sans détours, maniant les louanges avec un orgueil qu'il s'efforce de dissimuler derrière l'humilité de son attitude.

Il sent qu'il a plu au roi et à Marie de Médicis.

L'un et l'autre. En dépit du brouhaha qui régnait dans la salle de l'hôtel du Petit-Bourbon, ce caquetage insupportable des courtisans, des Grands et de leurs favoris et favorites, les souverains ont été attentifs.

Il a même semblé à Richelieu que le roi esquissait une approbation quand il a dit avec conviction « l'extrême passion » qu'il aurait à servir le monarque.

Et cependant on ne le convie pas à se joindre à la Cour qui s'apprête à partir pour Bordeaux et Bayonne, où les futurs époux – Louis XIII et Anne d'Autriche, Élisabeth de France et l'infant d'Espagne Philippe – doivent se rencontrer.

Il lui faut regagner son évêché de Luçon, son prieuré-château de Coussay, ses livres, mais malgré l'intérêt qu'il éprouve pour la théologie, il ne peut s'empêcher d'être déçu.

Il songe aux moments intenses qu'il a vécus durant ces états généraux.

Il ferme les yeux. Il se remémore les discours qu'il a prononcés au nom du clergé, comme orateur de l'ordre. Et il ne peut croire que Dieu, l'Église, le roi, Marie de Médicis l'ont oublié.

Pourquoi lui aurait-on alors prodigué ces signes ?

Seulement pour le tenter, le soumettre à une épreuve, lui faire comprendre que le destin d'un homme est entre les mains de la Providence ?

Mais il refuse de penser que l'action d'un croyant n'est pas prise en compte par Dieu.

Il espère, il prie.

Et à la mi-août 1615, il reçoit une lettre de l'évêque de Bayonne, d'Eschaux, que Richelieu a autrefois rencontré chez l'évêque de Poitiers, La Roche-Posay.

D'Eschaux écrit que Marie de Médicis recherche un aumônier pour la future reine, Anne d'Autriche. Et d'Eschaux et Henri de Richelieu ont décidé de suggérer à Marie de Médicis de choisir l'évêque de Luçon.

Armand Jean se recueille, ne veut pas laisser la joie l'envahir. Mais comment résister alors qu'il est emporté par une succession d'événements ? Ils lui paraissent tous révéler les intentions bienveillantes de Dieu, et de Marie de Médicis.

Le roi et la reine passent par Poitiers, et lui confient la garde de la princesse Élisabeth, malade, qui rejoindra la Cour à Bordeaux ou à Bayonne.

Il ne pouvait espérer meilleure situation. Et le 1er novembre 1615, il est en effet choisi comme aumônier d'Anne d'Autriche.

Marie de Médicis a écarté pour cette charge l'évêque

d'Orléans, que quelques-uns de ses proches lui recommandaient.

Elle s'est souvenue de ce jeune évêque de Luçon, frère cadet d'Henri de Richelieu, et orateur du clergé aux états généraux.

Richelieu se laisse griser. Il écrit à Marie de Médicis qu'il est à son service :

« Je dédie toutes les actions de ma vie à cette fin, suppliant Dieu qu'Il raccourcisse mes années pour allonger les vôtres, que sans me priver de ma grâce Il me comble de misères pour combler Votre Majesté de toutes sortes de prospérités. »

Il relit sa lettre écrite d'un seul élan, exprimant ce qu'il ressent.

Il ajoute quelques lignes, car il lui semble qu'il n'a pas assez remercié la régente de lui avoir confié la charge de la future reine de France, Anne d'Autriche.

« Je n'ai point de paroles assez dignes pour rendre grâce à Votre Majesté de l'honneur non mérité qu'il lui a plu encore de me faire... »

Et il réaffirme la volonté qu'il a d'offrir à Marie de Médicis sa vie pour la servir.

Aucune outrance dans ses propos.

N'est-il pas prêt depuis toujours à donner sa vie pour Dieu et l'Église, le roi et la régente ?

N'est-ce pas là la seule ambition digne et légitime d'un Armand Jean du Plessis de Richelieu, évêque, seigneur et baron de Luçon, fils de vieille et haute noblesse d'épée ?

9

Il a froid.

La maladie à nouveau s'est saisie de lui et chaque jour qui passe, en ce début d'année 1616, rend plus vives les douleurs qui serrent sa tête, glissent le long de son dos, forment autour de ses genoux et de ses chevilles des bracelets, qui broient ses membres, s'enfoncent en lui comme s'ils étaient garnis de pointes chauffées au rouge.

C'est ce silence, cette absence de nouvelles qui provoquent, il en est sûr, ces maux qui l'accablent.

Il suffit qu'il perçoive les bruits qui accompagnent l'arrivée d'un cavalier, ou d'un carrosse, pour qu'il se sente tout à coup libre de ses mouvements.

Dix fois, tout au long de ce mois de janvier 1616, il s'est précipité vers les fenêtres étroites. Il espérait, et même le pire, la venue d'une troupe de soldats pillards, appartenant à l'un ou l'autre de ces Grands du royaume, le prince de Condé, les ducs de Bouillon, de Nevers ou de Mayenne, qui une fois de plus ont pris les armes, lancé des manifestes, exigé des récompenses pour s'apaiser, dénoncé le pouvoir de Concini, de Leonora Galigaï, et condamné ces mariages espagnols, ce roi de quinze ans, qu'on va fourrer dans un lit avec Anne d'Autriche, une épouse du même âge. Et si cette union donne un Dauphin, alors c'en est fini des espérances du prince de Condé.

Mais Armand Jean du Plessis doit retourner à sa table de travail. Il a imaginé ces bruits. La campagne, les jardins qui entourent le château sont enfouis sous la neige. L'hiver n'a jamais été aussi rude depuis des lustres, et il lui semble que cette année bissextile de 1616, qui s'annonçait pleine d'espérances, n'apporte que les rigueurs d'un hiver d'exception.

Il imagine le roi et Marie de Médicis, cheminant vers la Guyenne, vers Bordeaux, Bayonne, Fontarabie, vers cette rivière de la Bidassoa où doit se faire l'échange des promises, Élisabeth de France partant vers l'Espagne, Anne d'Autriche rejoignant Louis XIII.

Il compte et recompte les jours, regrettant amèrement une nouvelle fois de ne pas avoir été convié à se joindre à la Cour, laissé là, à Coussay, avec ce titre d'aumônier de la reine, mais sans que rien vienne changer sa vie d'évêque de Luçon, sans qu'aucune des promesses qu'il avait crues contenues dans cette charge se réalise.

Ce n'est que plusieurs jours plus tard qu'il reçoit enfin des courriers, annonçant que le mariage s'est déroulé le 2 décembre 1615, mais que le jeune roi a été plus attentionné avec son « fauconnier », de Luynes, qu'avec la reine. Mais Marie de Médicis a veillé à ce que le mariage soit consommé.

« Quelques jeunes seigneurs ont fait des contes gras au roi pour l'assurer. Il avait de la honte et une haute crainte.

Ils l'assurent enfin. Il demande ses pantoufles et prend sa robe et va à la chambre de la reine à huit heures, où il fut mis au lit auprès de la reine, sa femme, en présence de la reine sa mère. À dix heures un quart il revient après avoir dormi environ une heure et fait deux fois à ce qu'il nous dit ; il y paraissait le "guillery" rouge... »

Et la Cour, à petites étapes, dans le froid vif, sous les averses de neige, remonte lentement vers le nord.

> *Jamais de telles froidures,*
> *Pendant les saisons plus dures,*
> *N'ont vu les peuples du Nord,*
> *Et fûmes plus de quatre heures*
> *À deux doigts près de la mort.*
>
> *Les uns se tenaient à peine ;*
> *Les autres perdant haleine*
> *Tombaient de froid tout noircis,*
> *Dont moururent bien soixante*
> *Sans les amoureux transis.*

Armand Jean du Plessis lit cette lettre que vient de lui faire parvenir le marquis de Richelieu son frère aîné. Le tableau que dresse Henri est sombre.

> *Le froid s'irrite et augmente,*
> *La reine n'en est exempte*
> *Et parmi tant de travaux*
> *Nous disions que jamais reine*
> *N'avait souffert tant de maux.*

Ce sont toutes les provinces du royaume qui sont en proie au plus grand désordre.

Et c'est pour Armand Jean du Plessis un surcroît de douleur, comme si les difficultés du royaume aggravaient son mal, rendaient plus encore insupportables son isolement, son inaction. D'autres vont agir, s'emparer des fonctions éminentes. Et à quoi donc lui aura servi d'être aumônier de la reine ?

Les protestants se sont soulevés dans le Midi. Le prince de Condé a passé la Loire avec sa troupe.

Armand Jean relit la lettre que lui a adressée Henri de Richelieu :

« J'ai eu tant de honte et de déplaisir d'avoir vu monsieur le prince passer la rivière de Loire à la vue de notre armée que, depuis cette heure-là je n'ai pas eu le courage de vous écrire... sachant bien qu'il ne peut y avoir d'excuse valable pour justifier cette action et, qu'en telles occasions où il s'agit du salut d'un État, de la réputation des armes d'un grand roi, et de la gloire qu'on y eût particulièrement acquise, les trop grandes et prudentes considérations doivent être mises sous les pieds... Malheureusement, poursuit Henri de Richelieu, mes conseils ont toujours été combattus par l'autorité souveraine... »

Armand Jean est accablé, indigné et impatient.

La vie du royaume est en question. Et, alors qu'il est déjà dans sa trente et unième année, personne ne fait appel à lui.

Il faut qu'il intervienne dans la pièce qui se joue, et dont certaines scènes se déroulent en Poitou, à quelques lieues de son prieuré.

Les troupes de Condé occupent le pays et saccagent.

Il reçoit une lettre de sa mère, Suzanne de La Porte, qui demeure au château de Richelieu et qui écrit :

« Il y a quarante ans que je suis dans cette maison et j'y ai vu passer toutes les armées, mais je n'ai jamais ouï parler de telles gens ni de telles ruines qu'ils font. À la vérité j'ai trouvé cela fort rude car ils n'en avaient jamais logé en ce qu'il m'appartenait. Encore quand ils n'eussent fait que vivre honnêtement, l'on ne se fût presque pas plaint ; mais ils rançonnent chacun son hôte et veulent prendre les femmes par force. Je crois bien que la plupart de cette armée-là pensent qu'il est un Dieu comme font les diables. »

La colère, un court instant, aveugle Armand Jean du Plessis. Les biens personnels de sa famille sont mis au pillage.

Il veut agir.

Puis il se maîtrise. Cette violation du château de Richelieu peut lui permettre d'entrer en scène, de se rendre à Loudun, où les représentants de la régente, du gouvernement, du roi et les princes négocient.

Puisque ces prises d'armes des Grands se terminent le plus souvent par de sordides transactions. Le roi achète quelques mois ou quelques années de paix, et les Grands, leur avidité un instant satisfaite, somnolent avant que leurs appétits ne les poussent à nouveau sur les routes des provinces et de la rébellion contre le roi.

Insupportable, juge Richelieu.

Il demande à son secrétaire – Charpentier – de se rendre à Tours et à Loudun, de parler au nom de Mme Suzanne de La Porte, de décrire les dommages qu'elle a subis, mais surtout de se renseigner sur les opinions des uns et des autres.

« Vous qui êtes sur les lieux, souvenez-vous qu'il

faut faire le plus d'effort que vous pourrez », écrit-il à Charpentier.

Lettre après lettre, il reconstitue cette géographie du pouvoir, qu'il lui faut connaître puisqu'il veut s'y mouvoir, et y tenir peut-être un jour un rôle majeur.

Il y a la régente, Marie de Médicis.

C'est d'elle que tout dépend. Elle détient la réalité du pouvoir. Et Richelieu lui a offert sa vie.

Il y a le roi, un époux de quinze ans.

Et Richelieu lui a déclaré, lors des états généraux de 1614 : « Heureux le roi à qui Dieu donne une mère pleine d'amour envers sa personne, de zèle envers son État et d'expérience pour la conduite de ses affaires... »

Il y a les vieux ministres, les « barbons » d'Henri IV, dont la reine mère veut se débarrasser.

Il y a les princes et d'abord Condé, rebelles, mais vénaux et désordonnés, tout en restant une source de désordre et de danger.

Il y a les conseillers italiens, Leonora Galigaï et Concini, puissants, jalousés, haïs par l'opinion qui voudrait jeter dans la Seine les Italiens, en même temps que les juifs, les uns et les autres accusés de piller le royaume à leur profit.

Et puis il y a les quelques hommes – et quelques femmes – sur qui Armand Jean du Plessis, évêque de Luçon, peut compter pour l'aider, parce qu'ils ont compris la force de son ambition, l'engagement de toute sa vie pour la réaliser, et l'immensité de ses talents.

Mais les mois s'écoulent. L'hiver se termine, sans que la maladie, les douleurs qui le persécutent s'effacent.

C'est que le froid qui le mord n'est pas seulement celui de l'air, mais il naît de l'inaction, de l'impuissance.

Il faut donc qu'il réussisse à rompre ses chaînes qui l'entravent. Et pour cela d'abord quitter le prieuré de Coussay, l'évêché crotté de Luçon.

Le roi, Marie de Médicis, la jeune reine Anne d'Autriche, et Leonora Galigaï, et toute la Cour sont rentrés à Paris.

Il ne va pas se laisser ensevelir dans la maladie et les boues poitevines. Il va rejoindre la capitale, quelles que soient les douleurs intenses qui percent sa nuque, ses tempes, son front.

Il va s'installer dans le domicile que lui a aménagé Mme de Bourges, rue des Mauvaises-Paroles – à quelques pas du Louvre.

Aussitôt arrivé il écrit à Marie de Médicis.

Il doit lui faire savoir qu'il est près d'elle, décidé à la servir, lui rappeler ce qu'elle lui a accordé et qui la lie à lui.

Oser lui dire qu'il lui est « nécessaire mais, qui plus est, utile ». Cependant ne pas paraître la forcer. Prétendre que la maladie l'empêche d'agir : « Le déplaisir que j'en ai est indicible », et la flatter encore, et après avoir osé écrire qu'il pouvait lui apporter une aide précieuse, affirmer : « Les secours que Votre Majesté tire en ses affaires de sa propre tête sont plus que suffisants et le meilleur qu'il puisse y avoir pour les faire réussir. »

Il faut aussi se dérober, pour être désiré.

10

Il sait ce qu'il veut, qu'il se répète à chaque instant comme une prière qu'il adresse à Dieu, qui doit l'entendre, puisque le but est de servir le roi, l'Église, et donc d'aider les sujets du royaume à accomplir les desseins de la Providence.

Et dès les premiers jours de son retour à Paris, au printemps de cette année 1616, Armand Jean rend visite à ceux qui le soutiennent, son frère le marquis Henri de Richelieu, son beau-frère René de Vignerot de Pont de Courlay – l'époux de Françoise de Richelieu – qui font tous deux partie du cercle des favoris de Marie de Médicis.

Il écrit à l'archevêque de Bordeaux, Sourdis, à l'évêque de Poitiers, La Roche-Posay, au cardinal du Perron, grand aumônier de France, ces membres du haut clergé qui l'ont choisi comme orateur lors des états généraux.

Et il ne veut pas rompre avec les princes, auxquels il écrit, les félicitant d'avoir signé à Loudun une paix avec Marie de Médicis.

Il dit au prince de Condé :

« Je ne puis que vous témoigner la part que je prends au contentement qu'il a plu au roi de vous procurer.

Je vous prie de croire que nul n'en a été touché plus profondément que moi, l'affection que j'ai à votre service ne me pouvant permettre de céder à qui que ce soit le titre que je conserverai soigneusement toute la vie de votre très humble serviteur. »

Il a donné suffisamment de gages publics de sa fidélité à Marie de Médicis pour pouvoir nouer des liens avec le prince de Condé.

Car il découvre jour après jour que, au sein du pouvoir royal, les Grands et les favoris, tout en se haïssant, en ourdissant des complots, en préparant l'assassinat de tel ou tel, ne rompent jamais tout à fait entre eux.

Ils peuvent changer d'alliance. Condé, qui a pris les armes contre le pouvoir royal, qui veut la mort de Concini, qui veut contraindre Marie de Médicis à renoncer à son rôle de régente, signe cependant avec ses ennemis la paix de Loudun, rentre à Paris, s'y conduit en triomphateur, arrogant, vantard, présomptueux.

Il parade tel le « roi de Paris », rassemble autour de lui ceux qui rêvent d'occire Concini, Leonora Galigaï, les Italiens, les juifs.

Condé et ses proches pensent qu'ils sont à la merci d'un coup de main organisé par les hommes de Concini.

Et le vieux Sully annonce d'une voix tremblante à Marie de Médicis que Condé prépare un guet-apens, contre elle et le roi.

« Sire, et vous Madame, je supplie Vos Majestés de penser à ce que je viens de dire ; j'en décharge ma conscience. Plût à Dieu que vous fussiez au milieu de mille deux cents chevaux ; je n'y vois d'autre remède. »

Armand Jean du Plessis tente de démêler dans ce qu'il entend, dans les pamphlets qu'il lit, la part du vrai et du faux.

On accuse Concini et la Galigaï d'être entourés de sorciers, d'empoisonneurs, de magiciens. Ils exerceraient une influence diabolique sur Marie de Médicis.

La haine contre eux est telle qu'un jour d'avril la garde de la porte de Buci arrête le carrosse de Concini et refuse de le laisser sortir de la ville au prétexte que le conseiller de Marie de Médicis ne dispose pas d'un passeport. Concini proteste.

Le sergent du quartier, un cordonnier nommé Picard, déclare qu'il ne connaît pas ce maréchal-là. Les hommes de Concini le menacent. La foule s'ameute. Concini et ses porte-épée se retirent. Mais certains reviendront, rosseront le sergent Picard.

On arrête deux « estafiers » de Concini, et on les condamne à mort. Concini s'indigne, tente de les sauver. Le peuple gronde. Les magistrats résistent, et les deux hommes sont pendus en place de Grève.

Lorsqu'il roule dans Paris, et que le carrosse est arrêté par les embarras de la circulation, Richelieu perçoit la colère qui soulève le peuple.

Souvent l'on s'approche du carrosse, on se signe en découvrant un évêque, mais on maugrée, on maudit Concini le diable et Galigaï sa putain.

Et lorsque le 1er septembre 1616, Condé est arrêté, embastillé sur ordre de Marie de Médicis, qui veut en même temps se débarrasser des vieux ministres, dix mille individus saccagent, boulevard Saint-Germain, la maison de Concini.

Tout est mis à sac, les statues sont brisées, les tableaux

entaillés, déchirés, barbouillés. Les portraits de Concini et de Leonora sont détruits à coups d'arquebuse et celui de Marie de Médicis, reine mère, est jeté par la fenêtre.

Richelieu sait ce qu'on reproche à Marie de Médicis. Elle est italienne comme ses conseillers maléfiques, mais surtout on l'accuse de maintenir le roi, pourtant majeur, époux d'Anne d'Autriche, dans un état d'enfance.

On le laisse avoir pour favori un M. de Luynes, petit noble provençal, qui a organisé, pour le plus grand plaisir du chasseur d'oiseaux qu'est le roi, une « volerie » de faucons et de pies-grièches qui, dans les appartements, chassent les oiseaux qu'on y a lâchés.

D'ailleurs la chasse est l'activité principale du roi, et de Luynes est un confident complaisant. Le roi lui parle sans fin, alors qu'habituellement son bégaiement lui fait choisir de se taire.

Richelieu observe ce duc Charles d'Albert de Luynes. Il apprend du médecin du roi, Héroard, que Louis XIII et de Luynes peuvent se rendre visite la nuit dans leurs chambres. Que le roi, lorsqu'il a la fièvre, et cet homme jeune est souvent pris de malaise, parle dans son sommeil et appelle « Luynes, Luynes ».

C'est une étrange affection qui peu à peu inquiète Richelieu, et Marie de Médicis.

Mais les pamphlets accusent la reine mère de « laisser le roi croupir dans l'oisiveté, dans l'inutilité et une ignorance parfaite… Il faut à cette régente un fils qui n'eût que le nom de roi et dont la majorité ne troublât point la puissance de ses favoris ».

Richelieu n'ignore rien de ce que pensent beaucoup d'ambassadeurs, tel celui de Venise qui confie :

« Quant au roi on s'applique à le porter le moins qu'il

se peut aux affaires ; avec des apparences contraires les ministres le laissent se perdre dans des jeux d'enfants, oiseaux, chiens et autres frivolités ; on lui laisse tout le loisir d'aller à la chasse qu'il adore. Aussi on remarque qu'il ne favorise que les gens de basse extraction... Tous ceux qui l'entourent dépendent entièrement de la reine mère qui les choisit autant que possible de capacité médiocre et de peu d'esprit, crainte qu'ils ne suggèrent au roi des pensées viriles. Aussi il reste dans l'obéissance et le respect ; l'autorité de la reine est entière et va plutôt croissant. Son fils ne parle, n'agit, ne commande que par elle. Le roi n'est d'ailleurs pas sans mérite ; il a de la promptitude, de la vivacité. Il promettrait beaucoup si son éducation avait été meilleure, et s'il eût l'esprit plus enclin aux choses sérieuses. »

Richelieu ne croit pas à cet effacement du roi.

Comment Louis XIII pourrait-il oublier que Dieu l'a choisi, a fait de lui un roi thaumaturge ? Un jour viendra où il affirmera son autorité !

Et Richelieu l'observe dans les heures qui précèdent l'arrestation du prince de Condé, ce 1er septembre 1616. Louis XIII sait ce qui se prépare, mais donne le change avec une maîtrise de soi et une capacité de dissimulation qui impressionnent Richelieu.

Le roi, de droit divin, ne peut renoncer à être le roi.

Mais il a à peine plus de quinze ans ! Et pour l'heure, Marie de Médicis tient les rênes.

Richelieu sait que c'est à elle qu'il doit sa charge d'aumônier de la reine Anne d'Autriche. Elle l'a nommé secrétaire des commandements de la reine mère, et conseiller d'État. Elle lui fait attribuer une pension de six mille livres. Et c'est une rente importante « en considération des bons et considérables services qu'il a rendus ci-devant et qu'il continue chaque jour ».

Et il est vrai qu'il a servi d'intermédiaire auprès des princes et Marie de Médicis envisage de le désigner comme ambassadeur extraordinaire en Espagne.

Et puis tout à coup, à la fin novembre 1616, le maréchal d'Ancre, Concini, le convoque et lui propose d'entrer au Conseil, pour exercer les fonctions de secrétaire d'État, même s'il n'en a pas le titre.

Richelieu remercie Dieu de l'avoir ainsi guidé vers ce cœur du pouvoir, là où il rêve de servir le royaume et l'Église. Il écrit, commentant sa nomination :

« Peu de jours auparavant j'avais été nommé pour aller en Espagne en ambassadeur extraordinaire pour terminer plusieurs affaires... Par mon inclination, je désirais plutôt la continuation de cet emploi qui n'était que pour un temps, que celui-ci, de secrétaire d'État, la fonction duquel était ordinaire. Mais outre qu'il ne m'était pas honnêtement permis de délibérer en cette occasion où la volonté d'une puissance supérieure me paraissait absolue, j'avoue qu'il y a peu de jeunes gens qui puissent refuser l'éclat d'une charge qui promet faveur et emploi tout ensemble. J'acceptai donc ce qui me fut proposé en ce sujet par le maréchal d'Ancre, de la part de la reine. »

Il découvre vite que cette nomination fait de lui, aux yeux de beaucoup, le « favori » des Concini. Et il lit dans un pamphlet que Leonora Galigaï a pour amant un « prêtre onctueux » et c'est naturellement lui qu'on vise ! On dit qu'il « aime les voluptés », qu'il « fait des choses non seulement indignes de sa profession, mais tout à fait ridicules ».

Il fera face. Être proche du pouvoir et l'exercer, c'est se désigner aux coups, entrer dans le champ de la haine.

Il y est prêt.

Mais on est toujours frappé par surprise.

Son frère aîné lui apprend que leur mère est morte, dans son château de Richelieu, le 14 novembre 1616, âgée de soixante ans.

Henri de Richelieu propose de retarder les obsèques pour qu'Armand Jean du Plessis puisse y assister. Mais déjà les tâches, au Conseil, s'accumulent. Richelieu est chargé des affaires extérieures.

Il se sent « outré de douleurs ».

Il annonce à son frère Alphonse le décès de leur mère :

« En sa mort, lui écrit-il, Dieu lui a départi autant de grâce, de consolation et de douceur qu'elle avait reçu en sa vie de traverses, d'afflictions et d'amertumes... Pour moi je prie Dieu qu'à l'avenir ses bons exemples et les vôtres me puissent si utilement toucher que j'en amende ma vie. »

Il n'assistera pas à l'inhumation dans l'église du pays de Braye où reposent les corps des du Plessis.

Il en est « cruellement touché ».

Il prie pour elle.

Dieu a appelé auprès de lui Suzanne de La Porte, comme s'Il avait voulu marquer qu'une première partie de la vie d'Armand Jean du Plessis de Richelieu venait de se clore, unissant la réussite et la douleur.

TROISIÈME PARTIE

1617-1622

« Pour bien commander
aux hommes qui leur sont sujets,
les rois obéissent à la raison
qui est un rayon
ou une impression
que nous avons de la Divinité,
et à la loi de Jésus-Christ
qui nous enseigne que Dieu
est le roi primitif et que les rois
ne sont que les ministres
de son royaume. »

Richelieu, *Mémoires*

11

Il ne peut oublier le visage, la voix, les mots de sa mère, alors qu'il doit faire face aux premières obligations de sa charge de secrétaire d'État, à laquelle vient s'ajouter la responsabilité des questions diplomatiques et militaires.

En outre sa dignité d'évêque lui donne la préséance, en Conseil, sur les ministres, Barbin, Mangot, Brienne.

Il devrait être tout à la joie d'occuper enfin cette place éminente au Conseil, de recevoir pour cela mille sept cents livres de gages annuels.

Et cependant, ces distinctions tant espérées sont voilées de tristesse et même de déception.

Concini, maréchal d'Ancre, qui réunit le Conseil chez lui, traite les secrétaires d'État, les ministres comme des valets. Richelieu sait qu'il parle d'eux aux ambassadeurs comme s'il s'agissait de ses « créatures ». Concini parade, entouré de ses gardes du corps qui sont toujours au moins une soixantaine, mercenaires de sac et de corde.

Il faut à la fois lui obéir et lui résister, refuser ainsi de renoncer à l'évêché de Luçon.

Cette charge épiscopale est une protection. Richelieu ne veut pas s'abandonner entre les mains de l'Italien.

Comment ne pas voir que ce Concini tout-puissant rassemble sur sa tête toutes les haines, les malédictions, les jalousies ?

Le nonce Bentivoglio en avertit Richelieu, de sa voix chevrotante :

« Aujourd'hui, dit-il, toute la haine se déverse sur le maréchal et sa femme, tous deux étrangers, tous deux haïs comme des furies que toute la France a en horreur et détestation. »

De son côté, l'ambassadeur vénitien confie quelques jours plus tard que « tels sont le mécontentement et la haine à l'égard du maréchal d'Ancre, de sa femme, et de tous ceux de sa Maison, qu'il leur convient de procéder avec la plus grande circonspection et d'être sous bonne garde pour ne pas tomber dans quelque périlleuse aventure ».

Richelieu a appris que le jeune roi ne cesse de se plaindre de Concini.

« On dit qu'il n'y a point d'argent à l'épargne lorsque je veux faire donner des ordonnances de trente francs, a remarqué le souverain, mais on trouve bien quatre cent cinquante mille livres pour le maréchal d'Ancre ! »

Concini semble ne rien voir, ne rien entendre.

Il imagine que parce qu'il a finalement laissé pendre, en place de Grève, deux de ses hommes de main, la haine du peuple va s'apaiser alors que « ces punitions ne font que l'animer davantage contre lui, qu'on eût voulu voir pendu avec ses gens ».

Richelieu sait que Concini, aveuglé par sa réussite, contemple son destin avec fatuité et assurance. Il l'entend murmurer :

« Je veux voir jusqu'où la fortune peut pousser un homme... »

En face de Concini, il y a le suave, le prudent, le séduisant Charles d'Albert de Luynes, le favori du roi.

Louis XIII passe d'ailleurs plus de temps aux côtés d'Albert de Luynes, dans la chambre de ce dernier située au-dessus de son propre appartement et à laquelle on accède par un escalier dérobé, qu'avec la jeune reine Anne d'Autriche.

Richelieu refuse de juger, d'interpréter cette affection extrême qui fait murmurer, dire que de Luynes inspire au roi un « amour extraordinaire » qui fait les « délices de l'âme du roi ».

Il constate. Il lit ces libelles, peut-être inspirés par la reine mère Marie de Médicis, où l'on fustige ce de Luynes qui est « un démon qui obsède le roi et le rend sourd et muet ».

Richelieu a même entendu Marie de Médicis s'exclamer sur un ton de rage et de mépris :

« Si le roi a du goût pour lui, qu'il en profite. »

Richelieu ne veut ni approuver ni désapprouver. Il sait que Louis XIII a dit :

« Puisque les services que ce sieur de Luynes m'a rendus sont d'une éternelle mémoire, je veux aussi que les récompenses soient durables à la postérité. »

Et on ne conteste pas les décisions du roi.

Richelieu note « que les actions des rois ne sont pas justes pour ce qu'ils les font, mais pour ce que leur vie étant l'exemplaire de leurs peuples, les rois règlent leur vie selon la justice et l'équité et pour bien commander aux hommes qui leur sont sujets, ils obéissent à la raison qui est un rayon ou une impression que nous avons de la Divinité, et à la loi de Jésus-Christ qui nous enseigne que Dieu est le roi primitif et que les rois ne sont que les ministres de son royaume ».

Mais ces rivalités, ces haines, ces intrigues, ces ambitions contraires qu'il perçoit le laissent pensif.

Et le souvenir des derniers mots de sa mère revient alors.

L'émotion le gagne lorsqu'il relit l'une de ses lettres :

« La chose que je désire le plus est de vous soulager tout autant qu'il me sera possible. Je supplie Dieu qu'Il vous donne Sa grâce et qu'Il me prenne bientôt en la sienne, et vous demande encore une fois de ne pas vous incommoder et travailler point trop pour moi qui vous souhaite tout le bonheur que vous pouvez désirer. »

Et il n'avait même pas pu assister à l'inhumation de sa mère. Il fallait qu'il prie chaque jour pour elle, qu'il exécute l'une de ses dernières volontés.

Elle lui avait demandé d'accueillir auprès de lui Marie-Madeleine de Vignerot, orpheline depuis la mort de Françoise de Richelieu, la sœur d'Armand Jean.

Il le ferait et il veillerait aussi sur le frère de Marie-Madeleine, son neveu François de Vignerot.

Cette décision l'apaise, comme les prières qu'il murmure pour l'âme de sa mère.

Il peut alors revenir aux devoirs de ses charges, se soucier des Grands, le prince de Condé et le duc de Nevers qui, une fois encore, se dressent contre Concini, la Galigaï, les favoris de la reine mère, et donc aussi contre le roi.

Les Grands s'adressent à Louis XIII, s'indignent de voir « la faveur prodigieuse de cet étranger donner les gouvernements de vos places, destituer les anciens et

principaux officiers de votre Conseil et de vos parlements pour mettre en leur place ses créatures, personnes indignes, inexpérimentées à la conduite d'un
État et gens nés à la servitude ».

Richelieu s'emporte.

Ces Grands le visent aussi, l'accusent d'être l'une
des « créatures » de Concini et de Marie de Médicis.

Il faut les attaquer vigoureusement, et ils seront
vaincus, « la guerre aussitôt finie que commencée ».

Mais il doit se dresser aussi contre ceux qui s'imaginent que, parce qu'il est évêque, il va encourager
une politique favorable à l'Espagne et à la papauté.

Lorsque l'ambassadeur d'Espagne et le nonce apostolique le félicitent de sa nomination, il les détrompe. Il est
le serviteur du roi de France, c'est seulement lui qu'il sert.

Il dit au comte de Schomberg, qui sera l'ambassadeur de Louis XIII en Allemagne, qu'il doit « y
porter le nom du roi le plus avant que faire se pourra
et y établir puissamment son autorité… Vos premiers
efforts consisteront à faire connaître que c'est une pure
calomnie de dire que nous soyons tellement romains et
espagnols que nous voulions embrasser les intérêts soit
de Rome soit d'Espagne, au préjudice de nos anciennes
alliances et de nous-mêmes ».

Un protestant, comme n'importe quel autre Français,
dès lors qu'il hait l'Espagne, est un bon Français !

Il faut continuer la politique d'Henri IV, car c'est
l'intérêt du roi, et donc du royaume.

Il sait bien que Marie de Médicis et Concini ont été
à l'origine des mariages espagnols. Et il a soutenu la
régente. Mais les temps changent.

Richelieu mesure chaque jour davantage la défaveur

de Concini, qui s'emporte : « La rage me mange jusqu'aux os », s'écrie le maréchal d'Ancre lorsqu'il prend connaissance des propos qui l'accusent, des complots qui se trament contre lui.

Richelieu songe même, pour ne pas être pris dans la tourmente qui se prépare, à se retirer du ministère.

« J'allai au Louvre, dit-il, je parlai à la reine. Elle me dit qu'elle me répondrait dans les huit jours... »

Sera-t-il encore temps ?

Richelieu dépêche son beau-frère, René de Vignerot de Pont de Courlay, auprès d'Albert de Luynes. Mission secrète pour offrir ses services au roi.

« S'il plaisait à Sa Majesté de le vouloir considérer comme l'un de ses ministres, il n'y aurait rien, soit en sa charge, soit aux autres affaires venant à sa connaissance qu'il ne lui en donnât un fidèle avis... »

Offrir de renseigner le roi de France, ce n'est pas trahir Concini ou Marie de Médicis, c'est servir le royaume, et donc accomplir le dessein de Dieu.

Richelieu lit avec satisfaction dans *Le Mercure français* le portrait flatteur que l'on dresse de lui :

« Celui qui a été fait secrétaire d'État est un prélat si plein de gloire pour l'innocence de sa vie, pour l'éminence de son savoir et pour l'excellence de son esprit que tous ceux qui savent quel est son mérite avoueront aisément que Dieu l'a destiné pour rendre de grands et signalés services à Leurs Majestés au milieu des tempêtes de leur État. »

Richelieu se reconnaît dans ce texte comme dans un miroir.

12

Souvent, au cours de la journée, Armand Jean du Plessis de Richelieu éprouve le besoin de quitter le palais du Louvre, d'interrompre sa tâche de secrétaire d'État, de cesser de recevoir les ambassadeurs ou de dicter des dépêches que les courriers vont emporter, à bride abattue, aux extrémités de l'Europe.

Il rappelle dans ces instructions aux représentants de Louis XIII l'importance qu'il y a à empêcher que communiquent entre elles les possessions espagnoles du sud et du nord de l'Europe, et donc la nécessité impérieuse pour la France de contrôler les vallées – la Valteline, la vallée de l'Ada, la région du lac de Côme – qui, traversant les Alpes, la Suisse, sont d'une importance décisive pour le royaume de France.

Et il donne ordre qu'on favorise les protestants des Grisons, qui ont pris le contrôle de la Valteline, et interdit ainsi aux troupes espagnoles d'Italie de passer en Allemagne.

Les Grisons sont protestants mais alliés de la France et bons mercenaires. Et c'est l'intérêt de la France qui importe d'abord.

Richelieu pourrait se laisser dévorer par cette charge de ministre des relations diplomatiques, responsable aussi des affaires militaires.

Il ne veut pas oublier qu'il est aussi évêque de Luçon, soucieux de théologie, et comme pour maintenir en lui l'unité de sa pensée, celle de la raison politique et de la foi, il se rend régulièrement à la Sorbonne, où il a été admis parmi les professeurs et les proviseurs de l'université.

Il participe aux joutes qui séparent les théologiens. Il y affûte son esprit.

Il se trouve ainsi le lundi 24 avril 1617 en compagnie du recteur de la Sorbonne, quand, essoufflé, les traits du visage exprimant l'émotion, la surprise, un professeur survient, annonce que Concini, le maréchal d'Ancre, vient d'être exécuté, dans la petite entrée qui permet d'accéder à la Cour carrée du Louvre.

Le baron de Vitry, capitaine des gardes du corps, a voulu l'arrêter. Concini s'est débattu, a appelé au secours son escorte, mais Vitry a donné l'ordre à la vingtaine d'hommes qu'il avait postés de faire feu au visage de Concini.

Trois balles lui ont traversé la gorge, la mâchoire, le front. D'autres hommes l'ont frappé à coups d'épée, Vitry lui a donné un coup de pied en criant : « Vive le roi ! »

Et l'escorte de Concini n'est pas intervenue puisque Vitry a crié aussi : « C'est l'ordre du roi ! »

Richelieu reste silencieux, la tête penchée, paraissant méditer les propos du recteur qui soliloque, d'une voix presque joyeuse en témoin que les intrigues politiques fascinent mais qui se garde bien de s'en mêler, « sur l'inconstance de la fortune et le peu de sûreté qu'il y a aux choses qui semblent être plus assurées en la condition humaine ».

Richelieu se lève lentement. Il ne veut pas que le recteur lui donne une leçon en guettant l'inquiétude qui peut saisir un secrétaire d'État, qu'on dit favori de Marie de Médicis, et ministre dévoué à Concini.

Il faut se rendre au Louvre, découvrir les circonstances de cette « exécution », et rappeler à Charles d'Albert de Luynes, l'homme le plus proche de Louis XIII, qu'on a fait au roi des offres de service, et qu'on est donc prêt à rester au Conseil, qu'on le souhaite, qu'on se félicite même de la mort de Concini, dont on avait pressenti la chute.

Partout au Louvre on crie : « Vive le roi ! », on manifeste sa joie.

On dit que la reine mère a été confinée dans sa chambre, qu'elle n'a exprimé aucune peine en apprenant la mort de Concini, mais qu'échevelée elle allait et venait dans la pièce, criant :

« Qu'on ne me parle plus de ces gens-là. Je les ai bien prévenus. Ils auraient dû repartir pour l'Italie. J'ai assez à faire de m'occuper de moi. »

Richelieu apprend que l'affaire se préparait depuis plusieurs jours. Que le baron de Vitry, capitaine des gardes, a bien été l'exécuteur, l'homme qui a conçu le guet-apens, à l'entrée étroite du Louvre, là où Concini serait contraint de s'avancer seul, son escorte ne l'entourant pas mais le suivant.

Et c'est le roi lui-même qui a voulu cette arrestation, acceptant sans mot dire que Vitry envisage à la moindre résistance de Concini de le faire abattre, à coups de pistolet. Et le silence du roi a valu approbation.

Charles d'Albert de Luynes a donné le change, mais a montré aussi qu'il n'est pas homme résolu mais toujours prêt à reculer, craignant les réactions de Concini. Et en même temps désireux de jouir de la fortune de Concini, que le roi lui aurait promise.

On a arrêté Leonora Galigaï qui a maudit son époux, qui n'était qu'un orgueilleux, un fou auquel elle avait prédit la mort s'il ne quittait pas la France. Elle a hurlé de rage et de peur, disant qu'elle savait que c'était le roi qui l'avait fait tuer.

Puis elle s'est déshabillée, couchée, enfouissant dans sa literie les bijoux dont elle ne se séparait jamais. Le baron de Vitry s'empare de ce trésor en venant arrêter Leonora Galigaï, afin de la conduire à la Bastille. Et déjà on accuse l'Italienne d'avoir à son service un médecin juif du nom de Montalte qui, peu à peu, l'a convaincue de ne plus se confesser, de ne plus suivre la messe, et lui enseigne les fondements de la cabale hébraïque, qui sont les sources de la magie.

Et Leonora Galigaï et sans doute aussi son époux ont pensé que cette magie rabbinique leur permettrait de plier à leur dévotion les hommes et les femmes qu'ils choisiraient.

Et naturellement le roi, Marie de Médicis.

Richelieu sait que cette accusation de magie permettra au tribunal de condamner Leonora Galigaï comme sorcière.

Il veut voir de Luynes, le roi, leur rappeler les missives qu'il leur a adressées.

Mais lorsqu'il s'avance dans les couloirs, traverse les salons où une foule joyeuse s'est rassemblée criant « Vive le roi ! », on s'écarte comme s'il était un pestiféré.

On murmure. On lui apprend que les ministres Barbin et Mangot ont été arrêtés, que les « barbons » – les anciens ministres d'Henri IV – sont rétablis dans leurs fonctions, et qu'on pourchasse les favoris de Marie de Médicis et de Concini. Richelieu aperçoit enfin le roi qui, pour être vu de tous les courtisans qui ont envahi la galerie du Louvre, est monté sur un billard. Richelieu s'immobilise, à quelques pas du roi, au milieu des gardes du corps du souverain qui le voit, fait une moue méprisante, lance :

« Eh bien Luçon, me voilà hors de votre tyrannie ! »

Richelieu s'apprête à répondre, mais avec un mouvement brusque du bras, le roi lui fait signe de s'éloigner.

Richelieu hésite.

« Allez, allez, ôtez-vous d'ici », dit Louis XIII.

Il faut accepter d'être humilié.

Richelieu baisse la tête mais ne s'éloigne pas.

Il entend d'Albert de Luynes dire au roi que l'évêque de Luçon a à plusieurs reprises demandé à la reine mère de lui donner congé, qu'il a été de bon conseil, a, plusieurs fois, subi la colère de Concini pour avoir défendu Sa Majesté.

Le roi bougonne.

Il faut parler, réaffirmer sa fidélité au souverain mais aussi à Marie de Médicis, prendre même la défense des ministres arrêtés, Mangot, Barbin.

Et entendre à la fin le roi inviter l'évêque de Luçon à se rendre au Conseil, « afin qu'on voie la différence avec laquelle le roi traite ceux qui vous ressemblent et les autres qui ont été employés en même temps ».

Richelieu hésite.

Que faut-il comprendre ? Qu'il est admis à rester au Conseil, que son innocence est reconnue, ou bien veut-on lui infliger une nouvelle humiliation ?

Richelieu veut aller jusqu'au bout.

Il se rend au Conseil, croise les anciens ministres d'Henri IV – du Vair, Villeroy –, barbons qui le toisent. Villeroy demande quelle est la qualité de ce M. du Plessis, pour lui permettre d'entrer au Conseil.

Il faut se taire. Attendre qu'on l'invite à pénétrer dans la salle.

Richelieu reste quelques minutes ainsi attendant un mot, un signe, subissant les regards ironiques et méprisants.

Il accepte, debout près de la porte. Puis, après un moment, long comme une pénitence, il se « retire doucement ».

Il rentre chez lui.

Les autres ministres sont arrêtés, placés à la Bastille ou bien gardés chez eux, voués soit à l'exil, soit à la prison.

Richelieu est libre de ses mouvements. Il le doit sans doute à sa situation d'homme d'Église, d'évêque qu'on ne peut enfermer dans une forteresse sans incident avec Rome !

D'Albert de Luynes ne ménage pas non plus ses efforts pour l'aider. « Je vous rends mille grâces des bons offices que vous continuez journellement à me départir... », écrit Richelieu à de Luynes.

Et en ces temps de violence et de vengeance, cette protection est précieuse.

Richelieu apprend avec horreur le sort réservé au cadavre de Concini. Dépouillé, laissé nu, attaché dans un sac, tiré dans un escalier, porté dans la nuit à Saint-Germain-l'Auxerrois, enterré secrètement sous les orgues. Puis déterré par la foule, pendu par les pieds à une potence.

Mais cela ne suffit pas. On lui coupe le nez, les oreilles, le sexe. On jette les entrailles dans la Seine. On fait rôtir les morceaux de sa chair. On le démembre. On traîne ce qui reste de son cadavre dans les rues.

Ce mardi 25 avril 1616, Richelieu passe sur le Pont-Neuf. Son carrosse est immobilisé au milieu d'une foule hurlante.

Il peut être écharpé.

Son cocher essaie de se frayer un passage, insulte la foule, qui se fait menaçante.

« Je reconnus le péril où j'étais, raconte Richelieu. Si quelqu'un eût crié que j'étais l'un des partisans du maréchal d'Ancre leur rage pouvait se porter contre moi.

« ... Pour me tirer de ce mauvais pas, je leur demandai, après avoir menacé mon cocher, ce qu'ils faisaient ; et m'ayant répondu, selon leur passion contre le maréchal d'Ancre, je leur dis : "Voilà des gens qui sont prêts à mourir au service du roi ; criez tous *Vive le roi.*" Je commençai le premier et ainsi j'eus le passage et me donnai bien de garde de revenir par le même chemin ; je repassai par le pont Notre-Dame. »

Ces cris de fureur de la foule, les visions de ces restes du corps de Concini, brandis, jetés, brûlés, il ne peut les oublier.

Il pourrait lui aussi être pris dans cet élan de haine folle, frappé, mutilé, tué.

Cette inquiétude le pousse à quitter Paris, à suivre Marie de Médicis qui, après deux rencontres avec le roi, accepte l'exil dans le château de Blois.

Les ponts ne sont pas rompus avec Louis XIII, bien que son fils l'ait traitée en véritable prisonnière, durant neuf jours.

Mais il faudra un intermédiaire entre le fils et la mère.

N'est-ce pas le rôle d'un homme d'Église, qui a montré sa fidélité au roi en s'exprimant avant la chute de Concini ? D'ailleurs le souverain ne l'a-t-il pas reconnu puisque Armand Jean est le seul ministre à ne pas être arrêté ou gardé ?

Richelieu voit d'Albert de Luynes, lui écrit, obtient le droit de partir pour Blois avec Marie de Médicis, de devenir le chef de son conseil, le gardien de ses sceaux.

Et le 3 mai 1616, veille de l'Ascension, Richelieu est dans l'un des carrosses du cortège de la reine, qui doit partir pour Blois.

La foule a envahi la Cour carrée du Louvre.

Penché à une fenêtre de l'appartement d'Anne d'Autriche, Louis XIII regarde. Il a déjà fait ses adieux à sa mère, qui s'est jetée contre lui, l'a embrassé.

Richelieu la voit.

« Elle sortit du Louvre simplement vêtue, accompagnée de tous ses domestiques qui portaient la tristesse peinte sur leur visage. Il n'y avait guère personne qui eût si peu de sentiment des choses humaines que la face de cette pompe quasi funèbre n'émût de compassion.

« Voir une grande princesse, peu de jours auparavant commandant absolument à ce grand royaume, abandonner son trône et passer, non secrètement et à la faveur des ténèbres de la nuit, cachant son désastre, mais publiquement, en plein jour, à la vue de tout son peuple, par le milieu de sa ville capitale, comme en montre, pour sortir de son empire, était une chose si étrange qu'elle ne pouvait être vue sans étonnement. Mais l'aversion qu'on avait contre son gouvernement était si obstinée que le peuple ne s'abstint néanmoins pas de plusieurs paroles irrespectueuses en la voyant passer, qui lui étaient d'autant plus sensibles que c'étaient des traits qui rouvraient et ensanglantaient la blessure dont son cœur était entamé. »

Richelieu monte dans le dernier carrosse de cette longue file de voitures.

Il lui semble que ce cortège d'une « pompe quasi funèbre » accompagne la fin de sa jeunesse.

Il a, en ce mois de mai 1617, trente-deux ans.

13

Il voudrait s'enfouir dans le sommeil, mais les cahots de la route l'empêchent même de somnoler, l'obligent à supporter ce voyage jusqu'à Blois, interminable, et il ne peut oublier les humiliations subies, l'échec sans recours, peut-être, l'exclusion définitive de la Cour, l'exil, la rancune du roi qui s'est montré méprisant. Et Armand Jean, seul dans son carrosse, les yeux mi-clos, luttant contre les nausées, parce que la voiture tangue, comme un esquif prisonnier de la houle, pense à cette lettre de son oncle Amador de La Porte qui, depuis Malte, lui écrivait pour le féliciter de son accession au Conseil du roi.

Et le temps que la lettre du commandeur de l'Ordre, du frère puîné de la mère d'Armand Jean, soit remise à son destinataire, et celui-ci n'était plus qu'un évêque chassé du Conseil. Et les mots d'Amador de La Porte paraissent prémonitoires. Richelieu les ressasse, tout au long de ce voyage de quatre jours.

« Je ne sais si je dois me réjouir avec vous de la charge dont le roi vous a honoré, écrivait Amador de La Porte. Je sais que Dieu vous a fait des grâces pour être capable des plus grandes choses. Mais ces temps turbulents et pleins d'infidélités, où la justice ne paraît que rarement, me les font juger indignes de vous... Quel courage, quelle force et quelle fortune il faut pour conduire son vaisseau et sa réputation parmi tant d'obstacles ! C'est le voyage que vous faites, monsieur, et ce qui m'en fait redouter l'événement. »

Armand Jean s'interroge.

Les visages de la foule haineuse qui avait entouré sa voiture sur le Pont-Neuf, ces débris humains que des hommes et des femmes brandissaient, ce qui restait du corps de Concini, toutes ces minutes effrayantes l'obsèdent. Il a horreur de cette foule sauvage. Et il faut toujours craindre que le peuple tout à coup devienne ainsi cette bête hurlante, prête à dépecer le corps de ceux qui dirigent le royaume.

Il s'interroge sur les causes de cette haine. Il a côtoyé Concini et Leonora Galigaï. Ils se sont eux-mêmes perdus ; saisis par l'ivresse du pouvoir, la folie de l'ambition démesurée, étrangers, honnis par le peuple.

Ils étaient condamnés dès lors qu'ils avaient aussi contre eux le seul pouvoir : celui du roi. Et il avait suffi d'un silence de Louis XIII pour que l'exécution de Concini soit préparée.

Richelieu se reproche de ne pas avoir réussi à montrer au roi, seul souverain en ce royaume, qu'il lui était entièrement dévoué.

Il avait cru pouvoir servir Marie de Médicis, et Concini, tout en gardant la confiance du roi, le seul bien. Il avait échoué.

Et il murmure ces quelques mots qu'il se répète depuis qu'il a quitté Paris : « C'est cracher contre le ciel que de prétendre s'opposer à ses volontés souveraines. »

Jamais plus il ne doit paraître s'éloigner du roi.

Le roi seul doit être son maître.

Il mesure à l'accueil froid des bourgeois de Blois que Marie de Médicis n'est plus qu'une mère que le roi son fils a rejetée, et que dès lors elle n'est plus qu'un personnage de second plan, auprès de qui on ne veut pas se compromettre.

Autour d'elle il y a trop d'Italiens intrigants, l'abbé Rucellai dont Richelieu sent aussitôt la jalousie, la haine. Un autre conseiller, Tantucci, espion, confident, portant la traîtrise sur son visage.

Richelieu ne peut s'empêcher de montrer son mépris pour ces deux hommes. Il se rapproche de la dame d'honneur de Marie de Médicis, Mme de Guercheville, une amie qui lui ménage les premiers entretiens avec la reine mère. Il recueille les confidences de Marie de Médicis, la console, la conseille, mène avec elle de longues conversations, en tête à tête. N'est-il pas le chef de son conseil, le gardien de ses sceaux ?

Il veut être celui qui sera l'intermédiaire entre le roi et sa mère.

Mais c'est le roi qu'il faut servir.

Et pour cela prendre la plume, écrire à Charles d'Albert de Luynes devenu le grand favori, celui qui a obtenu les biens, la fortune de Concini et qui est le maître du Conseil royal. Il faut aussi prendre langue avec le ministre Déageant, un roturier dauphinois, mais qui, fort de ses talents, de son intelligence, a pris une place éminente au Conseil.

Richelieu correspond par des lettres chiffrées. Il sera l'« espion » du roi.

« La confiance qu'on a désiré que je prisse auprès de la reine mère est établie, écrit-il, dès le 10 mai. Je m'oblige au roi sur ma tête d'empêcher toute cabale, menée et monopole ; ou, si je ne le puis, non seulement m'obligé-je à lui en donner avis, mais le lui donner à temps pour y apporter remède... m'assurant que mon affection sera connue de telle sorte au roi qu'il ne me laissera pas au rang des péchés oubliés. »

Il rapporte aux proches du roi, avec minutie, les conversations en tête à tête qu'il poursuit avec Marie de Médicis.

Et cependant il est inquiet.

Il apprend que dans l'entourage du roi on l'accuse de n'être qu'un homme de cabale, cherchant à rassembler autour de Marie de Médicis une armée, nouant des relations avec l'Espagne.

Et à Blois, il comprend que les Italiens de l'entourage de Marie de Médicis – Rucellai, Tantucci – l'ont démasqué.

Il a le sentiment qu'il a perdu dans cette partie double qu'il avait entrepris de jouer.

Il écrit à Déageant :

« Je suis le plus malheureux de tous les hommes sans l'avoir mérité... Sa Majesté jugera ce qu'elle doit faire... moi je ferai voir que je suis vrai et fidèle serviteur. Rien ne me changera en quelque lieu que je sois ; partout je servirai le roi si ingénument et avec tant de passion que mes ennemis en recevront de la confusion... Je vois bien qu'il ne me reste que la parole à cet effet, mais en quelque façon que ce soit je ferai mon possible... »

Il veut sortir du piège dans lequel il s'est précipité.

Un courrier, ce 10 juin 1617, lui apporte une lettre d'Henri de Richelieu.

Les mots se brouillent devant les yeux d'Armand Jean.

Le roi, écrit le frère aîné, s'apprête à ordonner que l'évêque de Luçon rejoigne son évêché, et y demeure consigné.

Richelieu veut agir avant d'avoir reçu l'ordre du roi. Il montrera ainsi au souverain qu'on se plie par avance à ses désirs, qu'on les devine.

Il décide de quitter Blois, à l'aube, en n'ayant prévenu que Marie de Médicis, en tentant de ne point rompre avec elle.

Il s'efforce de lui démontrer qu'il pourra ainsi mieux la servir.

Il baisse la tête alors qu'elle laisse jaillir sa rage, non tant contre lui que contre le roi et ce d'Albert de Luynes. Elle va écrire à de Luynes, dit-elle. Elle dicte :

« Après avoir mis le roi au monde, l'avoir élevé, avoir travaillé sept ans à son établissement, je suis réduite à voir mes ennemis, même mes domestiques, me faire tous les jours des affronts... Je deviens la fable du peuple. Éloigner l'évêque de Luçon c'est témoigner qu'on ne me traite plus en mère mais en esclave... On veut donc me forcer à quitter le royaume... »

Il part, rejoint le prieuré-château de Coussay, s'y enferme. Et chaque jour, ces courriers qui le préoccupent. Ceux du roi et de la Cour, où tout en le félicitant d'avoir quitté Blois, il sent les soupçons.

Il apprend qu'on l'accuse de continuer à conseiller la reine mère, de se rendre déguisé auprès d'elle.

À Blois, on le condamne pour n'avoir été que l'espion du roi, s'efforçant de ruiner toutes les entreprises de Marie de Médicis.

Il apprend avec inquiétude que, au procès de Leonora Galigaï, le procureur général l'a mis en cause, l'accusant d'avoir été complice de Concini et de son épouse et d'avoir ainsi agi secrètement contre les intérêts de l'État.

Il tremble de colère et d'angoisse.

On lui fait le récit de ce procès. Il lui semble entendre le cri strident de Leonora Galigaï lorsqu'elle apprend qu'elle est condamnée à avoir la tête tranchée, et que c'est une faveur, puisqu'elle aurait dû être brûlée vive comme sorcière, et que seul son cadavre le sera !

Il prie le 8 juillet, le jour de l'exécution.

Il écrit :

« Tous ceux qui assistèrent au triste spectacle de sa mort devinrent tout autres hommes, noyèrent leurs yeux de larmes de pitié de cette désolée, au lieu d'assouvir leurs cœurs de son supplice qu'ils avaient tant désiré... de sorte qu'il est vrai de dire qu'elle fut autant regrettée à sa mort qu'elle avait été enviée durant sa vie. »

Il médite sur le caractère du jeune roi, qui aurait pu d'un mot ou même d'un geste arracher Leonora Galigaï à la mort, et se contenter de la renvoyer en Italie.

Mais le roi est implacable.

Ne vient-il pas de faire décapiter, malgré toutes les suppliques, le baron de Guémadeuc, qui a violé les ordonnances sur le duel ?

« Je suis tellement offensé du mépris qu'il a fait de mon autorité », a dit Louis XIII avant de se mettre en campagne pour aller s'emparer à Fougères du malheureux baron de Guémadeuc.

Il faut donc être prudent, ne répondre aux lettres de Marie de Médicis qui exige qu'on lui écrive et qu'on lui rende visite que de manière vague, afin de ne pas rompre, tout en évitant de se compromettre aux yeux du roi.

Richelieu se méfie de Marie de Médicis, comme de toutes les femmes.

« Il se trouve souvent dans les intrigues des cabinets des rois, écrit-il, des écueils beaucoup plus dangereux que dans les affaires d'État les plus difficiles. Et en effet il y a plus de périls à se mêler de celles où les femmes ont part que des plus grands desseins que les princes puissent faire en quelque nature d'affaire. »

Il veut désarmer les calomniateurs, les intrigants qui, tant à Blois qu'à Paris, le mettent en cause.

Il renoue avec son ami de jeunesse le père capucin Joseph du Tremblay.

« Je suis si gros de déplaisir, dit-il, que je veux vous ouvrir mon cœur.

« Je suis réduit en un petit ermitage parmi mes livres, ajoute-t-il. Je vis dans mon diocèse parmi le contentement de mes livres et les actions de ma charge... Je suis résolu de couler doucement le temps parmi mes livres et mes voisins. »

Il veut le faire croire.

Mais, habilement il choisit d'être présent là où on ne l'attend pas, où on ne peut à la Cour, et dans l'Église, que l'approuver, l'applaudir même.

Il prend prétexte de la *Défense de la confession des Églises réformées de France*, écrite par quatre pasteurs de Charenton, pour rédiger, en français, une réponse argumentée, qui connaît aussitôt un large écho. Un bref du pape recommandera ce livre qui veut combattre « l'erreur, l'hérétique », tout en prêchant la tolérance.

Il est satisfait : il a rappelé qu'il était un homme d'Église, un théologien, qui invitait les sujets du royaume à obéir au roi et à reconnaître que seule l'Église catholique est dans la vérité du Christ.

Il est accablé quand il apprend qu'autour du roi on l'accuse d'intriguer.

On lui ordonne donc de quitter son prieuré de Coussay, et de s'enfermer dans son évêché, à Luçon !

Il craint le pire lorsqu'on lui annonce que son frère Henri de Richelieu et son beau-frère, René de Vignerot de Pont de Courlay, sont contraints de quitter la Cour, Paris, et de se retirer dans leur Maison.

Il est effrayé quand on condamne, à être brûlés vifs, des auteurs de pamphlets qui ont annoncé le retour de Marie de Médicis.

Il est angoissé d'apprendre qu'on enferme à la Bastille l'ancien ministre, proche de Richelieu, Barbin, et qu'inculpé il peut être condamné à mort.

Il n'est pas étonné de recevoir une lettre datée du 7 avril 1618, qui lui intime l'ordre de se rendre par les voies les plus rapides à Avignon.

Car « les fréquentes visites et assemblées, allées et venues de diverses personnes qui se font aux lieux où vous êtes et dont plusieurs de nos sujets prennent ombrage et défiance » imposent cet exil.

Il faut s'incliner :

« Sire, je partirai précisément après-demain pour satisfaire au commandement qu'il plaît à Votre Majesté me faire m'en aller en Avignon. »

14

Il a froid dans cette voiture qui brinquebale, s'enlise, menace de verser tout au long de ces chemins défoncés, que souvent les averses glacées de ce printemps 1618 transforment en torrent.

Il ne veut plus compter les jours qui s'accumulent, gris, venteux, pluvieux, les brouillards accrochés aux forêts qui bordent cette route sinueuse, longeant l'Auvergne, s'enfonçant dans le Massif central, pour rejoindre enfin la vallée du Rhône, pour parvenir à cette enclave étrangère, gouvernée par le pape, Avignon, ville aux allures italiennes, où le vice-légat du pape l'attend sans plaisir et où doivent grouiller les espions du roi et de Charles d'Albert de Luynes.

Richelieu se confie à son secrétaire Le Masle.

Cette décision ne l'a pas surpris, dit-il. Il sait ce que sont les intrigues de Cour, les jalousies, les haines même des courtisans et des favoris.

« J'ai toujours attendu de la lâcheté de ceux qui gouvernent, toute sorte d'injuste, barbare et déraisonnable traitement », conclut-il.

Mais le roi a parlé et il faut subir, obéir.

En Avignon le soleil éblouit. Il rehausse d'or l'ocre des façades, des hôtels particuliers qui donnent à la ville le visage d'un quartier romain. La foule est colorée, bruyante. On parle italien, plus que français.

Les juifs, vêtus de rouge, sont nombreux, ils tiennent les échoppes.

Mais le quartier où Le Masle a loué un hôtel particulier situé non loin du couvent des Minimes est éloigné du centre de la ville.

Le propriétaire de la demeure est un chanoine de l'église collégiale de Saint-Pierre d'Avignon. Il a réclamé une somme de sept cents livres. Heureusement, Armand Jean va s'installer en compagnie de son frère aîné, le marquis Henri de Richelieu, et de son beau-frère, René de Vignerot de Pont de Courlay.

Avec les ressources mises en commun on peut vivre confortablement, employer quelques domestiques, et un palefrenier.

Mais c'est l'exil sous la surveillance d'espions qui ne cherchent même pas à se dissimuler, entourent l'hôtel, suivent pas à pas Richelieu, lorsqu'il se rend, le soir, sur le quai du Rhône.

Cette présence constante l'oppresse.

Le seul réconfort, « la grande consolation », dit-il, vient de ce qu'il vit avec Henri de Richelieu et René de Vignerot de Pont de Courlay.

Mais il sait que ce n'est pas pour adoucir l'exil qu'on a toléré leur établissement commun, « mais pour pouvoir prendre garde à nous tous d'une même vue ».

Et cet acharnement de ses ennemis l'angoisse.

Il s'enferme chaque jour dans l'une des pièces, écrit,

ou dicte à Le Masle, un plaidoyer à ce procureur qui au procès de Leonora Galigaï l'a accusé de crime de lèse-majesté, ce qui vaut peine de mort.

Phrase après phrase, Richelieu réfute toutes les accusations portées contre lui.

« Jamais je n'ai rien fait, écrit-il, que je n'aie cru certainement en ma conscience être avantageux au roi, et je puis dire devant Dieu avoir toujours eu une passion très grande de lui complaire, je ne dis pas seulement à lui, comme roi, mais comme Louis XIII. »

Que lui reproche-t-on ? Des lettres à Concini ?

« Qui a jamais ouï parler que des civilités fussent des crimes ? »

Son obéissance à la reine mère ?

« J'ai obéi à la reine, il est vrai, mais de qui tout le monde recevait-il les volontés du roi sinon que de sa bouche ? »

Mais il le sait bien, il le répète à son frère, il l'écrit :

« Les vertus d'un homme en faveur sont vices en disgrâce. »

Tout est dit.

À quoi bon poursuivre ? Il lit. Il tente d'administrer de si loin son évêché.

Il essaie de se résigner, de continuer à espérer.

Il écrit à l'abbé Bouthillier de La Cochère, l'un de ses soutiens :

« Il n'y a personne qui regarde maintenant plus indifféremment les choses du monde, ni qui en ait moins de crainte, sachant bien pour l'avoir appris par expérience que les orages passent, que la vérité se connaît et que mon innocence ne peut rien avoir de commun avec le crime des autres. »

Mais l'hiver vient avec ses bourrasques, son vent glacé.

Richelieu apprend que le pape Paul V s'est plaint de sa présence en Avignon.

« Je serais bien aise de ne pas avoir ces personnes-là dans ladite ville », a dit le souverain pontife.

L'Église l'abandonnerait-elle aussi, lui qui la sert avec foi ?

Et Dieu ?

À la fin du mois d'octobre, son frère Henri de Richelieu apprend que sa femme est morte en couches le 15 de ce mois, et le fils ne survivra que quelques semaines.

Le destin frappe à coups redoublés !

Henri de Richelieu et son beau-frère obtiennent de quitter Avignon, de se rendre à Paris puis en Touraine. Et dans la solitude qui l'accable, la maladie qui le harcèle, Richelieu dicte son testament :

« Nul ne sachant quel doit être le cours de sa vie et ne pouvant prévoir en mon particulier comme il plaira à Dieu disposer de moi... »

Le 13 février 1619, il prescrit à son secrétaire, Le Masle, de résilier le bail de cette demeure devenue trop vaste, trop onéreuse.

Il n'ose espérer, et cependant il ne veut pas renoncer : le roi peut avoir besoin de lui, le rappeler de son exil.

Il a reçu, il y a quelques jours, des missives, qui ont échappé aux censeurs, aux espions, et qui font état d'un complot tramé autour de Marie de Médicis, pour préparer la fuite de la reine, avec l'aide du duc d'Épernon, le puissant gouverneur de Metz et de l'Angoumois. Et l'âme de ce complot serait cet abbé italien, Rucellai.

Richelieu n'hésite pas. S'il veut rentrer en grâce il doit aussitôt révéler ce qu'il sait au grand favori, au maître du Conseil, Charles d'Albert de Luynes.

Et si le complot de d'Épernon et Rucellai réussit, s'il y a entre Marie de Médicis et son fils un risque de guerre – la reine contre le roi, la mère contre le fils ! –, alors il faudra un intermédiaire, connu de chacun d'eux, et capable d'élaborer un compromis où le roi, parce qu'il est le roi, doit avoir la meilleure part, mais dans lequel la reine mère ne serait point trop humiliée.

Qui d'autre que lui pourrait remplir ce rôle de négociateur, d'intermédiaire ?

Il attend désespéré de la succession des jours où rien ne se produit. Et ne pouvant cependant étouffer cette lueur d'espoir, qui vacille au fond de ces semaines sombres.

Et le 7 mars 1619, quand il reconnaît dans ce cavalier crotté et épuisé qui se présente le frère du père Joseph – le sieur Charles du Tremblay –, porteur d'une lettre du roi, il ne peut cacher son émotion.

Il prie, en brisant les sceaux, en dépliant la lettre.

Il lit, s'arrêtant à chaque mot, le soupesant, imaginant, se jurant à lui-même que fort de ce qu'il vient de vivre il ne commettra plus aucune erreur.

L'espoir est devenu réalité. Le roi met fin à son exil et lui donne l'ordre de se rendre à Angoulême pour y rejoindre la reine mère, Marie de Médicis, et reprendre ses fonctions auprès d'elle.

Il interroge Charles du Tremblay tout en préparant à la hâte son départ.

Il ne ressent plus ni fatigue, ni ces maux de tête qui l'ont, au cours des derniers mois, épuisé. Il a l'impression de posséder une source inépuisable d'énergie et de détermination.

Il écoute avec attention le récit que Charles du Tremblay fait des événements.

Le duc d'Épernon, l'ancien mignon d'Henri III, est un homme puissant, qui peut, depuis Metz, recruter des mercenaires allemands et lever une armée. Il a été habilement conduit par l'abbé Rucellai à s'engager dans le complot qui doit permettre à Marie de Médicis de recouvrer sa liberté et son influence.

Car d'Épernon, comme les Grands, pense que la mort de Concini n'a abouti qu'à donner le pouvoir à d'Albert de Luynes.

« La taverne est la même, il n'y a que le bouchon de changé », dit-on parmi les Grands du royaume.

D'Épernon et Rucellai ont réussi à tenir leur projet secret et ils sont parvenus à organiser la fuite de Marie de Médicis du château de Blois.

Ce fut à ce qu'en sait Charles du Tremblay une entreprise hasardeuse. Marie de Médicis est grosse, peu agile, encombrée de ses cassettes de bijoux, de pierreries, d'or. Il lui a fallu descendre des échelles, et à la fin se laisser envelopper et ficeler dans un manteau, qu'on a fait glisser le long d'un terre-plein. Puis elle s'est aventurée comme une ribaude dans les rues de Blois afin de rejoindre le carrosse.

Et fouette cocher jusqu'à Loches.

Il faut ne pas tarder, partir pour Angoulême où doit maintenant se trouver Marie de Médicis.

« Le temps était extraordinairement mauvais, raconte Richelieu. Les neiges étaient grandes et le froid extrême. Mais dès le 8 mars 1619, je partis en

142

poste d'Avignon pour obéir à ce qui m'était prescrit et à ce à quoi j'étais porté par mon inclination et mon devoir. »

Les routes sont enneigées, dangereuses.

En approchant de Vienne, dans un petit bois, le carrosse s'arrête, et Richelieu aperçoit une trentaine de soldats armés d'arquebuses. Il tente de s'expliquer, évoque le roi. On le force à descendre. Le gouverneur de Lyon a donné l'ordre de l'arrêter, lui répond-on.

Tremblay, en montrant la lettre du roi, dissipe le malentendu. On dîne. On repart. On s'enfonce en Auvergne, dans les tourmentes de neige.

Il faut changer de route pour éviter des troupes royales qui peut-être ne sont pas encore averties des nouvelles dispositions concernant l'évêque de Luçon.

Enfin le 27 mars, un mercredi, un an jour pour jour après son départ de Luçon pour Avignon, Richelieu en se penchant aperçoit la citadelle d'Angoulême.

Il prie que Dieu lui donne la volonté et éclaire sa raison, lui permette de servir le roi, la reine mère, le royaume.

Et d'employer ainsi les qualités que la Providence lui a accordées et recevoir en retour les avantages que son mérite justifiera.

Si un Concini, un Charles d'Albert de Luynes ont pris une telle place, ont joué un si grand rôle, sont montés si haut, il semble à Armand Jean du Plessis de Richelieu qu'il peut aller plus loin encore.

Que Dieu en soit loué, il se sent d'une autre envergure que ces deux hommes-là.

Il voit d'Épernon. Il rencontre Marie de Médicis.

Il négocie avec les envoyés du roi, le cardinal de La Rochefoucauld, le père de Bérulle.

Et sans manifester ni surprise ni orgueil, sans faire sentir qu'il l'emporte sur ceux qui furent ses adversaires, il reçoit les hommages de ces hommes, Hurault de Cheverny, évêque de Chartres, Bonsi, évêque de Béziers, hier plus que réservés à son endroit.

Il apprend qu'à Rome on dit de lui qu'il est « sans controverse tenu pour le plus accompli et le plus digne prélat de France ».

Mais il ne fait confiance qu'aux quelques proches qui ne l'ont jamais abandonné durant sa disgrâce, le père Joseph, l'abbé Bouthillier de La Cochère, la marquise de Guercheville, son frère Henri marquis de Richelieu, et son beau-frère.

Ceux-là sont fidèles.

Et le traité de réconciliation entre la mère et le fils est signé le 12 mai 1619.

La reine reçoit par brevet royal les gouvernements d'Angers, de Chinon, des Ponts-de-Cé.

Et Armand Jean obtient que son frère Henri de Richelieu soit désigné comme gouverneur de ces places qui garantissent la liberté de la reine mère.

Richelieu est satisfait.

Heureux ? Le mot lui paraît trop fort. Mais qu'est-ce que le bonheur sinon le but atteint ?

« Jamais accord ne fut conclu plus à propos », dit-il.

Le roi a loué le négociateur. Ses intérêts ont été préservés, son pouvoir conforté. Et la reine n'a pas été défaite. Elle dispose des places de sûreté et c'est Henri de Richelieu qui les gouverne.

Tout est bien.

Et brusquement, tout se brise.

Le 8 juillet 1619, un lundi, Henri de Richelieu se bat en duel avec le marquis de Thémines, capitaine des gardes de la reine – l'homme, le 1er septembre 1616, avait arrêté le prince de Condé –, qui espérait le gouvernement d'Angers.

On s'est affrontés près de la citadelle. Henri est tué.

La nouvelle terrasse Richelieu.

Il a le sentiment que sa vie est jalonnée de deuils, que ses « malheurs sont continuels ».

« La douleur de la perte de mon frère me tient tellement saisi qu'il m'est impossible de parler et d'écrire à mes amis », dit-il.

Plus tard, quand il pourra surmonter l'émotion, le désespoir, et parler en raison, il écrira :

« Je ne saurais représenter dans quel état me mit cet accident et l'extrême affliction que j'en reçus, qui fut telle qu'elle surpasse la portée de ma plume et que, dès lors, j'eusse quitté la partie, si je n'eusse autant considéré les intérêts de la reine que les miens m'étaient indifférents.

« Ma propre perte ne m'eût pas plus causé de déplaisir. »

Mais c'est la volonté de Dieu. Il prend, Il donne. Il rappelle que la vie terrestre est ponctuée par la mort.

Et qu'il faut faire face.

Henri de Richelieu était pauvre, endetté.

L'argent manque. Et c'est souffrance, humiliation que de rencontrer les créanciers, faire casser le testament.

Et c'est engagement pris avec soi-même de ne plus se trouver dans une telle situation, et donc d'amasser rapidement des biens, une fortune, pour être libre, ne plus être débiteur.

Et puisque la vie continue, Richelieu veut ne pas laisser la construction politique qu'il a élaborée s'effondrer.

La mort de son frère est aussi celle d'un homme mûr, d'un fidèle.

Il choisit pour le remplacer à la tête du gouvernement d'Angers son oncle le commandeur Amador de La Porte. Marie de Médicis accepte.

Et elle nomme à la tête de ses gardes le marquis de Brézé, beau-frère de Richelieu, dont il a épousé la sœur Nicole. Il prend la place du capitaine marquis de Thémines, contraint après avoir tué Henri de Richelieu de quitter son poste.

La mort du frère n'a donc en rien compromis la réussite politique et cependant Armand Jean est sans joie. La satisfaction qu'il avait éprouvée en arrivant à Angoulême s'est dissipée.

Il agit, il prépare l'entrevue que Marie de Médicis doit avoir avec son fils, le roi.

Il a la même détermination, la même énergie, mais en lui, écrit-il, à jamais, une lumière s'est éteinte, celle qui illuminait sa vie.

Une sorte de halo, de brume l'enveloppe. Et il a la certitude que rien ne pourra le dissoudre.

Il se rend au petit château de Couzières, à quelques lieues de Tours.

C'est là, dans le parc – la maison étant trop exiguë –,

que la reine mère et Louis XIII, le 5 septembre 1619, vont se retrouver.

La reine et Richelieu sont arrivés la veille.

Au matin du 5 septembre Marie de Médicis attend le roi dans le parc.

Elle a dit à de Luynes qui s'est agenouillé devant elle :

« Or sus, laissez donc les belles paroles et donnez-m'en de bonnes… Je ne veux plus me souvenir de ce qui s'est passé comme si je n'avais jamais été éloignée de mon fils. »

Dans l'allée bordée de grands arbres, elle avance, le visage caché par un masque de velours noir.

De nombreux spectateurs se sont installés sur les branches pour mieux suivre cette rencontre.

Richelieu est aux côtés de Charles d'Albert de Luynes. Il voit la reine – ôter son masque, pleurer – comme le roi. La mère et le fils s'embrassent, échangent quelques mots, puis restent empruntés, immobiles l'un en face de l'autre, alors que les acclamations, les cris de joie éclatent.

Et tout à coup, dans un grand craquement, certaines branches se brisent, entraînant avec elles les spectateurs enthousiastes.

15

Richelieu, souvent, dans les jours qui suivent, revoit cette scène : les hommes endoloris, écartant les branches cassées, le feuillage, puis s'éloignant, en claudiquant.

Il a le sentiment d'éprouver la même déception que ces spectateurs, dont l'enthousiasme s'est brisé, et qui n'ont plus pensé qu'à leurs plaies et qu'à leurs bosses, à leur corps meurtri. Et qui ont déjà oublié qu'ils ont vu la reine mère, Marie de Médicis, et le roi Louis XIII, son fils, s'embrasser.

Mais ces retrouvailles émues n'ont duré que quelques minutes, et la mère et le fils se sont écartés à nouveau l'un de l'autre.

Richelieu, lui, se souvient, a les mains moites. La sueur coule sur son front. Il desserre autant qu'il le peut son habit, mais, en cette fin d'été 1619, la Touraine est écrasée par une chaleur torride. Tout est gluant.

Il a fait comprendre à Marie de Médicis qu'il pourrait encore mieux la servir, s'il devenait, face aux favoris du roi, au duc de Luynes, le plus puissant, invulnérable.

Il suffisait pour cela qu'on l'élevât à la dignité de cardinal. Et Marie de Médicis a aussitôt demandé au roi qu'il présentât à Rome la candidature de Richelieu.

Mais comment imaginer que M. de Luynes puisse l'accepter ?

« Jamais personne ne fut trompeur au degré de M. de Luynes, confie Richelieu. Sa bouche ne s'ouvre jamais à faire quelque promesse que sa volonté ne fût résolue à ne la pas observer et que son esprit ne méditât les moyens de n'en rien faire… »

Et Richelieu apprend, sans surprise, mais avec amertume, que Marie de Médicis, elle-même, a suggéré que le roi pouvait aussi proposer le chapeau de cardinal à l'archevêque de Toulouse, La Valette.

Il faut se défier de tous et tout est intrigue.

Les favoris du roi surveillent la reine, tentent de la convaincre de regagner Paris au plus tôt. Et le roi va s'y rendre, car il est las de chasser sur les bords de la Loire. Et même en poussant son cheval dans les eaux fraîches du fleuve, il étouffe dans cette Touraine où l'air est si chaud qu'il bruit comme un essaim d'abeilles.

Richelieu tente de retenir Marie de Médicis. Si elle rentre à Paris, elle se livre au duc de Luynes, aux favoris, à tous ceux qui l'ont trahie, abandonnée.

Elle écoute.

Elle se plaint de l'attitude de la jeune reine, Anne d'Autriche, qui ne la respecte plus, la toise pleine de morgue, toute fière d'avoir enfin, il y a quelques semaines seulement, été déflorée par le roi.

Et il a suffi qu'il partageât sa couche, pour qu'elle

se sentît reine de France, et qu'elle fît comprendre à Marie de Médicis que c'en était fini d'être la régente !

Pour survivre dans cette Cour, qui n'est qu'un amas de guêpes acharnées sur un corps mort, il faut ruser.

À chaque heure du jour, les intrigues se nouent et se dénouent.

Il faut dissimuler son amertume et féliciter La Valette d'être bientôt coiffé du chapeau de cardinal !

Richelieu quitte Tours, regagne son évêché de Luçon. Son avenir, c'est d'être entre les camps, entre le roi soupçonneux et la reine humiliée, qui n'a pas renoncé à reconquérir le pouvoir.

Et d'autant plus que les Grands, les princes, et même les huguenots, hostiles à de Luynes, viennent vers elle.

Ils ont besoin de sa légitimité pour s'opposer à de Luynes, au roi.

Sera-ce la deuxième guerre de la mère et du fils ?

Richelieu apprend que le roi a regagné Amboise puis Paris, cependant que Marie de Médicis a décidé de s'installer à Angers. Il faut être près d'elle, qui entre dans la ville, le 16 octobre 1619, à la tête de dix mille hommes en armes dont huit cents gentilshommes à cheval. Et la foule l'acclame.

Le traité d'Angoulême, les embrassades de la mère et du fils ne sont même plus des souvenirs.

Autour de Marie de Médicis, on pousse à l'affrontement avec le roi.

On dénonce de Luynes, homme plus avide encore, plus dangereux pour le royaume que l'était Concini.

De Luynes et ses deux frères, et leurs courtisans sont des rapaces, dit-on.

Richelieu écoute, les accusations, les exclamations

de colère contre ces nobliaux provençaux, devenus les personnages les plus puissants du royaume.

« Vous diriez que la France n'est que pour eux seuls ; pour eux, elle est abondante en toutes sortes de richesses. Les gouvernements et les places qu'ils ont déjà acquis leur semblent peu proportionnés à ce qui leur est dû ; il n'y en a aucune qu'ils ne marchandent, qu'aux dépens du roi ils ne mettent au double de sa valeur. Si elles ne sont pas à prix d'argent, ils les ravissent par la violence, jusque-là qu'ils en prennent par ces voies jusqu'à dix-huit des plus importantes... On détourne à ces traités particuliers les deniers qui se lèvent sur les peuples pour le bien public. En un mot si la France était tout entière à vendre ils achèteraient la France de la France même. »

Richelieu se tait. Il paraît ainsi approuver ceux qui poussent Marie de Médicis à se dresser contre de Luynes, fût-ce en prenant les armes. Il sait bien pourtant que cela signifie faire la guerre au roi.

Il ne le veut pas.

Il entretient une correspondance secrète avec l'entourage de Louis XIII. On l'invite à faire pression sur la reine mère, afin qu'elle regagne Paris, la Cour.

« Ce faisant, lui dit-on, l'évêque de Luçon peut tout espérer de Sa Majesté et il n'y a rien de grand qui soit convenable à sa qualité qu'il ne puisse attendre du roi. »

Il lit, relit.

On lui fait comprendre que le roi le choisira pour en faire auprès du pape son candidat à la dignité de cardinal.

Mais même s'il ne veut pas se dresser contre le roi, il tient à paraître au-dessus des deux partis. Il est homme d'Église, conciliateur par nature, et persuadé que la mère et le fils se réconcilieront.

Alors sonnera son heure pour le bien du royaume et donc du roi et de l'Église.

Et puis le parti de la reine mère est puissant. Peut-être sera-t-il victorieux ? Il serait imprudent de rompre avec lui.

« Le parti de la reine mère tient une filière de provinces, depuis Dieppe en Normandie, jusqu'au-delà de la Garonne, c'est-à-dire près de deux cents lieues de long : parti où l'on voit les plus grands du Poitou, de la religion prétendue réformée et plusieurs bons capitaines avec de fortes places sur toutes les rivières, parti qui, sans se presser de prendre et assiéger des villes, devrait avec une grande armée aller droit à Paris pour réformer les abus qu'on dit être en l'État. »

Il lit cela dans *Le Mercure français*. Et ce n'est que vérité, mais il est persuadé que ceux qui croient que le roi et de Luynes vont plier sans combattre se trompent.

Rien n'est joué. Le roi est roi.

Et pourtant mieux vaut se taire, laisser croire qu'on partage l'avis de ceux qui veulent le recours aux armes.

« Le torrent m'emportait, avoue Richelieu, de telle sorte que vouloir persuader mon opinion ne servait à autre chose qu'à me perdre sans avancer le service de la reine... Je puis dire avec vérité que je leur représentai plusieurs fois l'inconvénient qui leur pouvait arriver d'une telle entreprise – la guerre contre le roi – mais leur présomption et la méfiance que je devais avoir de moi-même étaient telles que je n'osai pas m'opiniâtrer en mon opinion, quoique je fusse fortifié par le jugement de plusieurs capitaines particuliers qui étaient de même avis... »

Il veut garder toutes les cartes dans ses mains même s'il mesure la force du parti des Grands.

Le duc du Maine, le duc de Longueville, le comte de Soissons, et d'Épernon et Vendôme se rassemblent autour de Marie de Médicis, pour en finir avec le duc de Luynes, ce bon duc, dont le style a toujours été de baiser à la joue ceux qu'il avait l'intention de trahir...

Et en même temps, il écrit à un jésuite, proche du duc de Luynes, et confesseur du roi, le père Arnoux. Il l'assure de sa fidélité à Louis XIII... et à Marie de Médicis.

« Nous avons tous pour but la gloire de Dieu, le bien de la France et le contentement de Leurs Majestés... Vous en recevrez un témoignage... »

Il s'efforce de rester fidèle à cette double allégeance, malgré les pressions qu'il subit de l'entourage de Marie de Médicis, et les intrigues qui s'entremêlent dans cette Cour d'Angers, durant l'hiver de 1620.

Peu à peu, il sent que son obstination est fructueuse.

Il renforce son autorité. Il tient tous les fils. Il manie les « bons et les mauvais esprits ».

Il se convainc chaque jour davantage que cette situation ne peut être tranchée que par un affrontement entre l'armée du roi – qui se met en marche au début juillet 1620 – et celles des princes, qui prennent position sur les bords de la Loire, au lieu-dit les Ponts-de-Cé.

Entre Nantes et Angers il n'y a point d'autre passage sur la Loire.

Les ponts enjambent le fleuve, en allant d'une île sablonneuse à l'autre. Les forces sont inégales : le roi dispose de douze mille hommes, qui viennent de vaincre en Normandie. Les troupes des princes ne comptent que quatre à cinq mille hommes, moins aguerris, divisés. Mais les dés roulent.

Et Richelieu sent que le moment est venu de prendre date.

« Madame, dit-il à la reine, il ne se trouvera aucun de vos fidèles sujets qui vous conseille de vous bander contre votre fils... Il vous plaira vouloir me pardonner et considérer que les armes ni la force ne triompheront jamais d'un roi qui a les anges de Dieu pour garde... »

Le 7 août 1620 on se bat dans une chaleur accablante aux Ponts-de-Cé. Et cinq ou six cents hommes tombent. La victoire des troupes royales commandées par Condé est complète.

Et le 10 août, après cette « drôlerie des Ponts-de-Cé », Richelieu peut conclure, en négociateur reconnu par les deux partis, le traité d'Angers qui confirme le traité d'Angoulême.

C'en est fini de la guerre de la mère et du fils.

Richelieu assiste, apaisé, visage impassible, à l'entre-vue, le 13 août, entre Marie de Médicis et Louis XIII.

La reine mère pleure, de Luynes se penche vers Richelieu : le roi, murmure-t-il, va dépêcher un courrier à Rome.

« Il portera ordre à l'ambassadeur de déclarer au pape que Sa Majesté nomme Mgr de Luçon au cardinalat, et d'en poursuivre le plus promptement possible la solution. »

Mais Richelieu n'est satisfait que lorsqu'il apprend que Marie de Médicis a, elle aussi, demandé au pape le chapeau de cardinal pour l'évêque de Luçon, en récompense de ses fidèles services.

Cette fois-ci il a gagné. La reine mère et le fils ont reconnu ses mérites.

Mais il reste prudent, discret, modeste. Il faut attendre que le pape le revête de la pourpre cardinalice.

Et à Rome, en ces matières, rien n'est assuré.

Et rien n'est acquis non plus en ce qui concerne le roi.

Louis peut, à chaque instant, tout défaire.

C'est la leçon que Richelieu tire des mois qu'il vient de vivre.

« Ce qui ne se maintient que par une autorité précaire, dit-il, n'est pas de grande durée. Ceux qui combattent contre une puissance légitime sont à demi défaits par leur imagination. Leur imagination, qui leur représente des bourreaux en même temps qu'ils affrontent les ennemis, rend la partie fort inégale. »

Lui-même, durant cette période incertaine au cours de laquelle il a semblé se dresser contre le roi, n'a cessé de penser aux bourreaux.

Au capitaine des gardes, qui exécute l'ennemi du roi.

Au procureur du roi, qui lance l'accusation de crime de lèse-majesté.

À la hache royale, qui tranche les têtes.

Et à la foule, qui dépèce le cadavre de celui qui est aussi coupable devant Dieu, puisqu'il s'est dressé contre le roi.

16

Richelieu ne peut oublier le corps de Concini, ni le cri strident de Leonora Galigaï.

Il sait qu'il est, comme le plus humble des sujets du royaume, dans la main du roi.

Or Louis XIII, après la victoire des Ponts-de-Cé, est plus puissant qu'il n'a jamais été. Et l'homme qui en son nom exerce le pouvoir est le favori, ce Charles d'Albert de Luynes qui, s'appuyant sur ses deux frères, n'a pas pour souci l'intérêt du roi et donc celui du royaume, mais la préservation de sa place, la première.

Avec attention, chaque jour, Richelieu lit les libelles qui paraissent par dizaines, contre ce « chien à trois têtes », les trois frères de Luynes, contre celui qu'on nomme « l'Aluyne » – l'absinthe – et qu'on dénonce :

> *Le Roi simple donne tout*
> *Monsieur de Luynes ruine tout*
> *Et ses deux frères raflent tout.*

Richelieu approuve mais il prend garde à ne pas apparaître comme celui qui anime cette campagne contre de Luynes.

Il se défend d'avoir écrit *Les Vérités chrétiennes au Roi Très-Chrétien*, ce manifeste en faveur de la reine mère, et où l'on peut lire :

« Croyez, sire, qu'il y a beaucoup plus de favoris ingrats que de mères sans amour pour leurs enfants. »

L'auteur en est Mathieu de Morgues, prédicateur de la reine Marie de Médicis, homme enflammé, mais auquel il ne faut pas plus se fier que l'on ne peut faire confiance à d'Albert de Luynes.

Il y a aussi ce sieur de Chanteloube, gouverneur de Chinon, ce gentilhomme, noble d'épée, mais aussi homme de plume, qui publie *Le Comtadin provençal*, parce que de Luynes est né dans le comtat d'Avignon.

On y dénonce de Luynes, « petit fauconnier », homme de vice : incapable, lâche, ambitieux, avide, avare, ingrat !

Provocation dangereuse et d'autant plus que Richelieu a l'impression, quand il côtoie Mathieu de Morgues ou Chanteloube, de parler non à des alliés, mais à des rivaux, jaloux de la place qu'il occupe auprès de Marie de Médicis. Et c'est pour cela aussi qu'il ne veut pas rompre avec de Luynes, qu'il continue d'échanger avec lui des lettres pleines d'amabilité, de proclamation de fidélité. Et de Luynes fait de même avec lui, l'assurant qu'il intervient auprès du pape afin que la dignité de cardinal soit accordée à Richelieu.

Et Richelieu remercie. Et de Luynes répond :

« Je suis extrêmement content de quoi vous auriez reconnu le soin que j'ai pris de vous servir en votre affaire de Rome. Nous continuerons à faire les mêmes instances que nous avons faites… »

Il faut faire mine de croire, remercier encore, sans être dupe.

Et Richelieu n'est pas surpris quand il apprend que de Luynes et le secrétaire d'État aux Affaires étrangères, le marquis de Puisieux, ont fait savoir à Rome que, « si le roi a désigné Luçon pour le chapeau de cardinal, il est bien entendu que cette proposition n'est que pour la forme. Notre ambassadeur lui-même ignore et ignorera notre véritable pensée. Nous le laissons faire les démarches auprès du Saint-Siège. Mais vous, vous savez la vérité ».

Richelieu esquisse une moue de mépris et d'amertume. Il partage le constat du nonce apostolique, qui s'est exclamé : « La vérité est qu'ils se haïssent tous. »

Pourtant le 11 janvier 1621, lorsqu'il découvre qu'il ne figure pas sur la liste des cardinaux qui vient d'être connue, il doit faire un effort de chaque instant pour cacher sa colère, écrire aux uns et aux autres qu'il se réjouit de la promotion de l'archevêque de Toulouse, La Valette, et qu'il n'est qu'un modeste et jeune évêque de trente-six ans.

« En France, dit-il, le meilleur remède que l'on puisse avoir, c'est la patience. »

Il fait mine de ne pas comprendre les intentions de ceux qui s'adressent à lui comme un recours.

Il reçoit une lettre de l'archevêque de Sens, du Perron — frère du grand aumônier de France, le cardinal du Perron —, qui l'incite à paraître à la Cour, afin de combattre l'influence de De Luynes :

« Mais hâtez-vous donc, monsieur, hâtez ce désiré

retour et venez contribuer au bien commun, ce qui est en votre pouvoir. »

Il se contente de remercier, de dire qu'il veut être un « bon Français », qui ne se détermine qu'en fonction de l'intérêt du roi et du royaume.

Mais il sait que c'est bien le destin de la France qui se joue en ce moment. Qu'avec de Luynes, le roi choisit de déclencher une nouvelle guerre contre les protestants du Béarn, ceux de Montauban, et qu'il laisse, pendant ce temps, l'Espagne contrôler cette vallée de Valteline qui permet aux troupes espagnoles de gagner l'Allemagne et les Pays-Bas.

Qu'en somme Louis XIII choisit de ne point affronter la menace espagnole, l'Empire, et préfère s'en prendre aux huguenots du royaume.

Il participe ainsi à l'offensive catholique qui se déploie en Europe.

Le 8 novembre 1620, l'armée catholique remporte en Bohême la victoire de la Montagne-Blanche et entre à Prague. Autour du roi, son confesseur, le père Arnoux, la reine, l'Espagnole, Anne d'Autriche, se félicitent de ces succès catholiques qui renforcent l'Espagne, et donc affaiblissent la France.

Louis XIII n'a-t-il pas, dès 1618, autorisé les jésuites à enseigner à Paris, à ouvrir un collège, et ce malgré l'opposition de l'université et du Parlement ?

Or l'intérêt du royaume de France, c'est d'empêcher que se reconstitue l'empire de Charles Quint, cette menace qui, des Pays-Bas à l'Espagne, encercle la France.

Elle-même est affaiblie par la force du parti huguenot, les places de sûreté qu'il détient.

Richelieu partage le sentiment de ceux qui craignent le danger d'une rébellion protestante.

« Le mal est dans notre sang, dans nos entrailles. Le roi dissimule autant qu'il le peut, mais si Sa Majesté se met en marche pour aller hors de son royaume, il est certain que le roi d'Espagne fomentera davantage leur rébellion et qu'il leur donnera de l'argent pour mettre le feu à la maison… »

Que faire alors ?

Richelieu médite, écrit, élabore une politique alors même qu'il n'a aucun pouvoir pour la mettre en œuvre.

Dieu l'aidera peut-être mais pour l'heure c'est de Luynes qui mène le jeu, qui flatte le roi, et pour satisfaire le monarque dans son désir de chevauchées guerrières et glorieuses, le pousse à marcher avec ses armées contre les huguenots. Mais il faudra lever le siège de Montauban qui résiste, comme La Rochelle.

Et ces deux villes seront les dernières « places de sûreté » huguenotes. Pour le reste on se tient coi et, en Europe, on laisse faire l'Espagne.

Et tout cela pour le plus grand profit et la plus grande gloire de De Luynes, promu connétable de France, le 2 avril 1621.

Ce qui avive les jalousies, et les attaques contre le favori se multiplient.

Richelieu laisse faire, dire, écrire.

Il semble rester impassible quand l'un de ses proches – Fancan, chanoine de l'église Saint-Germain-l'Auxerrois – publie les *Admirables propriétés de l'Aluyne* :

Voulez-vous piper la jeunesse,
Mener en triomphe un grand roi ?
Voulez-vous blesser la noblesse,
Et aux princes donner la loi ?
Faites que toujours votre haleine
*Sente l'odeur de l'*Aluyne.

Voulez-vous piper un prince,
Attraper un gouvernement,
Acheter toute une province
Pour y régner absolument ?
Frottez-vous le nez de la Graine
*Ou bien du jus de l'*Aluyne.

Voulez-vous que la reine mère
Demeure toujours en prison
Et que le Roi soit en colère
Contre elle, sans droit ni raison ?
Faites toujours que votre haleine
*Sente l'odeur de l'*Aluyne.

Souvent Richelieu pense que ce Fancan « sent » le huguenot. Mais il lui laisse la bride sur le cou. La violence de ses pamphlets est utile. À la condition qu'on ne puisse pas les attribuer à Richelieu lui-même.

Et comment l'oserait-on alors qu'il y a dans son entourage ce père Joseph, bon catholique, capucin « bon Français ». Et bon Français, Richelieu l'est aussi.

Comme il est bon catholique et personne n'en doute. N'est-il pas évêque ?

N'aspire-t-il pas à la dignité de la pourpre cardinalice ?

161

N'entretient-il pas les meilleures relations avec l'archevêque de Metz et le cardinal de La Rochefoucauld ?

Il est l'un de ces évêques dont l'Église espère beaucoup. Et lorsqu'il évoque les tâches qu'il lui faudrait entreprendre si le roi l'appelait auprès de lui, il écrit :

« J'emploierai toute mon industrie et toute l'autorité que le roi se plaira à me donner pour ruiner le parti huguenot, rabaisser l'orgueil des Grands et relever son nom dans les puissances étrangères au point où il devrait être. »

À ce programme l'Église ne trouve rien à redire.

Mais comment parvenir à suggérer au roi cette politique qui, conduite avec mesure et détermination, devrait être bénéfique au royaume ?

Ce devrait être la politique choisie par tous les « bons Français ».

Il faudrait d'abord être revêtu de la pourpre cardinalice, qui conférerait l'immunité.

Mais de toutes parts on murmure à Richelieu que de Luynes est plus déterminé que jamais à empêcher qu'on attribue à l'évêque de Luçon cette dignité cardinale.

Le 4 novembre 1621, le nonce apostolique, Corsini, confie :

« Si l'on considère les sentiments particuliers du connétable de Luynes, il ne veut certainement pas que l'évêque de Luçon ait le chapeau... J'ai vu que le connétable ne se soucie pas au fond de l'évêque de Luçon, mais il désire que personne ne puisse découvrir le fond de sa pensée... »

Richelieu sait ce que tente de cacher de Luynes : son inquiétude. Le favori a tous les pouvoirs, mais on rapporte à Richelieu que le roi commence à se méfier de ce favori, qui est à la fois premier des ministres, garde des Sceaux et connétable.

Louis XIII attire les courtisans dans les embrasures des fenêtres, et leur chuchote, en leur parlant à l'oreille, que « de Luynes fait le roi ».

Et n'est-ce pas un crime de lèse-majesté ?

Il y a surtout dans cet hiver pluvieux de 1621 l'attaque de Montauban, la ville protestante.

Échec une nouvelle fois. L'armée royale est décimée par une épidémie de fièvre « pourpre » qui se répand parce que les eaux sont, dans le camp, fétides, chargées d'immondices. L'air lui-même est empesté. Il faut lever le siège, « le roi est au désespoir d'avoir reçu ce déplaisir ».

Et on confie à Richelieu que d'Albert de Luynes se sent perdu, qu'il murmure : « Les huguenots qui ne sont rien résistent à la puissance d'un roi, qu'est-ce que cela ?… Dieu n'est pas de mon côté. »

Au début du mois de décembre 1621, on apprend que de Luynes est touché par la maladie. Il crache du sang, l'éruption qui pourrait être salvatrice se fait mal. Et il meurt le 15 décembre.

« C'est le jugement et le choix de Dieu », murmure Richelieu en commençant à prier.

Le roi aurait dit, du bout des lèvres, sans marquer de l'émotion :

« Vous, qui savez comme je l'aimais, pouvez mieux juger de l'ennui que j'en ai. J'en ai vraiment de la douleur ; je l'ai aimé parce qu'il m'aimait, mais il lui manquait cependant quelque chose. »

Et les courtisans accablent le grand favori.

« C'était un esprit fort médiocre qui n'était guère plus propre pour les affaires que pour la guerre », dit l'un.

Richelieu d'abord se tait.

Il se recueille. Il s'arme. Il affûte ses idées.

S'il est élevé à la dignité de cardinal, alors il pourra jouer un rôle majeur au Conseil du roi.

Mais la tâche sera immense. Il faudra s'opposer au « parti espagnol » partout menaçant en Europe, bien qu'à Madrid un traité ait été conclu entre la France et l'Espagne.

Mais les intérêts des deux royaumes s'opposent. Et il faudra tout faire pour affaiblir l'Espagne. Telle doit être la politique des « bons Français ».

Et Charles d'Albert de Luynes ne la menait pas.

« Il était d'un esprit médiocre et timide, dit à son tour Richelieu ; peu de foi, point de générosité ; trop faible pour demeurer ferme à l'assaut d'une si grande fortune en laquelle il se perdit incontinent. »

17

Richelieu écrase son front entre ses paumes.

Il voudrait pouvoir chasser de sa tête ces douleurs si vives qu'elles lui donnent l'impression que son crâne va éclater, et par moments un voile noir obscurcit ses yeux.

« Je me meurs de la tête », murmure-t-il.

En cette fin janvier 1622, le roi est de retour à Paris, et à la Cour la tension est vive.

Il y a ceux qui souhaitent que la reine mère entre au Conseil avec Richelieu.

Et ceux qui, tels le chancelier de France Nicolas Brûlart de Sillery et son fils le marquis de Puisieux, tentent d'empêcher l'évêque de Luçon d'atteindre enfin cette place que son habileté, son intelligence lui destinent. Ils ont trouvé un allié dans le prince de Condé, qui rassemble autour de lui les catholiques, décidés à en finir avec les huguenots.

Richelieu sait que c'est son avenir qui se joue dans ces oppositions.

Il faut qu'il soit cardinal.

Prince de l'Église, le roi l'appellera son cousin.

On sera contraint de l'écouter, et il sera protégé par sa dignité, qui fera de lui l'une des « lumières de l'Église », « les yeux et les oreilles » du vicaire du Christ, le pape.

Mais rien n'est acquis.

Le nonce Corsini confie que Louis XIII, soulagé d'être débarrassé de ce « colosse » qu'était devenu de Luynes, est méfiant.

« À l'égard de la reine mère, dit le nonce Corsini, le roi est plein de soupçon qu'elle ne veuille l'assujettir comme du temps de Concini. Lorsqu'on voit auprès d'elle l'évêque de Luçon on peut redouter que celui-ci ne prenne pied trop avant, car sa cervelle est ainsi faite qu'il est capable de tyranniser la mère et le fils. »

On rapporte ces propos à Richelieu.

Il devine les intrigues qui se nouent pour l'empêcher d'atteindre son but, pour entraver sa marche vers le pouvoir.

Et ces oppositions qui renaissent sans fin, cette confiance du roi qui se dérobe le tourmentent.

On l'interpelle avec une jubilation cruelle. On écrit :

« Les maux de tête, les ardeurs du sang, les fièvres de lion qui ne vous quittent point, les seringues, les lancettes et les baignoires vous donnent avis que non seulement vous êtes mortel, mais que vous possédez la vie à des conditions onéreuses. »

Il prie pour chasser cette souffrance qui le traverse, des « fondements » à la nuque, comme si une épée brûlante lui déchirait les chairs, lacérait son dos, s'enfonçant dans son anus, et creusant un sillon qui irradie des hanches aux épaules.

Il s'agenouille, murmure :

« S'il plaît à la divine bonté, par l'intercession du bienheureux apôtre et bien-aimé saint Jean, me renvoyer ma santé et me délivrer dans huit jours d'un mal de tête extraordinaire qui me tourmente, je fais vœu de fonder en ma Maison de Richelieu une messe qui se célébrera tous les dimanches de l'année, et pour cet effet je donnerai à un chapelain de revenu annuel trente-six livres pour les messes qui seront célébrées en action de grâces. »

Mais la douleur ne cesse pas. Et parfois elle est si violente qu'il tente de l'étouffer instinctivement en s'abandonnant à la colère extrême, frappant les domestiques comme s'il cherchait à se libérer.

Ces gestes, ces cris de rage, ces coups qu'il donne ne sont qu'une façon de se débattre, de tenter de briser ces chaînes de souffrance.

Puis, tout à coup, il se recroqueville, il pleure, épuisé, fiévreux.

Cela ne dure qu'un instant.

Il se redresse ; en voyant les traits durcis de son visage osseux, ses lèvres minces serrées, on oublie le désespoir qui a paru l'abattre.

Il lit la lettre que vient de lui adresser le marquis de Puisieux.

Le ministre déclare qu'il va, à nouveau, appuyer la candidature de Richelieu à la dignité de cardinal, mais à condition que celui-ci réside à Rome.

Donc on veut le chasser de Paris, la pourpre cardinalice contre son exil doré.

Il ne va pas s'indigner, refuser ce marché. Au

contraire. Que pourra-t-on contre lui quand il sera cardinal ?

Il dicte au marquis de Puisieux une réponse qui vaut acceptation de la condition fixée par le ministre.

« Je recevrai sans doute par votre moyen, écrit Richelieu, l'honneur qu'il plaît au roi me procurer en considération de la reine sa mère et vous supplie de croire que je cesserai plutôt de vivre que de manquer à embrasser soigneusement toutes les occasions que je pourrai pour me revancher des obligations que je vous aurai. »

L'avenir semble s'éclairer. Le marquis de Puisieux envoie à Rome une demande solennelle en faveur de la promotion de Richelieu.

Et la reine mère est admise au Conseil du roi.

Après quelques semaines de silence, Richelieu l'invite à s'exprimer, à condamner cette campagne contre les protestants que le roi projette et que le prince de Condé soutient.

Richelieu répète qu'il faut éviter la guerre intérieure, que les villes de sûreté huguenotes – Montauban, La Rochelle – et quelques autres villes « réformées » – Nantes, Montpellier – ne constituent pas pour le royaume le péril principal.

Le danger, c'est encore et toujours l'Espagne qui installe ses soldats dans la Valteline, qui peut ainsi réunir, comme au temps de Charles Quint, le sud et le nord de l'Europe, l'Italie et l'Allemagne.

Et les garnisons espagnoles, malgré la résistance des Grisons, contrôlent les forteresses du lac de Côme à Engadine. Le passage de la Valteline est entre leurs mains.

Mais à quoi bon parler ? Mieux vaut se taire puisque le roi veut sa guerre intérieure.

Louis XIII quitte Paris à la tête de son armée, le 21 mars 1622.

Il entre à Nantes. Il prend Royan. Il bloque La Rochelle. Il gagne Castelnaudary, Carcassonne, Narbonne, Béziers, assiège Montpellier.

Son élan se brise devant la résistance de cette ville. Les femmes huguenotes sont sur les remparts. Toute la population défend la ville, et parce que les pluies d'automne commencent à tomber en averses violentes, le roi négocie.

Il confirme l'édit de Nantes mais les places de sûreté, dans cette paix de Montpellier du 9 octobre 1622, ne seront plus, comme cela avait déjà été énoncé, que deux : Montauban et La Rochelle. Et Montpellier ouvre ses portes, accueille Louis XIII.

L'orgueil du roi est sauf.

Richelieu se félicite de n'avoir porté, dès lors que le monarque avait choisi la guerre, aucun jugement sur cette campagne inutile.

Et il constate qu'on lui sait gré de son silence.

Le père Arnoux, qui s'il n'est plus confesseur du roi reste influent, le félicite.

Les docteurs de la Sorbonne le nomment en août 1622 proviseur de leur université. Et son prestige s'en trouve aussitôt accru. Il est bien le théologien, le défenseur de la foi, l'adversaire résolu de l'hérésie, auquel on ne peut plus refuser la promotion à la dignité cardinale.

Il attend, prudent et silencieux, le corps endolori, occupant son esprit et ses jours à accroître son bien.

S'il est cardinal, il devra vivre en prince de l'Église, et il y faut une fortune, des revenus, des châteaux.

Il traite avec les marchands. Il achète les comtés de Limours et de Montlhéry, le château de Rueil.

Et comme il a déjà acquis la seigneurie de Richelieu, il se trouve, dès 1622, à la tête d'un important patrimoine fait de terres et de domaines.

Il y ajoute les bénéfices de nombreuses abbayes, de Saint-Martin de Tours à Saint-Benoît-sur-Loire. Il les perçoit en « commande » sans y résider. Et il songe, s'il est promu, à céder l'évêché de Luçon, contre une pension annuelle de cinq mille livres de rente.

Il traite lui-même avec ses hommes d'affaires, jouissant plus qu'il n'imaginait possible de l'accroissement rapide de sa fortune, de ses revenus.

Aucun détail ne le rebute. Il est méticuleux, précis.

« J'approuve que vous vendiez du bois, je suis bien aise du haussement que vous faites de la ferme », dicte-t-il.

Il ne ressent aucune gêne à accumuler biens de terre, rentes, offices et œuvres d'art dont il commence à se soucier. La reine mère, Marie de Médicis, ne l'a-t-elle pas chargé de veiller à la construction de son palais du Luxembourg ? Mais ce sont ses biens personnels qui retiennent toute son attention.

Ce qui est bon pour lui l'est pour l'Église.

« Je désire monter mes bénéfices le plus qu'il se pourra par voies avantageuses à l'Église, écrit-il, afin que ceux qui viendront après moi aient l'occasion de prier pour moi... à charge de pourvoir aux cures des gens capables. »

Enfin il reçoit un courrier lui annonçant qu'il a été promu, le 5 septembre 1622, à la dignité de cardinal.

« Monseigneur, la reine vous dira de sa bouche, s'il lui plaît, que vous êtes cardinal ; car je n'oserais entreprendre sur Sa Majesté de vous annoncer cette bonne nouvelle. »

Il se sent tout à coup apaisé, les douleurs les plus vives disparaissent.

Il lui semble qu'à trente-sept ans il vient de naître.

Il se regarde, grand, maigre, ascétique presque, les joues creusées, mais les cheveux et la barbe noirs, le regard pénétrant. Il s'imagine enveloppé de la pourpre cardinalice. Il se redresse encore. Il doit devenir l'incarnation de l'autorité monarchique et de la supériorité ecclésiastique. Il est prince d'Église.

Et naturellement il ne songe pas un seul instant à se rendre à Rome, ou à y résider.

Il sera cardinal d'État, homme rouge au service du roi.

Le nouveau pape Grégoire XV, qui l'a nommé, écrit, et Richelieu lit et relit ces lettres latines, comme s'il s'agissait d'un élixir purificateur.

Au roi, Grégoire XV dit que la « haute sagesse de Richelieu est considérée dans la Gaule comme le rempart de la religion catholique, le fléau de l'audace des hérétiques, et qu'il a toujours jugé préférable de mériter les plus hautes dignités que de les obtenir ».

Puis pour Richelieu il ajoute sur le ton paternel du vicaire du Christ qui s'adresse à l'un de ses fils les plus éclairés :

« La splendeur de tes mérites brillait d'un tel éclat dans la république chrétienne qu'il importait à la Gaule tout entière que tes vertus fussent distinguées par la gloire d'insignes sacrés puisque ces distinctions font plus pour frapper l'imagination des hommes que la vertu sans ornement... Continue à augmenter en Gaule la dignité de l'Église, écrase les forces de l'hérésie sans te laisser épouvanter par les difficultés, marche sur les aspics et les basilics ; ce sont là les plus grands services que l'Église romaine attend et exige de toi. »

Il est prêt. Car la pourpre n'est pas une fin pour lui mais bien un commencement.

Il l'écrit au roi :

« Je supplie Dieu qu'Il me fasse la grâce d'être si heureux en ce dessein que mes actions me signalent encore plus que la pourpre dont il vous a plu m'honorer. »

Puis il se met en route, afin de rejoindre Louis XIII et la Cour, qui se trouvent à Tarascon.

Il oblige par son regard et son impassibilité les courtisans qui le félicitent à baisser les yeux.

Il est bien devenu « cousin du roi », prince de l'Église.

On respecte, on craint en lui la puissance à venir, celle que le roi appellera dans son Conseil, dont il entendra la voix.

Mais il ne doit pas se laisser griser.

Et lorsque le 12 décembre 1622, il entre dans la chapelle de l'archevêché de Lyon, où il va recevoir la barrette, symbole de sa dignité cardinale, il a le port modeste, presque humble.

C'est le roi qui va lui remettre le bonnet.

Et Richelieu lui offre sa vie.

« La pourpre dont il vous a plu m'honorer, dit-il, m'oblige particulièrement à ne refuser aucune occasion de me rougir de mon sang pour la gloire de Dieu, la grandeur de votre dignité royale et le service particulier de votre personne sacrée, de laquelle je serai, jusqu'au dernier moment de mes jours, aussi certainement le très obéissant et très passionné serviteur et sujet. »

Puis tout à coup, il se dirige vers la reine mère, dépose à ses pieds le bonnet rouge et dit d'une voix forte :

« Madame, cette pourpre dont je suis redevable à la bienveillance de Votre Majesté me fera toujours souvenir du vœu solennel que j'ai fait de répandre mon sang pour votre service. »

Il a voulu manifester sa double reconnaissance, sa double allégeance à la reine mère et au fils, le roi.

Mais à Lyon le soir de ce 12 décembre 1622, lorsqu'il passe parmi les princes, les courtisans qui ont répondu à son invitation, et se pressent à ce festin munificent qu'il offre, et la reine mère est là aussi, c'est à lui, cardinal de Richelieu, que tous font allégeance.

Et ce soir-là, pour un soir seulement, il le sait, il est guéri de toutes ses douleurs.

QUATRIÈME PARTIE

1623-1627

« J'ai eu ce malheur que ceux qui ont pu
beaucoup dans l'État m'en ont toujours voulu
non pour aucun mal que je leur eusse fait,
mais pour le bien qu'on croyait être en moi.
Ce n'est pas d'aujourd'hui que la vertu nuit
à la fortune et que les bonnes
qualités tiennent lieu de crimes.
On a remarqué de tout temps
que sous de faibles ministres
la trop grande réputation
est aussi dangereuse
que la mauvaise et que les hommes
illustres ont été en pires conditions
que les coupables. »

Richelieu, *Mémoires*

18

Il s'efforce de rester immobile, les mains posées sur la table.

Il prie.

Il en appelle à Dieu, à saint Jean, pour qu'il l'aide à repousser ces douleurs lancinantes, avides, qui se sont à nouveau jetées sur lui, dès qu'il a retrouvé Paris, au début de cette année 1623.

Elles prolifèrent dans cette ville des intrigues, où chaque jour, une rumeur, un propos rapporté viennent le harceler.

Il faut qu'il reste maître de lui, que la patience soit sa vertu.

Il est désormais le cardinal de Richelieu, et non le jeune évêque de Luçon qu'on peut écarter, exiler, et renvoyer dans son évêché le plus crotté de France.

Tout cela il l'a subi.

Or il est devenu une puissance, qu'on ne pourra longtemps tenir loin du Conseil.

Mais point d'impatience. Accepter les douleurs, les maux de tête, et se préparer au moment où l'on viendra vers lui pour le solliciter.

Il sera l'homme que la Providence désignera au roi, celui qui mènera la politique du royaume. Il n'y a de chemin pour lui que celui qui s'élève. Il doit être prêt. Il cède l'évêché de Luçon, comme il avait prévu de le faire, en échange d'une rente de cinq mille livres.

Il vend sa charge d'aumônier de la reine.

Et le roi lui accorde une pension de dix mille livres. Il sent le sol de la fortune se raffermir sous ses pas. Il écrit à l'envoyé de Marie de Médicis en Italie, M. des Roches :

« Faisant faire quelque fontaine et ornement en une maison que j'accommode près de Paris, je vous écris pour voir si vous ne pourriez pas faire venir quelques statues de marbre, un bassin de marbre... »

On attend de lui qu'il se conduise en prince de l'Église.

On le presse.

« Quand donc prendrez-vous le timon ? », l'interroge le père Arnoux.

On lui apporte un placet qui circule à Paris et jusqu'à la Cour et qu'il lit avec satisfaction et inquiétude. Car il ne faut pas se découvrir trop tôt. Mais peut-il rester dans l'ombre ?

Monseigneur de Luçon, vous êtes la lumière.
C'est vous qui par sagesse et qui par bonne foi,
Vos offices rendant, nous donnerez la loi.
Si bien que chacun crie au seigneur de Luçon :
Après ténèbres, viens. J'espère en ta leçon.
Post tenebras spero lucem.

Il prend connaissance d'une lettre écrite par le poète Malherbe et qu'il lit avec d'autant plus de satisfaction que n'étant pas destinée à être publiée, elle exprime l'opinion profonde, sincère de son auteur. Et ce sont là les sentiments des plus nobles esprits :

« Vous savez que mon humeur n'est ni de flatter ni de mentir, écrit Malherbe ; mais je vous jure qu'il y a, en cet homme, le cardinal de Richelieu, quelque chose qui excède l'humanité et que si notre vaisseau doit jamais vaincre la tempête, ce sera tandis que cette glorieuse main en tiendra le gouvernail. »

Mais le roi l'appellera-t-il à monter à bord du navire, afin d'y saisir la barre ?

Richelieu est partagé. Le doute l'étreint.

Le roi confie à Marie de Médicis qu'il souhaiterait que « le Cardinal s'en aille pour quelque temps à Rome ».

Et Richelieu baisse la tête quand Marie de Médicis, d'une voix rageuse et méprisante, conclut :

« Le roi ne peut pas s'empêcher d'avoir en tête certains scrupules relatifs non pas à votre fidélité, mais à votre esprit altier et dominateur. »

Comment changer l'opinion du roi ? faire en sorte qu'il acquière la conviction qu'il doit convier le Cardinal à la table du Conseil, et en faire son principal ministre ?

Richelieu voit se liguer contre lui toutes les médiocrités.

On dit redouter « son cerveau trop actif », « son intelligence et son talent ».

Le ministre Sillery et son fils Puisieux n'ont qu'une

seule obsession, le tenir à distance. Ils obtiennent le renvoi du surintendant des finances Schomberg, qu'ils savent favorable à Richelieu. Ils le remplacent par le marquis Charles de La Vieuville, qui a été maréchal de camp, et dont ils espèrent qu'il fera barrage à Richelieu.

Et comment ne pas craindre que le roi, une fois de plus, par peur de la domination de Richelieu, ne choisisse ce médiocre et ce fat de La Vieuville ?

Il semble lui laisser la bride sur le cou et se consacre à la chasse jusqu'à en être chaque jour exténué.

Il fuit la jeune reine Anne d'Autriche qui ne réussit pas à mener une grossesse à son terme. Voici déjà deux fois qu'elle perd son enfant. Et Louis XIII ne la visite plus que rarement, comme s'il la craignait.

Elle se tourne vers le jeune frère du roi dont on dit qu'il sera l'héritier du trône. Il faudrait éclairer le roi sur la situation pitoyable du royaume.

La peste est dans Paris.

L'Espagne a installé ses garnisons à Valteline. Et quand elle accepte de les retirer, elles sont remplacées par des troupes pontificales.

Le pape Grégoire XV soutient Maximilien de Bavière, élève des jésuites.

Et le royaume de France se trouve isolé, ayant renoncé à cette politique d'alliance avec les pays huguenots, telle qu'elle avait été conduite par Henri IV.

C'est l'influence de la France qui est en cause.

Richelieu rend visite à Marie de Médicis.

Elle le reçoit dans sa chambre, et il s'efforce de paraître peu soucieux d'entrer dans le gouvernement.

S'il est inquiet, c'est pour le royaume, et il faut, insiste-t-il, que la reine mère, qui assiste au Conseil, fasse entendre la voix de la raison.

« Il faut faire tenir par les Espagnols la parole qui a été donnée pour la Valteline. Il est très important pour la grandeur et la réputation du roi qu'il ne soit pas si enfermé dans son royaume qu'il n'ait plus une porte pour en sortir. »

D'autres voix doivent s'ajouter à celle de la reine mère.

Richelieu connaît des plumes acérées qui peuvent en un jour écrire un libelle dont l'écho sera entendu par le roi, par la Cour, par les ministres qui se diviseront, s'affoleront.

Il donne ses consignes et peu après les premiers écrits paraissent, déplorant « les partialités dans le Louvre, les consultations secrètes, l'éloignement des bons serviteurs du Conseil... la licence de mal faire, le gaspillage financier... »

On s'interroge, on s'étonne de l'absence du cardinal de Richelieu.

« Mais que dites-vous des élixirs et remèdes du cardinal de Richelieu ? Il serait bien capable d'en donner de bons, s'il voulait, et principalement à cette heure que son écarlate l'a mis à l'abri des atteintes de l'envie des favoris ; mais il est si accommodant à la complaisance du siècle qu'il n'ose parler non plus que la reine mère. »

Les libelles se multiplient. On sait que Fancan, familier de Richelieu, est l'un des auteurs.

Mais Richelieu se tient en retrait, aux aguets.

Lorsqu'il apprend que le roi a renvoyé Sillery et Puisieux, le père et le fils, les exilant en leur terre de Champagne, ce 3 février 1624, il croit un instant que le roi va le convoquer, lui annoncer qu'il entre au Conseil.

Mais rien ne vient, sinon la nouvelle que « le roi a substitué à la chasse avec des oiseaux la poursuite avec des petits chiens pour le renard ».

Et surtout que voyant passer le Cardinal dans la cour du Louvre, il a murmuré :

« Voilà un homme qui voudrait bien être de mon Conseil mais je ne puis m'y résoudre, après tout ce qu'il a fait contre moi. »

Richelieu est accablé par ce jugement royal.

Qu'a-t-il fait sinon aider à la réconciliation de la reine mère et de son fils ?

Qu'a-t-il voulu sinon la gloire et la grandeur pour la Couronne ?

Qu'espère-t-il ? Sinon mettre en œuvre une politique qui renforce le pouvoir du roi, face aux huguenots, aux Grands, aux Espagnols et autres nations rivales ?

Il doit faire partager ses vues, entrer au Conseil, rejeter l'accablement comme une vieille défroque trouée.

Il porte désormais le manteau de pourpre de cardinal.

Il doit d'abord affaiblir M. de La Vieuville.

Les hommes de plume s'y emploient, chaque jour, mais Richelieu ajoute quelques phrases, pleines de morgue, et en même temps de compassion attristée.

« La Vieuville songe peu aux affaires publiques, dit-il. Son esprit n'est occupé qu'aux moyens de se maintenir et le pauvre homme prend des voies du tout capables de le perdre. Il prend jalousie de son ombre. Il est haï de toute la Cour. On l'appelle la Véronique de Judas. »

L'attaque lancée, il faut attendre. Ne pas bouger. Laisser La Vieuville proposer le poste d'ambassadeur en Espagne, ou la direction d'un conseil des dépêches, qui serait chargé de la politique étrangère.

Il faut refuser ces appâts et laisser croître, encourager la rumeur.

Richelieu caresse l'un de ses chats.

Il faut être le félin qui attend, qui paraît somnoler mais qui guette.

Et La Vieuville, effrayé et fasciné, s'avance, propose en ce mois d'avril 1624 l'entrée du Cardinal au Conseil.

Ne pas saisir l'offre en abattant trop tôt sa patte.

Se faire prier, avancer sa mauvaise santé, les réserves du roi.

Mais ajouter que si, bien entendu, Sa Majesté insistait, il ne saurait y avoir d'autre réplique que l'obéissance.

Le 21 avril 1624 enfin, Richelieu entre au Conseil.

Il s'incline devant le roi, murmure :

« Que Sa Majesté sache que je n'ai d'autres desseins que la prospérité et la grandeur de son État. »

Il sent l'impatience et l'inquiétude de La Vieuville, qui voudrait le cantonner dans un rôle secondaire.

Mais il est trop tard. La patte s'est abattue. La Vieuville ne peut plus se mouvoir.

Richelieu, dès le Conseil suivant, rappelle, d'une voix ferme mais veloutée, qu'il a droit à la préséance dans le Conseil, en sa qualité de cardinal. Le précédent a été jugé du temps de Sillery, en faveur du cardinal de La Rochefoucauld. Oublierait-on qu'il est cardinal lui aussi ?

Et les libelles s'emparent de l'incident, dénoncent jour après jour l'« agitation perpétuelle » de La Vieuville, son humeur bizarre et bourrue, son esprit léger et malfaisant. « Ce n'est qu'un charlatan » incapable de connaître les remèdes qu'exige l'état du royaume.

Et on reproche à Richelieu d'endurer tout ce qui se passe « sous prétexte qu'il est homme de compagnie et qu'il veut vivre en société avec tous ».

Attendre encore.

Et quand le roi, enfin, au mois d'août le convoque, lui demandant comment mettre un terme à ces rumeurs, afin d'établir la paix dans le Conseil, Richelieu répond qu'il est « facile de détruire mais difficile d'édifier, que l'un est le diable et l'autre Dieu ».

Il faut persuader que le roi seul peut choisir de reconstituer le Conseil autour du cardinal de Richelieu. Et que le pouvoir des ministres, fussent-ils cardinaux, n'est rien face à celui du roi.

Et n'est-ce pas d'ailleurs la vérité à ne jamais oublier ?

Le roi peut tout, les ministres sont soumis à son bon vouloir.

Quelques jours plus tard, La Vieuville sort d'une audience que lui a accordée le roi au château de Saint-Germain. Le roi vient de lui annoncer qu'il faut démissionner. Dans la cour du château le capitaine des gardes du corps invite La Vieuville à monter dans le petit carrosse de Sa Majesté.

On va le conduire à Amboise, où il est exilé.

Richelieu reçoit du roi la direction du Conseil.

Il remercie et dit :

« Sire, il faut vous gouverner de telle sorte que tout le monde reconnaisse que Votre Majesté pense elle-même à ses affaires comme il est à désirer. »

C'est le 13 août 1624.

Armand Jean du Plessis de Richelieu, cardinal de France, a trente-huit ans.

19

Richelieu regarde le roi.

Puis il baisse la tête.

Il craint de laisser voir sur son visage la satisfaction et l'orgueil qu'il éprouve, le sentiment d'être parvenu là où, dans l'ordre du monde, il doit être.

Et lorsqu'il est entré dans la salle du Conseil, un ministre lui a murmuré :

« Je me réjouis de ce qu'il a plu au roi vous appeler en son Conseil étroit. »

Et il est le premier des ministres de ce Conseil.

Peu importe qu'il soit assis sur un pliant, comme chacun des ministres, le roi et la reine étant seuls installés sur une chaise, le roi au bout de la longue table rectangulaire, recouverte d'un tapis cramoisi bordé de fleurs de lys en fil doré, et la reine mère placée à la droite de son fils.

Le roi commence à parler d'une voix hésitante, butant sur chaque mot qu'il semble devoir arracher de sa gorge, et que toute sa bouche veut retenir.

« Le changement de ministre serait peu, dit-il, si je n'avais résolu d'établir un tel ordre dans mes affaires que mon royaume viendra à reprendre sa première splendeur et puissance, empêchera les desseins que plusieurs conçoivent contre la liberté publique... »

Richelieu tente d'oublier les douleurs qui, avivées par l'inconfort de ce siège, cisaillent son dos, des fondements à la nuque. Mais il réussit à les maîtriser, à ne même pas tressaillir.

Il doit retenir chaque parole du roi. Louis XIII indique qu'il veut que soit répandu dans tout le royaume et aux ambassadeurs à l'étranger ce qu'il vient de dire.

Il frappe de la paume la table :

« Je verrai mes affaires dorénavant, dit-il, et ce avec plaisir puisque ce sera avec ordre. On a cru jusqu'ici que je ne m'y plaisais pas. Savez-vous pourquoi ? J'ai été jusqu'à présent si malheureux que d'avoir des gens intéressés et si passionnés, qu'autant qu'ils me demandaient pour me parler de mes affaires, ils me parlaient de leurs intérêts et me pressaient de choses injustes, en considération de quoi je les fuyais. Maintenant je ne suis pas de même. »

Il frappe à nouveau la table.

« On verra ce que je ferai pour la réformation de mon État. »

Richelieu redresse la tête.

« Sa Majesté parlera souvent s'il lui plaît », commence-t-il.

Les mots se glissent naturellement entre ses lèvres. Il sait qu'il retient l'attention. Sa parole captive. Et il revient sur la nécessité de ruiner le parti huguenot, de rabaisser l'orgueil des Grands, de réduire tous les sujets du roi en leur devoir et de relever le nom du roi dans les nations étrangères au point où il devrait être.

Il fixe le roi.

Il veut soutenir de son regard implacable les mots qu'il prononce d'une voix persuasive, presque humble, comme celle d'un confesseur qui rassure et conseille.

« Le plus de familiarité que le roi peut avoir avec la reine sa femme est le meilleur, dit-il ; car outre que Dieu bénit ceux qui vivent bien comme Sa Majesté fait en mariage, un Dauphin est nécessaire à la France. »

Le roi n'a pas cillé, paraissant ne pas avoir entendu. Mais le visage de Marie de Médicis s'est empourpré.

Elle n'aime pas Anne d'Autriche. Elle doit considérer comme une trahison que cet évêque, qu'elle a poussé autant qu'elle l'a pu jusqu'à ce qu'il entre cardinal, et premier des ministres, dans ce Conseil, la trahisse aussitôt.

Richelieu la caresse d'un regard plein de soumission, mais dans les yeux de Marie de Médicis il ne lit que la jalousie, le dépit, le ressentiment.

Il a toujours veillé à n'être pour elle qu'un conseiller, son chancelier, même s'il a senti souvent au cours de leurs nombreux tête-à-tête que l'intimité qu'il établissait entre eux était ambiguë.

Il sait qu'on a médit, à leur propos.

« Richelieu aime les femmes et craint le roi qui est médisant », a-t-on répété à la Cour.

Parfois il le reconnaît – et il s'en fait reproche – il a eu un mouvement de vanité, quand on lui a rapporté qu'on le qualifie de « bel homme », aux mœurs raffinées, capable de séduire la reine mère, sensible à son charme, à sa prestance.

Mais il est blessé quand on assure qu'il a été rabroué par la reine Anne d'Autriche après avoir tenté de la conquérir.

Lui, l'homme d'Église, cardinal, et soucieux de ne jamais entrer en conflit avec le roi !

Or Louis XIII, s'il ne partage que de loin en loin la couche de la reine, est d'une jalousie sourcilleuse.

D'ailleurs comment Richelieu aurait-il pu approcher Anne d'Autriche ?

La surintendante de la Maison de la reine est la duchesse de Chevreuse, née Rohan-Monbazon, veuve du duc de Luynes, remariée avec le duc de Chevreuse, et qui se fait gloire de ses nombreux amants, du goût qu'elle a pour les intrigues politiques, de la détestation qu'elle éprouve pour ce Richelieu qui veut « rabaisser l'orgueil des Grands ».

Or elle est de vieille et noble souche.

C'est « la dame du royaume la plus convaincue de factions », dit-on. Pleine d'insolence elle affiche ses liaisons avec les plus grands – Châteauneuf, Chalais : « Je crois que je suis destinée pour l'objet de la folie des extravagants », dit-elle.

Ce n'est qu'une coquette, une femme de désordre, soumise à ses passions, vouée à la séduction et aux conspirations.

Une ennemie, l'une des plus dangereuses.

Comment aurait-il pu, dans ces conditions, tenter de séduire la reine ?

Il s'en tient à distance et cependant, il l'admet, il est sensible au charme féminin.

Mais sa nièce, devenue la duchesse d'Aiguillon, lui apporte ce qu'il recherche : l'affection, la grâce, le dévouement. Il s'en remet à elle pour le gouvernement de sa Maison.

Il ne veut pas connaître la nature des relations qui unissent sa « princesse nièce » et quelques-unes des femmes qu'elle reçoit, et parmi elles, une dame de la meilleure noblesse, Anne de Neubourg, mais aussi une Marion de Lorme qui se pique de bel esprit libertin, et que l'on voit acoquinée avec un sieur des Barreaux, qui fait blason de son scepticisme.

Mais Marion de Lorme est attirée aussi par la beauté d'un jeune courtisan, Cinq-Mars.

En fait il s'en convainc, il serait folie de prêter confiance aux femmes pour les affaires du royaume, ou de se compromettre en leur cédant.

Il est le prince de l'Église.

« La science d'une femme doit consister, dit-il, en modestie et retenue. »

Il ne se confie à aucune d'entre elles, fût-elle sa nièce. Et les plus lettrées tirent « beaucoup d'imperfection de leur grande connaissance ».

« Il est vrai de dire que les hommes emploient leur capacité à bien et les femmes l'emploient à mal. »

C'est le cas de la reine mère, Marie de Médicis, qu'il a servie, dont il a été conseiller, mais dont il a pu mesurer qu'elle s'abandonnait souvent à la déraison et à la démesure.

Et voilà des années déjà qu'entre la mère et le fils il a choisi le roi, c'est-à-dire, et quels que soient les penchants et les faiblesses de Louis XIII pour les jeunes et beaux courtisans, un homme, le roi.

Il ressent pourtant le besoin d'un confident.

Il l'écrit au père Joseph :

« Vous êtes le principal agent dont Dieu s'est servi pour me conduire dans tous les honneurs où je me suis élevé… Je vous prie d'avancer votre voyage et de venir au plus tôt partager le maniement des affaires. Il y en a de pressantes que je ne veux confier à personne ni résoudre sans votre avis. »

Il s'est plongé avec avidité dans les flots de dépêches qui parviennent chaque jour au Conseil.

La situation du royaume est mauvaise.

Il le voit quand il parcourt en carrosse les rues encombrées de Paris. De grands brasiers se consument ici et là. On brûle des cadavres et d'autres corps s'entassent sur des charrettes, et seront déversés dans des fosses communes.

La peste s'insinue, gangrenant toutes les grandes villes du royaume. Et le fléau frappe d'abord Paris, que la Cour devra fuir pour les châteaux de Compiègne, de Fontainebleau, de Dampierre, de Blois ou de Saint-Germain.

Mais à cette épidémie qui ronge le royaume s'ajoutent les risques d'une guerre intérieure et son cortège de malheurs.

Les huguenots se préparent à nouveau à prendre les armes, en dépit du traité signé à Montpellier. C'est tout le Sud-Ouest du royaume qui, guidé par le duc de Rohan et son frère Soubise, entre en rébellion.

La place de La Rochelle, prête à accueillir les renforts dans son grand port ouvert aux flottes des pays hérétiques, est le pivot de cette offensive.

Et puis il y a l'Espagne, serrant toujours dans le garrot de ses possessions italiennes, de son influence en Allemagne, le royaume de France.

Faut-il continuer la politique des mariages espagnols, comme le souhaitent les deux reines, Marie de Médicis et Anne d'Autriche ?

C'est la politique catholique.

Faut-il au contraire prendre langue avec les pays protestants, et pour défendre le Roi Très-Chrétien, ennemi des huguenots en son royaume, s'allier avec les Pays-Bas, et marier la sœur de Louis XIII, Henriette, avec le roi d'Angleterre Charles Ier ?

Ou bien faut-il balancer, pratiquer une « guerre couverte » contre l'Espagne, se rapprocher de l'Angleterre par le mariage d'Henriette, et tenir ainsi « deux fers au feu », jouer habilement, briser le parti huguenot en invoquant le devoir du roi de lutter contre l'hérésie, et affaiblir la très catholique Espagne ?

Mais Richelieu le sait, il ne peut atteindre ces buts que s'il a l'« oreille du roi ».

« Je représentai au roi, dit-il, que pour parvenir à une si heureuse fin, sa confiance m'était tout à fait nécessaire. »

20

Cette confiance de Louis XIII, Richelieu a l'impression que chaque jour – et même chaque heure – elle peut lui être retirée. Il s'efforce de ne pas montrer cette angoisse, ces doutes qui le tenaillent tout au long de cette année 1625, celle de ses quarante ans.

Et souvent quand le roi l'écoute, visage baissé, regard insaisissable, Richelieu a la tentation de lui remettre tous ses pouvoirs.

Et il l'a fait, plusieurs fois, et les heures qui suivent sont si douloureuses, l'attente si insupportable, qu'il s'alite, la tête brisée par des douleurs atroces, le corps moulu, toutes les articulations ankylosées, et le bas-ventre déchiré.

Et tout à coup, ce courrier qui transmet une lettre du roi.

« La confiance que j'ai en vous, écrit Louis XIII le 15 août 1625, me fait vous envoyer un messager pour vous dire tout ce qu'il sait d'important à mon service. Je vous prie de l'entendre et sur ce qu'il vous dira me donner vos avis, sur lesquels je me repose, étant très assuré qu'ils me sont donnés sans autre intention ni considération que du bien de mes affaires. »

C'est comme si les os du genou et du coude, jusque-là douloureux, avaient été, par cette missive, miraculeusement guéris.

Richelieu se lève le corps léger, agile, et on lui rapporte que les ambassadeurs étrangers, sachant l'attention du roi, le fait que le souverain s'est parfois rendu en personne auprès de son principal ministre, malade, alité au château de Rueil, et est resté plusieurs heures à son chevet, en ont conclu que l'autorité de Richelieu devient « certaine et absolue ».

Richelieu confirme ce jugement.

Il sait bien que le roi, d'un geste, d'un mot, d'un silence peut reprendre sa confiance, le rejeter hors du Conseil.

Mais il faut donner l'illusion qu'on dispose, par la volonté du roi, de tous les pouvoirs. Car c'est ainsi, quand on est présenté comme le favori, qu'on obtient le gouvernement des autres ministres.

Et il faut laisser écrire : « Leurs Majestés ne se lassent point de vos services, après avoir essayé divers conseils, elles se sont enfin arrêtées aux vôtres et vous présidez aux affaires de l'Europe en conduisant la fortune de la France. »

Et pourtant malgré ce concert de louanges, qu'en partie il organise, entretient, et en dépit des signes que le roi lui donne, le doute demeure, et la maladie est toujours aux aguets, prête à le saisir à la nuque, à le serrer entre ses crocs.

Et il joue aussi de sa « débilité de corps », qui n'est pas feinte mais dont parfois il se sert pour inquiéter Louis XIII, lui demander l'autorisation de se retirer loin du « bruit et du désordre du monde ».

C'est comme s'il lançait les dés, ayant parié toute sa fortune, et il le regrette aussitôt craignant que le souverain ne le prenne au mot, et plein d'une compassion jouée, l'invite en effet à recouvrer sa santé dans un havre de paix, un monastère, pourquoi pas à Rome ?

Alors Richelieu demande à ses hommes de plume d'écrire :

« Il y a beaucoup d'emplois dans l'État où la santé est absolument requise parce qu'il y faut agir non seulement de l'esprit, mais de la main et du corps, se transportant en divers lieux, ce qui souvent doit être fait avec promptitude. Mais celui qui tient le timon de l'État et n'a d'autre soin que la direction des affaires n'a pas besoin de cette qualité. »

Il garde donc, jour après jour, la possibilité d'agir, à l'intérieur comme à l'extérieur du royaume, décidé à renforcer et à assurer partout le pouvoir et la grandeur du roi, contre les huguenots et les Grands d'une part, et d'autre part hors des frontières, contre l'Espagne.

Je veux, dit-il, imposer « la paix à l'Espagne, qui craint la paix avec les huguenots, et la paix aux huguenots, qui craignent la paix avec l'Espagne ».

Or dès le mois de janvier 1625, le duc de Rohan et son frère, celui que Richelieu qualifie d'« infâme Soubise », ont pris les armes.

La duchesse de Rohan – fille de Sully, le ministre d'Henri IV – parcourt le pays protestant de Castres à Nîmes et Avignon. Elle roule la nuit, dans un carrosse noir, tiré par huit chevaux noirs, montés par des valets en livrée noire, et escortés par des cavaliers portant des flambeaux. Elle effraie. Elle attire. Elle harangue les paysans cévenols, elle reçoit les consuls de Nîmes, de Montauban.

Sur l'autre versant du royaume, l'infâme Soubise s'empare avec douze navires et une flotte de chaloupes de l'île de Ré et du port de Blavet. Il attaque Bordeaux, puis se réfugie à La Rochelle.

Que faire ? Briser le parti huguenot ? Mais il y a la guerre avec l'Espagne, le danger de voir se conjuguer guerre intérieure et guerre extérieure pour le plus grand malheur du royaume.

Il faut se servir des uns contre les autres.

Pour désarmer les huguenots, conclure la paix avec l'Espagne et une alliance avec les Hollandais dont les navires vont venir attaquer ceux de Soubise !

Alliance hérétique !

Des pamphlets accusent Richelieu d'être un « boutefeu », qui se sert des hérétiques de Hollande, du Palatinat, de la Savoie et même de Venise pour combattre l'Espagne, la Bavière, Gênes, la Valteline !

Mais, Richelieu ne veut s'avancer qu'après avoir obtenu l'accord de Louis XIII.

Et il l'obtient en proposant la paix aux huguenots.

« Je n'ignore point, dit Richelieu, que je m'expose à me mettre en mauvaise réputation à Rome. Mais il n'est pas d'autres voies pour venir aux fins de Sa Majesté. Ma robe me rend suspect aux huguenots, il est donc nécessaire que je me conduise en sorte qu'ils croient que je leur suis favorable. »

Il ajoute, annonçant qu'il va aussi traiter avec l'Espagne, fort de la paix… obtenue avec les huguenots :

« Les meilleurs négociateurs sont ceux qui marchent

franchement et se servent de la bonté de leurs esprits pour s'empêcher d'être surpris. »

Il réussit à conclure la paix avec l'Espagne, en même temps qu'une trêve avec les huguenots.

Et il peut présenter au roi, en mai 1625, le bilan favorable de son action. Les ambassadeurs constatent qu'il a fait preuve d'une « industrie (habileté) inaccoutumée ».

Et il a beaucoup appris en quelques mois.

« J'ai découvert, confie-t-il, comme il y a des gens qui veulent abondamment la guerre contre les huguenots, sans regarder si le temps y est commode ou non ; il y en a une cabale d'autres qui veulent embarquer le roi à la guerre contre l'Espagne et à la paix avec lesdits huguenots, sans considérer si c'est le bien du roi ou non… »

Et il soupçonne que dans l'entourage du roi, dans celui de la reine Anne d'Autriche, des agents de l'ambassadeur d'Espagne dénoncent la politique qu'il conduit, soucieuse de l'intérêt du roi et du royaume, servant l'État d'abord, sans nuire à l'Église mais en ne se soumettant pas aux vœux de la papauté.

Et, durant ces premiers mois de 1625, c'est dans cet esprit qu'il veut mener à bien le mariage d'Henriette – la sœur de Louis XIII, à peine âgée de seize ans – et Charles Ier, roi d'Angleterre depuis la mort de Jacques Ier, le 27 mars 1625.

Il n'ignore pas que l'affaire est difficile et qu'il peut trébucher à chaque instant, tomber dans l'un des pièges qu'on lui tend. Le pape Urbain VIII, entouré de cardinaux favorables à l'Espagne, s'inquiète de cette union entre la sœur du Roi Très-Chrétien, Louis XIII, et un roi hérétique.

Richelieu négocie, justifie sa politique auprès du pape, le convainc que les conditions sur lesquelles les deux rois se sont mis d'accord sont favorables à l'Église catholique.

Henriette est dotée de quatre-vingt-huit mille écus, mais les catholiques anglais bénéficient de la liberté de conscience. Henriette et sa « Maison » auront la liberté de pratiquer la religion catholique, les enfants pouvant jusqu'à l'âge de douze ans rester dans la religion de leur mère.

Le pape, les dévots ne peuvent que s'incliner devant ce que Richelieu a obtenu.

Et cependant Richelieu est inquiet. Il craint l'influence et l'action du Premier ministre de Charles Ier, Georges Villiers, duc de Buckingham, le favori du roi.

Richelieu a réussi à s'attacher les services de Lucy Percy, comtesse de Carlisle, que Buckingham a aimée mais qu'il néglige désormais. La déception, l'amertume en font une « espionne » dévouée.

Elle trace un portrait de Buckingham, qui confirme les renseignements que par ailleurs Richelieu obtient.

Avec Buckingham, pense-t-il, « la raison y perd son escrime ».

« Buckingham, dit Richelieu, est un homme de peu de noblesse de race, mais de moindre noblesse encore d'esprit, sans vertu et sans étude, mal né et plus mal nourri. Son père avait eu l'esprit égaré, son frère aîné était si fou qu'il fallait le lier. Quant à lui il est entre le bon sens et la folie, plein d'extravagances, furieux et sans bornes en ses passions. »

Dès le 24 mai 1625, Buckingham est à Paris, avec mission de conduire Henriette, reine d'Angleterre – elle a épousé il y a une semaine le roi d'Angleterre par procuration – à Londres. Lorsque Richelieu l'aperçoit, plastronnant, extravagant dans son habit de velours blanc garni de diamants, toutes les appréhensions se trouvent confirmées.

Le duc, disent les valets qui renseignent Richelieu, dispose de vingt-sept habits, tous plus munificents les uns que les autres.

Il s'est installé à l'hôtel de Chevreuse, rue Saint-Thomas-du-Louvre.

Il parade dans la grande galerie du palais du Luxembourg, où Marie de Médicis le reçoit, et tente de lui faire admirer les vingt et une toiles que Rubens a peintes et qui racontent la vie de la reine mère, sorte de Junon plantureuse en manteau bleu fleurdelisé.

Mais le duc de Buckingham n'a d'yeux que pour la jeune reine Anne d'Autriche, seule au milieu de ses dames d'honneur, puisque son mari Louis XIII a préféré une partie de chasse à cette réception.

Et il n'assiste que quelques instants à celle que donne Richelieu à toute la Cour.

Richelieu a voulu que la collation et le feu d'artifice soient dignes du succès diplomatique qu'il a obtenu avec ce mariage, et à la mesure de son rang, et de la magnificence de la France.

Mais Richelieu ne peut jouir pleinement de ces moments qui devaient être ceux de la gloire. Il voit le duc de Buckingham suivre la reine Anne d'Autriche, la rejoindre, oser et multiplier les prévenances insistantes.

Est-il jaloux d'Anne d'Autriche ?

Richelieu d'une moue méprisante écarte cette pensée, qui s'est fichée en lui quand il a vu Anne d'Autriche répondre avec un élan mesuré à Buckingham, comme si entre cet homme et cette femme une intimité spontanée s'était créée. Et Richelieu se mord les lèvres.

Il y a là une source d'ennuis, de l'inconvenance, de l'imprudence.

Louis XIII est un homme jaloux. Il ne rend que de rares visites à Anne d'Autriche, sa blonde reine aux yeux bleus, aux lèvres gourmandes d'une jeune femme de vingt-trois ans avide de plaisir, sensible aux compliments, mais il la surveille.

Le 2 juin 1625, les Parisiens assistent au départ d'Henriette reine d'Angleterre qui quitte Paris, en compagnie du caracolant et somptueux duc de Buckingham.

Richelieu, le matin même, a lu un libelle écrit sans doute par un membre de la Maison d'Anne d'Autriche, et son inquiétude, sa jalousie s'en trouvent exacerbées.

« Le duc de Buckingham, lit-il, a paru à la Cour avec tant d'agrément et de magnificence qu'il a donné de l'admiration au peuple, de la joie et quelque chose de plus aux dames, de la jalousie aux galants et encore plus aux maris... Durant les sept jours qu'il a passés à Paris il a été vu de la reine régnante avec une grande joie qui n'était pas sur le visage seulement mais qui pénétrait jusqu'au cœur. Dès le premier jour la liberté entre eux a été aussi grande que s'ils se fussent connus depuis longtemps. »

Richelieu a même le sentiment que cette familiarité entre Anne d'Autriche et Buckingham se fait à ses dépens. Il lui semble, à certains regards, qu'on se moque de lui, qu'on le traite avec hauteur et mépris.

Il voit Louis XIII, et avançant à mots comptés, il suggère qu'Henriette et Buckingham empruntent pour se rendre à Boulogne un itinéraire différent de celui que suivront Anne d'Autriche et Marie de Médicis. Les deux cortèges se retrouveront à Montdidier et entreront ensemble à Amiens, le 7 juin 1625.

Louis XIII approuve Richelieu d'un simple hochement de tête, mais il scrute longuement le visage du Cardinal. Richelieu ne s'y trompe pas : Louis XIII lui non plus ne veut pas qu'Anne d'Autriche soit exposée, pendant les hasards d'un voyage, aux entreprises de Buckingham.

Richelieu exige qu'à toute heure du jour et de la nuit on le tienne informé de la marche des deux cortèges, de leur rencontre à Montdidier dans cette petite ville envahie d'une foule immense.

L'accueil est aussi chaleureux à Amiens.

Les discours se succèdent rappelant que cinq filles de France ont été reines d'Angleterre. Henriette, logée au palais épiscopal, jeune épousée de seize ans, reçoit trois cent cinquante « petites bêtes » pour la divertir !

L'un des courriers signale que le duc de Buckingham n'a pu approcher Anne d'Autriche.

L'écuyer de la reine applique les consignes reçues. L'Anglais doit être tenu éloigné de la reine de France.

Elle loge dans une maison qui a été aménagée pour la recevoir, qui dispose d'un jardin où la reine aime à se promener.

L'écuyer de la reine s'est par discrétion écarté

quand le duc de Buckingham s'est approché d'Anne d'Autriche.

« Le duc de Buckingham, brillant par la magnificence de ses habits et par sa bonne mine, avait dansé toute la journée. Le soir venu, dans le jardin il s'est montré pressant.

« Le duc a dû se montrer hardi. La reine a poussé un cri, et son écuyer s'est aussitôt précipité, a tenté d'arrêter le duc anglais, qui a profité de la nuit tombée pour s'enfuir, se perdant parmi la foule des dames et des courtisans.

« L'honneur de la reine Anne d'Autriche est demeuré sauf », conclut le courrier.

Richelieu est anxieux.

La reine s'est compromise en s'éloignant seule avec le duc de Buckingham. Et Richelieu craint que celui-ci, encouragé par l'attitude de la reine, ne récidive.

Richelieu apprend que le duc s'est agenouillé à la portière du carrosse d'Anne d'Autriche. On murmure qu'il aurait pleuré et la reine lui aurait manifesté sa pitié.

Est-ce la manière d'être d'une reine de France ?

À Boulogne, terme du voyage, Buckingham se présente à la reine mère Marie de Médicis, et celle-ci lui accorde une audience. Elle le reçoit « quoique Sa Majesté fût dans son lit ».

Et lorsqu'elle apprend que Buckingham sollicite la même faveur d'Anne d'Autriche, alitée pour cause de saignée, Marie de Médicis lance :

« Eh ! pourquoi ne le ferait-elle pas ? Je le fais bien moi-même. »

Anne d'Autriche accorde donc l'audience.

Buckingham après trois révérences se jette à genoux et ce que rapporte l'informateur scandalise Richelieu.

« Le duc s'adresse à la reine, lui dit les choses les plus tendres. Mais la reine – feint-elle ? – ne répond que par des plaintes de sa hardiesse, et lui ordonne sévèrement de sortir. »

Buckingham avant de s'éloigner promet de revenir.

Le mal est fait et Richelieu est inquiet.

Buckingham peut se muer en ennemi, pour se venger, compenser sa déception, et le roi est jaloux.

Louis XIII a congédié les principaux domestiques de la reine et il n'écoute pas Marie de Médicis, qui lui explique que la reine, aurait-elle voulu « faire », ne l'eût pas pu, à cause des courtisans présents, des dames d'honneur. Et qu'elle n'avait pu empêcher que le duc de Buckingham n'eût de l'estime et même de l'amour pour elle.

« Ces raisons, conclut l'écuyer d'Anne d'Autriche, n'éteignent pas la jalousie du roi. »

Il faudrait « tenir » Buckingham, plier l'orgueil de la reine d'Autriche.

Richelieu s'en remet à la comtesse de Carlisle, jalouse, décidée à se venger de Buckingham, auquel elle ne pardonne pas l'amour qu'il éprouve pour la reine de France.

Elle avertit Richelieu de ce que Buckingham arbore des ferrets d'argent, d'or et de brillants, un cadeau de Louis XIII à Anne d'Autriche. Et la reine de France a dû les donner au duc anglais !

Vrai, faux ? Richelieu hésite. La comtesse de Carlisle

vole les ferrets, et pourtant la reine Anne d'Autriche en est, quelques jours plus tard, parée !

Buckingham a-t-il fait fermer les ports pour empêcher la comtesse de Carlisle de se rendre à Paris ?

A-t-il fait fabriquer de faux ferrets, et sont-ce ceux-là que la reine porte, évitant le piège qui aurait pu se refermer sur elle ?

Qui le saura ?

Mais Richelieu constate que le roi est dévoré par la jalousie, que Buckingham s'obstine à vouloir revenir en France, ce que Louis XIII lui interdit. Richelieu est amer.

Est-ce parce que ces petites passions affaiblissent, compromettent l'alliance entre la France et l'Angleterre que le mariage d'Henriette et de Charles Ier aurait dû établir durablement ?

À moins que l'amertume qu'il ressent soit le nom qu'il donne à la jalousie.

La reine Anne d'Autriche, cette jeune femme, cette reine séduisante et distante voire méprisante qu'il côtoie, a accordé à Buckingham une attention bienveillante, et peut-être davantage.

Cette pensée s'insinue en lui comme une dague rougie au feu, qui s'enfonce jusqu'à la garde.

21

Il a quarante et un ans et chaque jour de cette année 1626 qui commence le persuade qu'il ne connaîtra jamais la sérénité.

Les tourments et l'angoisse, dès lors qu'on est mêlé au gouvernement des hommes, qu'on doit affronter leurs ambitions, leur haine, ne cesseront jamais.

À peine une lettre de Londres lui a-t-elle annoncé que le mariage d'Henriette et de Charles Ier a été « consommé à Cantorbéry à leur commune satisfaction » que déjà s'annoncent les orages.

La peste ravage Londres. On dénombre plus de sept mille décès par semaine et la mort ne trie pas entre catholiques et protestants. Elle dévore ses proies. Mais les hommes restent prisonniers de leurs passions aveugles.

Richelieu n'est pas surpris d'apprendre que Buckingham, amer et vindicatif, déçu de ne pas avoir pu poursuivre son idylle avec Anne d'Autriche, et craignant l'influence d'Henriette, la Française catholique, harcèle cette jeune reine d'Angleterre.

Il veut renvoyer en France la Maison d'Henriette,

ses dames d'honneur, ses confesseurs. Plus de Français autour d'elle ! Les « espions » rapportent à Richelieu que le roi d'Angleterre a dit à Henriette :

« Je ne veux plus de ces gens qui vous entourent. Ils m'empêchent de vous posséder tout entière. »

« La reine a été si surprise qu'elle tomba par terre et fut longtemps sans parler. Revenant à soi elle éclata en cris qui étaient capables de faire fendre les rochers. Elle s'est jetée aux pieds du roi, lui a embrassé les genoux, baisé les pieds, lui demandant pardon pour les personnes de sa Maison, si elles l'avaient offensé, lui rappelant les promesses portées par le contrat de mariage et ses serments dont Dieu est le vengeur. »

Mais Charles Ier et Buckingham ne cèdent pas. Les ordres sont donnés, on entraîne les proches d'Henriette. Celle-ci se précipite, bondit, brise les vitres avec sa tête, se montre une dernière fois à ses dames d'honneur.

Richelieu repousse ses missives, ferme les yeux, la tête traversée par ses douleurs lancinantes.

Il avait voulu, par ce mariage, disposer, auprès du roi d'Angleterre, en la personne d'Henriette, d'un ambassadeur efficace, et voilà qu'au contraire le conflit anglo-français, protestant-catholique devient une querelle intime et passionnelle !

C'est à désespérer !

Et d'autant plus qu'il constate que sa politique soulève partout hostilité, rancœur, haine, jalousie.

Buckingham, au centre du pouvoir anglais, estime que les clauses du mariage français ont favorisé les catholiques. Les protestants français pensent de même.

Mais le pape et l'Espagne ont une opinion opposée !
Et la font connaître.

Un pamphlet, *Mysteria politica*, écrit en latin par
un jésuite, le père Keller, confesseur de l'Électeur de
Bavière, est diffusé dans toute l'Europe, traduit en
français, en allemand, en espagnol, en italien.

Il flétrit Richelieu, ce prince de l'Église, qui trahit
la cause catholique.

Il accuse Louis XIII, « le roi chasseur » – *rex vena-
tor* –, de s'abandonner à cette passion et de laisser faire
son ministre. On menace même Louis XIII d'excom-
munication !

Quant à Richelieu, ce n'est qu'un loup, de noblesse
vulgaire, aux penchants et aux perversions maléfiques,
évêque fornicateur, et dont on peut soupçonner les
aventures galantes, peut-être même avec la reine mère
Marie de Médicis. Le Cardinal concupiscent n'a pas
hésité à tenter de séduire et de suborner la reine Anne
d'Autriche.

Il est l'« homme rouge » – *ruber homo* – épiant
sans répit la reine mère, surveillant ses fantaisies, ses
moindres gestes, ses signes de tête, ses entretiens, collé
aux parois les plus dissimulées des réduits secrets,
tapi dans un angle comme une araignée hideuse à
l'affût... Richelieu est aimé comme les serpents le
sont des cigognes...

La lecture de ces pamphlets l'accable. Il frissonne.

Comment peut-il être l'objet de tant de haine ?
L'envie-t-on d'être le principal ministre ?

Il y a plus que cela qui serait banal.

On le condamne, on le maudit, on le hait pour avoir
« retourné » la politique du roi, et de la reine mère,

abandonnant ainsi les « mariages espagnols », pour le « mariage anglais ».

Ce cardinal de Richelieu veut-il favoriser l'hérésie ?

Richelieu sent bien en ces premiers jours de l'année 1626 que certains à la Cour songent à le chasser du Conseil en le perdant dans l'esprit du roi. Et pourquoi ne pas lui faire subir le sort qu'a connu Concini, maréchal d'Ancre ?

Richelieu le pressent : on souhaite sa mort.

Ses espions n'osent pas évoquer cela mais ils disent tous : « Le bruit court par la Cour et dans tout l'État qu'il s'y forme une grande cabale. »

Peu à peu pourtant il échappe à l'angoisse qui l'a saisi.

Il est même surpris par la violence de ce qu'il ressent : un désir, une volonté de faire face, de vaincre, d'imposer sa politique à cette alliance des médiocres, des envieux.

Il lui semble qu'il retrouve ce qu'il a éprouvé quand, destiné à la carrière des armes, il apprenait à l'académie d'Antoine de Pluvinel, écuyer du roi, à maîtriser une monture rétive, à tirer l'épée. Et il était bon cavalier et bon escrimeur.

Ses adversaires d'aujourd'hui – ses ennemis – vont découvrir qu'il n'est pas seulement un prince de l'Église mais un combattant.

À la tête de cette grande cabale, il y a Gaston, Monsieur le frère cadet du roi, duc d'Anjou – et bientôt duc d'Orléans. C'est l'enfant chéri de Marie de Médicis auquel ses proches – le maréchal d'Ornano, premier gentilhomme de la chambre de Monsieur –

répètent qu'il pourrait succéder au roi. Louis XIII n'est-il pas souffreteux, sans descendance ?

L'on ajoute que la reine Anne d'Autriche pourrait alors se remarier avec Gaston.

Les bâtards légitimés d'Henri IV, le duc de Vendôme et Alexandre, le prieur de Malte, Mme la duchesse de Chevreuse, et même le comte de Chalais, maître de la garde-robe du roi, participent à cette grande cabale, à cette « effroyable conjuration ».

Ils imaginent qu'ils vont obtenir du roi la disgrâce de son cardinal, et si ce n'était pas le cas, un coup de dague ou de pistolet mettrait fin à l'influence de Richelieu.

Richelieu, une nouvelle fois, lit toutes les pièces qui confirment l'existence de la conjuration, et son but. Il doit agir, prendre de vitesse les conjurés, même si, il le dit au roi, en accusant le maréchal d'Ornano et Gaston, « en matière de conspiration il est presque impossible d'avoir des preuves certaines ».

Mais il ajoute :

« Quand les conjonctures sont pressantes les présomptions doivent en tenir lieu, car souvent on n'a l'entier éclaircissement d'une conjuration dans un État que par l'événement qui est incapable de remède. »

Richelieu fixe le roi, qui n'hésite que quelques instants puis décide que six compagnies de gardes françaises, les mousquetaires, les gendarmes et les chevau-légers de sa garde, le rejoindront au château de Fontainebleau. Et il convoque le maréchal d'Ornano.

Jamais Richelieu n'a vu le roi aussi déterminé.

Le 4 mai 1626, à dix heures du soir, douze gardes armés vont arrêter d'Ornano.

Puis Louis XIII demande à Richelieu de recevoir le prince de Condé, qui souhaite rentrer à la Cour.

« Vous lui direz la confiance que j'ai en vous, me servant comme vous faites, poursuit Louis XIII. Je la témoigne avec satisfaction et prie Dieu qu'il vous ait, mon cousin, en sa garde et vous donne une parfaite santé. »

Le premier coup a porté.

Et Richelieu sait que, dans un duel, c'est l'ouverture, la première et fulgurante attaque, qui scelle le sort du combat.

La surprise de l'assaut plonge l'adversaire dans le désarroi et même la panique.

Richelieu reçoit le comte de Chalais qui, avec les faiblesses d'un homme jeune, se trouble, puis avoue que les conjurés avaient décidé qu'au cours d'un dîner, qui devait se tenir au château de Fleury, en présence du Cardinal, un tumulte serait organisé, et durant cette feinte querelle, on tirerait épées et poignards, et comme par mégarde, on égorgerait le Cardinal.

Richelieu ne s'est donc pas trompé.

La grande cabale, c'est son assassinat.

Il faut avertir Louis XIII.

Le souverain écoute, convoque Gaston, terrifie son frère par une soudaine et violente colère, exige de lui serment de fidélité, obéissance, acceptation du mariage qu'il a jusqu'alors refusé, avec Mlle de Montpensier.

Richelieu se tient en retrait, tête baissée, comme si la pâleur, les tremblements, les balbutiements de Gaston le gênaient.

Il est toujours triste de voir un homme, Monsieur frère du roi, se décomposer, se soumettre.

Et en même temps, on éprouve du plaisir.

On a la pointe de l'épée sur la gorge du vaincu dont l'arme brisée a volé au loin.

Et pour que la victoire soit complète, Louis XIII fait arrêter ses demi-frères, César, duc de Vendôme, et Alexandre, grand prieur de Malte.

« Mes frères ? lance Louis XIII. C'est une autre race de chiens ! »

Mais Richelieu ne savoure sa victoire qu'au moment où un courrier lui remet une lettre du roi, datée du 9 juin 1626.

C'est la réponse que Louis XIII fait enfin aux missives, presque des suppliques, que Richelieu a écrites au souverain. Il proposait de se retirer, suppliant le roi de le décharger du fardeau des affaires.

Coup de dés. Manière de forcer le roi à choisir de le rejeter ou de lui renouveler sa confiance, de le légitimer une nouvelle fois.

Il lit lentement la lettre du roi, et la pression qui comprimait douloureusement ses tempes faiblit. Le roi le consacre ministre éminent de son Conseil :

« Tout, écrit-il, grâce à Dieu, a bien succédé depuis que vous y êtes. J'ai toute confiance en vous et il est vrai que je n'ai jamais trouvé personne qui me servît à mon gré comme vous. Assurez-vous que je ne changerai jamais et que quiconque vous attaquera, vous m'aurez pour second. »

Il est touché par les quelques mots qui terminent cette lettre. Le roi le prie de le rejoindre à Blois, « si sa santé le permet ».

Il se sent capable d'aller au bout du royaume tant son énergie est grande.

Au château de Blois il s'incline longuement devant le roi qui, le prenant par le bras, l'invite à se redresser, lui annonce que le mariage de Monsieur avec Mlle de Montpensier aura lieu à Nantes.

Mais, à peine le roi s'est-il éloigné, que Richelieu apprend de la bouche de ses espions qu'on a surpris, la nuit, le comte de Chalais allant s'enfermer dans la chambre de Monsieur en y passant plusieurs heures à conspirer. Que, malgré l'arrestation du maréchal d'Ornano, du duc de Vendôme, du grand prieur de l'ordre de Malte, la grande cabale demeure active.

Le comte de Chalais, l'homme qui pourtant a tout dévoilé, conspire avec passion. La duchesse de Chevreuse, qu'il aime passionnément, l'invite à agir, à convaincre Monsieur de quitter Blois, de soulever Paris, de renoncer à son mariage, de se réfugier en Lorraine ou en Guyenne, et pourquoi ne pas rassembler autour de lui des hommes en armes, et contraindre le roi à plier, à chasser Richelieu ?

Richelieu est tout à coup las.

C'est comme si des ennemis aux mains nues se précipitaient vers lui, vainqueur du duel, tenant encore la lame hors du fourreau.

Pourquoi ce Chalais, ce jeune homme, ne comprend-il pas que le combat est perdu ?

Il faut l'avertir, lui faire dire qu'« il n'a plus de sûreté à la Cour sur la parole du Cardinal ».

Mais Chalais persiste, prépare le départ de Gaston.

Alors qu'on l'arrête, qu'on l'enferme au fond de l'une des tours du château de Blois.

« Je crains plus une longue prison que la mort, n'était l'ignominie », dit Chalais au moment où on se saisit de lui.

Richelieu prie.

Il ressent de la compassion pour ce jeune et bouillant comte de Chalais, qui s'est jeté dans l'abîme comme quelqu'un qui marche à l'aveugle, si passionné qu'il ne peut plus voir avec les yeux de la raison.

Comment a-t-il pu croire que Gaston, Monsieur frère du roi, aurait suffisamment de courage pour se dresser contre son aîné Louis XIII ? Ces pensées habitent Richelieu qui, debout derrière le roi et la reine mère, écoute Gaston, que le roi a convoqué.

Gaston répond à toutes les questions de son frère, de sa mère, comme un enfant fautif, penaud, apeuré.

Il livre le nom de tous ses complices. Il accable le comte de Chalais.

Et lorsque Richelieu lui annonce, au nom du roi, qu'on lui attribuera, après son mariage avec Mlle de Montpensier, la plus riche héritière de France, un bel apanage – les duchés d'Orléans, de Chartres et le comté de Blois jusqu'à concurrence de cent mille livres de rentes –, il s'épanouit, ajoute que Chalais voulait soulever Paris contre le roi, que Chalais lui a conseillé de fuir.

Tout à coup il s'arrête. Il ne veut pas qu'on condamne Chalais. Il veut le sauver, répète-t-il en s'adressant à la reine mère.

Judas, qui se soucie encore de lui et qui ne veut sauver le comte de Chalais que parce qu'il vient de comprendre que s'il le laissait condamner, il ne trouverait plus personne qui voulût le servir...

Le 5 août 1626, Gaston, Monsieur frère du roi, et bientôt duc d'Orléans, épouse Mlle de Montpensier dans la chapelle de l'Oratoire de Nantes, et Richelieu le lendemain dit pour toute la Cour la messe dans le couvent des Minimes.

« Il ne fut jamais vu de mariage si triste », murmure-t-on.

Richelieu pense à Chalais.

Il veut connaître cette grande cabale jusque dans les recoins.

Il veut que Chalais dévoile tout ce qu'il sait et qu'il garde encore par-devers lui. Et le comte, tiré de sa prison, n'est plus qu'un naufragé prêt à parler, si on promet de le sauver.

Richelieu n'hésite pas.

« Vous aurez votre grâce, dit-il à Chalais. Je vous réponds de votre vie sur la mienne. Dès que je me serai tiré de l'affaire que mes ennemis ont tramée contre moi je ferai en sorte que le roi vous comble de biens et d'honneurs au-delà de ce que vous pouvez espérer. »

Mensonge ?

Richelieu repousse ce mot au fond de lui.

La grâce de Chalais dépend du roi, et Richelieu ne demandera pas la tête du malheureux mais la justice du roi passera.

Et Chalais parle, s'accable, accuse ses complices, dénonce la duchesse de Chevreuse, la plus ardente à espérer la mort du Cardinal et celle du roi.

Et Richelieu, à la duchesse qui vient, pleine de morgue, s'indigner qu'on la suspecte d'être de la grande cabale, Richelieu, sans mot dire, tend le texte de la dénonciation de Chalais.

C'est le temps des juges et des bourreaux qui commence. Chalais ne sera pas jugé par une juridiction ordinaire. Une chambre de justice a été constituée devant laquelle il va comparaître.

Richelieu sait qu'elle le condamnera. Elle a été réunie pour cela.

Mais il a promis à Chalais de plaider en sa faveur.

Alors il parle au roi, des « hommes qui en tant que créatures sont sujets à faillir, et dont la malignité bien souvent n'est pas si opiniâtre qu'elle ne puisse être corrigée ».

Il ne va pas au-delà.

Il n'a parlé que du bout des lèvres.

Il n'a pas reçu la mère du comte de Chalais, une Montesquiou, une princesse, qui implore : « Ayez pitié... »

Mais les juges choisis rendent, le 18 août 1626, leur verdict impitoyable.

Le comte de Chalais est « déclaré atteint et convaincu du crime de lèse-majesté, pour réparation duquel il est condamné à avoir la tête tranchée en la place du Bouffay – à Nantes –, sa tête mise au bout d'une pique sur la porte de Sauvetout, son corps mis en quatre quartiers, chaque quartier attaché à des potences aux quatre principales avenues de la ville et, auparavant l'exécution, mis à la torture, tous ses biens confisqués, sa postérité déchue de noblesse ».

Le 15 août, fête de l'Assomption, le Cardinal donne la communion au roi et à la famille royale. Puis il prêche. Et le 19 août, Louis XIII fait dire à Chalais qu'il lui remet toutes les peines « hormis la mort ». Richelieu remercie Dieu et le roi de cet acte de clémence.

Mais le 19 août on cherche en vain le bourreau.

Richelieu apprend que l'exécuteur, soudoyé par Monsieur, a quitté la ville, mais la rumeur se répand que c'est le Cardinal qui a organisé sa fuite, pour laisser au roi le temps d'accorder au condamné sa grâce.

À la fin du jour, un bourreau et son aide sont debout sur l'échafaud. Ce sont des prisonniers promis au gibet et qui ont sauvé leur vie au prix de l'exécution de Chalais.

Richelieu écoute les yeux clos le récit de cette exécution. Il voit Chalais courageux, marchant vers l'échafaud, en baisant plusieurs fois la croix de son chapelet, puis s'agenouillant devant le bourreau, lui disant : « Ne me fais point languir. »

L'exécuteur frappe d'un coup d'épée. Et la tête ne se détache pas. Chalais murmure.

On le frappe encore à trois reprises, mais l'exécuteur est sans force, l'épée achetée au rabais, mal effilée, et la tête ensanglantée n'est pas tombée.

Chalais murmure au prêtre qui se penche : « Jésus Maria. »

Il faut en finir.

L'exécuteur jette l'épée, se saisit d'une « doloire » dont se servent les tonneliers.

Il donne trente-quatre coups.

« Il a été contraint de retourner la tête de l'autre

côté pour l'achever de couper, le patient criant jusqu'au vingtième coup, disant "Jésus Maria" et "*Regina Cœli*". »

Le sang, Richelieu le voit après avoir entendu ce récit.

Le sang, Richelieu le croit, appelle le sang.

Le maréchal d'Ornano est mort de maladie au château de Vincennes. Mais ses amis se joignent à ceux de Chalais dans leur haine, et promettent de tuer ce cardinal impie.

Il le sait. Il ne se déplace plus que gardé par une escorte de trente gentilshommes prêtés par le roi et auxquels s'ajoutent ses propres gardes.

Mais la haine, le désir de vengeance sont là.

La mère du comte de Chalais lui dit, les yeux injectés de sang à force d'avoir pleuré, la voix tendue par la fureur :

« Si mon fils a été criminel vous l'êtes aussi vu qu'il n'a rien été fait en cette affaire que par votre conseil. »

Il ne répond pas. Il monte dans son carrosse escorté par ses gardes.

Ses ennemis vaincus n'oublieront rien, le poursuivront de leur vindicte haineuse, rêveront à sa mort et tenteront de la provoquer.

Il doit être gardé.

« C'est une fâcheuse chose, confie-t-il, d'être contraint de se faire garder, étant certain que, dès lors qu'on est réduit à ce point, on peut dire adieu à sa liberté. Cependant s'il fallait encore refaire les choses que j'ai faites, je les referais de très bon cœur et plus ils chercheront ma vie et plus chercherai-je à servir le roi. »

217

Il médite, il prie, la tête douloureuse pleine de rumeurs qu'on lui rapporte.

« Les amis de Monsieur, lui dit un espion, se vantent que quand le prince le voudra, il viendra enlever le ministre à la tête de deux cents chevaux. »

Il sait que c'est possible.

La reine Anne d'Autriche le hait autant que Monsieur. Convoquée par le roi qui l'accuse d'avoir voulu sa mort pour épouser Gaston d'Orléans, elle s'est exclamée « outrée de douleur qu'elle aurait trop peu gagné au change pour vouloir se noircir d'un crime pour un si petit intérêt ».

Louis XIII pardonne, mais Anne d'Autriche, humiliée, blessée, démasquée, n'oubliera rien.

Elle peut se joindre à ceux qui rêvent d'assassinat.

Richelieu songe souvent lorsqu'il traverse une cour, longe une galerie, qu'il peut voir s'avancer vers lui des spadassins.

On ne peut jamais extirper tous les acteurs d'une conspiration. Il y a les parents, les enfants de ceux que l'on châtie. Les prisonniers que l'on relâche. Tous sont prêts « à faire le diable ».

Et puis il y a les femmes, qui ne perdent point leur mécontentement et leur rage.

Et Anne d'Autriche est reine de France, humiliée.

Et Marie de Médicis, reine mère, jalouse.

Quant à Mme de Chevreuse elle n'est que duchesse mais c'est elle que le désir de vengeance torture à chaque instant, c'est elle qui inspire les pamphlétaires.

Ils écrivent que ce Cardinal, allié des hérétiques, a fait empoisonner le maréchal d'Ornano, a monté de toutes pièces une machination pour trancher le cou à

tous ceux qui s'opposaient à lui, et d'abord ce pauvre
et courageux comte de Chalais.

Ils précisent que Richelieu veut ruiner la Maison
de Bourbon et régner à sa place.

« Le roi étant idiot et incapable de gouverner, c'est
le Cardinal qui tient les rênes et mène le train. »

Et cela, il ne faut pas le souffrir.

La vie n'est qu'une suite ininterrompue de duels.

22

Richelieu, au moment d'entrer dans la salle du Conseil, paraît hésiter, marque un temps d'arrêt, semblant même prêt à reculer.

Son visage, baissé, exprime le doute, comme s'il était tenté de ne plus jamais dégainer, cessant d'être cet homme qu'entoure une garde d'au moins cinquante mousquetaires.

Ils sont là quand il traverse la cour du Louvre, pour se rendre chez le roi. Ils pénètrent avec lui dans la chapelle, ils ne le quittent pas lorsqu'il dit la messe en présence du roi, de la reine Anne d'Autriche, des courtisans.

Et la tentation du retrait le saisit par saccades, comme une douleur, une fièvre qui va et vient.

Il prend la plume, écrit à Marie de Médicis, demande à la reine mère de se faire son interprète auprès du roi afin que Sa Majesté comprenne son désir de « se retirer en quelque lieu ».

« Le peu de santé que j'ai, les grandes affaires qui renaissent tous les jours et les afflictions que je reçois à tout moment » expliquent ce désir d'une « retraite ».

Ce n'est pas, comme le pensent certains des courtisans et des ministres qui connaissent sa démarche, le moyen une fois encore d'obtenir du roi de nouveaux pouvoirs.

Il a été nommé grand maître, chef et surintendant général de la navigation et du commerce, gouverneur de Brouage. Son influence sur le Conseil et l'entourage du roi s'est accrue.

Et d'autant plus que Louis XIII suspecte toujours la reine Anne d'Autriche. Sa jalousie est devenue rancune : il ne peut oublier le duc de Buckingham.

Louis XIII fait même notifier par l'ambassadeur Bassompierre que la « présence de Sa Grâce Buckingham à la Cour de France ne serait point agréable à Sa Majesté Très-Chrétienne ».

Et Richelieu approuve, et même inspire les décisions de Louis XIII.

« L'arrivée de Buckingham, dit-il, serait honteuse au roi, préjudiciable au repos de l'État et peu utile à la correspondance des deux Couronnes. On n'a que trop connaissance de la part que le duc de Buckingham a prise dans la dernière conjuration. »

Richelieu se souvient des conciliabules entre le duc et Anne d'Autriche, dont il est persuadé qu'ils le visaient.

Il ose évoquer la « haine que lui porte le duc de Buckingham, parce qu'il a par son industrie et son courage dissipé les mauvais desseins et relevé l'autorité de son maître ».

Et il veille à ce qu'aucun nouveau favori ambitieux n'apparaisse dans l'entourage du roi.

Il réussit à écarter ces jeunes gens, qui peuvent

en quelques semaines devenir des rivaux. Et il place auprès de Louis XIII un jeune homme falot qui lui est dévoué.

Que ce Saint-Simon ait « piètre mine et pire esprit », que le roi le gratifie d'un titre de duc et pair importe peu puisqu'il ne cherchera pas à prendre de l'influence, et n'ambitionne donc pas de jouer un rôle dans le gouvernement du royaume.

Et cependant les bouffées d'inquiétude et d'angoisse, si elles s'espacent, ne cessent pas de l'envahir, et il ne peut les contenir, les refouler, qu'en relisant la dernière lettre du roi.

« Mon cousin, écrit Louis XIII, j'ai vu toutes les raisons qui vous font désirer votre repos, que je désire avec votre santé plus que vous, pourvu que vous le trouviez dans le soin et la conduite principale de mes affaires… Je vois bien que vous méprisez tout pour mon service. Monsieur – mon frère – et beaucoup de Grands vous en veulent pour cela, mais assurez-vous que je vous protégerai contre qui que ce soit et que je ne vous abandonnerai jamais. La reine ma mère vous en promet autant… Assurez-vous que je ne changerai jamais et que quiconque vous attaquera, vous m'aurez pour second. »

Ces mots, lus et relus, l'apaisent. Et la détermination, l'espoir de réussir à l'emporter sur les ennemis du roi et du royaume, qui sont aussi les siens, l'habitent à nouveau.

Il écrit à Louis XIII.

« Si Dieu me fait la grâce de vivre six mois, comme je l'espère, et davantage, je mourrai content, voyant l'orgueil de l'Espagne abattu, vos alliés maintenus, les huguenots domptés, toutes factions dissipées, la paix établie dans ce royaume, une union très étroite dans votre Maison royale et votre nom glorieux par tout le monde. »

Mais agir c'est être confronté aux autres, se battre pour leur imposer ce que l'on croit juste et nécessaire au bien du royaume et à la grandeur du roi.

C'est le duel qui reprend sans fin.

Richelieu observe, écoute ce Michel de Marillac, surintendant des finances, garde des Sceaux. C'est un homme de foi, qui fut conseiller au parlement de Paris, puis conseiller d'État. Sa dévotion fait de lui un mystique qui a favorisé l'installation rue du Faubourg-Saint-Jacques des premières carmélites. La reine mère a favorisé son ascension, son entrée au Conseil. Et il est la figure influente et austère du parti dévot.

Marillac est donc favorable à une grande politique catholique, qui s'appuierait sur l'alliance avec l'Espagne et l'Autriche des Habsbourg.

Il connaît l'état du royaume, et il combat aussi la politique de Richelieu, arguant de la situation financière du pays et de la misère qui accable le peuple.

« Le maniement des affaires m'oblige à vous représenter, dit Marillac, que nous faisons grand nombre de choses dont le peuple reçoit de grandes afflictions. »

Richelieu ne répond pas. Marillac poursuit :

« Il me semble qu'il est principalement à la gloire du bon gouvernement de penser au soulagement des sujets et aux bons règlements de l'État qui ne se peuvent faire que par la paix. »

Richelieu baisse la tête, laisse Marillac évoquer l'avenir si la guerre survient. Le roi, selon Marillac, sera « épuisé de deniers ». Il voudra prendre de l'argent de tous côtés. Il en viendra par force aux violences et aux mesures extraordinaires, qu'il s'agisse de lever de nouveaux impôts sur les peuples ou de les châtier pour leur refus de les payer !

« Tout cela aliénera les peuples qui diront qu'on pourrait avoir la paix, qu'on l'a négligée. Les factions profiteront de ces aliénations, et il y a beaucoup de choses à prévoir et à craindre que l'on ne peut dire... »

Avenir sombre ?

Richelieu écarte cette vision de Marillac. On ne doit pas s'interroger de cette manière, mais agir, faire ce qui est nécessaire. Et accepter les conséquences de ses choix.

« Mais, dit Richelieu, Marillac est un homme tellement rempli de l'opinion qu'il a de lui-même qu'il n'estime rien de bien fait s'il ne l'est par son ordre. »

Quant aux peuples dont Marillac se soucie tant : « Il les faut comparer aux mulets, ajoute Richelieu. Ils se gâtent par un long repos plus que par un travail. Mais ainsi que ce travail doit être modéré et qu'il faut que la charge de ces animaux soit proportionnée à leurs forces, il en est de même des subsides à l'égard des peuples ; s'ils n'étaient modérés, lors même qu'ils seraient utiles au public, ils ne laisseraient pas d'être injustes... »

En fait il faut tenter de faire ce que l'on croit utile au royaume, au roi, et c'est ainsi qu'on sert Dieu et Son Église.

Marillac, qui n'est qu'un noble de robe, se laisse impressionner par les « émotions » qui saisissent les peuples, ces « croquants » du Quercy, ces paysans de la Champagne, ces « va-nu-pieds » d'un peu partout dans le royaume qui brandissent leurs faux et se rebellent, refusant de payer l'impôt.

« Mais, dit à voix basse Richelieu, on ne traite pas avec les "croquants", on les pend par grappes aux branches des arbres ! »

Car on ne doit pas laisser briser la politique du royaume et la grandeur du roi par ces troupeaux d'hommes et de femmes en haillons, hirsutes et ignares.

L'ordre doit régner.

Et il faut l'imposer avec la même fermeté à tous ceux, fussent-ils nobles, qui refusent de se plier aux règlements et aux lois.

« Ainsi, écrit-il, il faut punir avec une extrême sévérité ces jeunes écervelés qui chaque jour se mesurent dans des duels à mort. »

Il se souvient de son frère Henri, marquis de Richelieu, tué ainsi.

Il se souvient de ses leçons d'escrime et du plaisir qu'il prenait à affronter un adversaire. Mais ce n'était qu'apprentissage. Il n'a jamais croisé le fer au risque de sa vie et de celle d'un autre sujet du roi.

Car c'est d'abord pour cela qu'il faut condamner le duel.

Un jeune noble, plus encore qu'un croquant ou qu'un va-nu-pieds, doit sa vie à son souverain.

Et cette vie, il ne doit l'engager que lors des guerres décidées par le roi, et non dans ces guerres privées.

Or chaque jour, on dépose devant Richelieu des rapports dont le premier mot est « Duel », alors que cette pratique est en contradiction avec les édits, les règlements, les jugements prononcés par les parlements, en application des ordonnances du roi.

Et une nouvelle ordonnance, en cette année 1626, vient d'être édictée. Elle dit que sera privé de ses biens, déchu de toute pension, et même puni d'emprisonnement, d'exil, voire de mort, celui qui aura croisé le fer dans un duel de sang.

Et chaque jour en dépit de cette ordonnance, et de la dizaine d'ordonnances qui l'ont précédée, on se bat sur les places des villes, aux abords des enceintes, dans des clairières, et les exempts du roi n'arrêtent presque jamais des duellistes. On emporte le mort ou les blessés avant que les gardes du roi ne surviennent. Le vainqueur quitte le royaume.

Ainsi François de Montmorency-Bouteville et le comte des Chapelles qui ont usé du duel, se moquant de toutes les interdictions, et s'enfuyant aux Pays-Bas espagnols, afin d'échapper à la justice royale.

Ils sont revenus narguer le roi, en se battant place Royale, au cœur de Paris. Et ils blessent ou tuent leurs adversaires, puis ils prennent la route de la Lorraine. Ils sont arrêtés à Vitry-le-François, conduits à Paris, et enfermés à la Bastille.

Que faire de ces sujets rebelles ?

Ils ont plus de vingt fois violé l'interdiction de se battre en duel. Et maintenant les proches de ces bretteurs s'en viennent supplier le roi de faire preuve d'indulgence envers ces nobles d'épée.

Et Louis XIII répond :

« Leur perte m'est aussi sensible qu'à vous mais ma conscience me défend de leur pardonner. »

Richelieu est déchiré. Le souvenir d'Henri de Richelieu le hante.

Il ne peut imaginer celui-ci, vainqueur dans son duel et livré place de Grève, pour cette faute-là, à la hache du bourreau.

Il reçoit les parents des deux gentilshommes. Les femmes pleurent.

Il sait que tout ce qui est noble dans ce royaume est comme lui partagé.

Mais il est celui qui doit d'abord penser au salut de l'État, à la puissance du roi. Et comment œuvrer dans ce sens, si contre le roi, ses sujets de la noblesse se comportent comme s'il n'y avait pas d'État, comme si aucune ordonnance interdisant le duel n'avait été promulguée ?

Mais ces sujets, même si on les condamne à avoir la tête tranchée, cesseront-ils de considérer que « la perte de l'honneur est plus que celle de la vie » ?

Il comprend ce sentiment. Il est noble d'épée.

« Les Français méprisent tellement leur vie, dit-il, que l'expérience nous a fait connaître que les plus rigoureuses peines n'ont pas toujours été les meilleures pour arrêter leur frénésie ! »

Il a plus que de la compassion pour François de Montmorency-Bouteville et le comte des Chapelles.

Il est sensible à toutes les démarches qu'on entreprend en leur faveur et aux prières qu'on lui adresse.

Mais ces deux hommes courageux, fidèles à leur honneur, ce sont aussi des rebelles puisqu'ils ont contrevenu aux ordonnances royales.

Et il faut donc que passe la justice du roi.

Il est de son devoir de conforter Louis XIII dans sa volonté de sévir, de livrer les deux nobles au bourreau, en place de Grève.

« Les ruisseaux de sang de votre noblesse, écrit Richelieu au roi, ne peuvent être arrêtés que par l'effusion du sang de ces deux nobles coupables. Il faut qu'ils soient châtiés pour l'utilité de votre État, ce qui est quasi contre le sens de tout le monde et contre mes sentiments particuliers. »

Le 22 juin 1627, Montmorency-Bouteville et des Chapelles montent à l'échafaud, place de Grève, avec le courage des nobles d'épée. Richelieu prie.

« Il est impossible d'avoir le cœur noble et de ne plaindre pas ces pauvres gentilshommes », murmure-t-il.

Mais le sang des bretteurs rebelles n'a pas encore séché sur la hache du bourreau qu'il faut cesser de prier pour leur âme, s'arracher à la méditation, parce que les espions écrivent depuis Londres que le duc de Buckingham a pris la mer, après avoir fait saisir tous les navires français amarrés dans les ports d'Angleterre.

La flotte anglaise cingle vers La Rochelle, à l'appel du duc de Rohan, de son frère Soubise et de la population huguenote, qui vient d'apprendre avec inquiétude et déception, révolte même, que le roi de France et le roi d'Espagne ont signé à Madrid un traité d'alliance, qui ne peut être dirigé que contre la religion réformée. Et contre l'Angleterre.

« Précaution, dit Richelieu, et non retournement. Rétorsion, ajoute-t-il, contre Buckingham et son roi

Charles Ier, qui ont chassé les Français de l'entourage de la reine Henriette, qui l'ont humiliée. »

Et l'on dit que Buckingham rédige un « manifeste » pour expliquer que le soutien qu'il va apporter aux huguenots de La Rochelle est conforme au traité signé par son roi, au moment de son mariage avec Henriette, sœur de Louis XIII.

« Le roi d'Angleterre, écrit-il, n'a accepté l'alliance française que pour maintenir et soutenir la religion réformée en France. »

Qui, dans la chrétienté tout entière, peut être dupe de ce mensonge ?

Mais cette flotte anglaise, que, le 20 juillet 1627, les guetteurs de l'île de Ré aperçoivent dans leurs lunettes, révèle que derrière la raison frivole avancée par Buckingham il y a une réalité : le royaume de France ne peut accepter, sur son sol, des places de sûreté huguenotes capables de faire appel à un roi étranger.

Il faut ruiner La Rochelle et les autres places.

Richelieu le dit au roi :

« L'Angleterre s'est insinuée dans nos propres entrailles. »

Et ce sont les adeptes de la religion prétendument réformée qui l'ont souhaité.

Et pendant que le maréchal de Toiras, commandant les troupes royales en l'île de Ré, essaie en vain d'empêcher le débarquement anglais, puis se replie sur le fort Saint-Martin, Richelieu s'inquiète de la santé du roi.

Il a voyagé près de lui, jusqu'à Villeroy-en-Brie. Les troupes suivent. Il faut bouter l'Anglais hors de l'île de Ré, et briser la morgue de ce fanfaron de Buckingham.

Mais, dans le château de Villeroy-en-Brie, le roi grelotte de fièvre, claque des dents.

« Je suis pris », répète-t-il.

Richelieu se tient à son chevet tout le jour et la plus grande partie de la nuit.

Il observe avec inquiétude les médecins Guillemeau, Charles et Bonnart, qui enfouissent le malade sous les couvertures, puis lui réchauffent les pieds avec des bouteilles, le saignent, le nourrissent au petit-lait.

Richelieu les sent impuissants, suivant le cours de la maladie plutôt que de la combattre.

C'est Dieu qui décide à la fin.

Alors que Richelieu se tient ainsi au chevet du roi, on ne cesse de lui apporter des missives.

Les troupes anglaises assiègent, dans l'île de Ré, le fort Saint-Martin qui résiste, même si l'on commence à manquer de vivres.

Mais ce qui préoccupe avant tout Richelieu, c'est la situation à La Rochelle.

La ville d'abord réticente a ouvert ses portes à Soubise et à des envoyés de Buckingham. La duchesse de Rohan – mère du duc de Rohan et de son frère Soubise – a pesé de tout son poids, alors que le maire de la ville ne voulait pas prendre le risque d'entraîner les Églises réformées dans la révolte.

Richelieu comprend aussitôt que les Rochelais ne veulent jouer qu'à coup sûr. Tant que le fort Saint-Martin n'est pas tombé aux mains des Anglais, ils ne s'engageront pas ouvertement.

Mais Richelieu murmure au roi :

« La ville assiste l'ennemi anglais, en hommes, en vivres, en munitions. »

Quel souverain pourrait tolérer cela ?

« Que faire ? », interroge Louis XIII.

D'une voix plus sourde Richelieu ajoute sans répondre à la question royale :

« Buckingham recommencera volontiers la guerre puisque la même passion lui demeure. »

Il s'interrompt. Les pommettes de Louis XIII ont rosi.

On dit en effet que le duc extravagant continue d'aimer Anne d'Autriche et de rêver de conquérir la reine de France.

« La paix ajouterait honte sur honte, poursuit Richelieu. Et on acquerrait peu de repos pour cet État, si on ne voulait encore se soumettre à une vergogne plus grande, qui consisterait à permettre à Buckingham de venir triomphant en France apporter ses lauriers à ceux en faveur de qui il les aurait acquis. »

De qui ?

De la reine de France, Anne d'Autriche.

Que faire ?

Le siège de La Rochelle.

CINQUIÈME PARTIE

1627-1630

« Vous savez ce que je vous ai dit
plusieurs fois, que si je vous avais perdu,
il me semblerait être perdu moi-même. »

Louis XIII à Richelieu,
mai 1628

23

Richelieu se tient sur le rivage.

Le vent et les embruns fouettent son visage. C'est le temps des marées et des tempêtes d'automne et les navires anglais, au large de l'île de Ré, cherchent un abri derrière les caps et dans les baies des îles voisines, Oléron, et même Belle-Île plus éloignée.

Richelieu, arc-bouté, résiste au vent, et ne recule pas quand une vague plus haute semble devoir le recouvrir.

Il serre le pommeau de l'épée qu'il porte désormais au côté. Il a revêtu une cuirasse de métal brillant qui tranche sur la soie pourpre de son habit de cardinal.

Il éprouve à sentir son corps serré dans cette armure, les cuisses prises dans les cuissardes, un plaisir de tout son être qu'il ne connaissait plus depuis le temps où il était encore destiné aux armes.

Il est cardinal, mais le roi l'a fait lieutenant général commandant l'armée du Poitou, de la Saintonge, de l'Aunis et de l'Angoumois.

Il doit vaincre, comme chef de guerre, donnant ses ordres au maréchal de camp Toiras qui résiste dans le fort Saint-Martin sur l'île de Ré.

Toiras lance des appels à l'aide. Il est assiégé.

Les vivres manquent. On a mangé les chevaux. Les soldats désertent.

Richelieu relit le message que Toiras lui a fait parvenir par un nageur valeureux.

« Si vous voulez sauver cette place, a écrit Toiras, envoyez-moi les pinasses le 8 du mois d'octobre, pour le plus tard, car le soir du 8 je ne serai plus dans la place faute de pain. »

Mais le 8 est passé et Toiras résiste toujours.

Richelieu répète qu'il n'y a pas d'autre issue que de s'accrocher au fort, d'attendre que les renforts, les navires se rassemblent, desserrent l'étau anglais.

« Nous vaincrons », répète Richelieu.

Il le faut, pour le bien du royaume.

Les espions de Richelieu, à Londres, à Madrid, à La Rochelle même, et à bord des navires anglais rapportent tous des propos qui montrent l'importance de l'enjeu.

« Sans cette fièvre qu'est la rébellion de La Rochelle, la France serait trop vigoureuse et intimiderait toutes les puissances. »

C'est ce que disent les ennemis anglais, mais aussi l'allié espagnol.

Hérétiques ou catholiques veulent affaiblir le royaume de France. Et les passions privées nourrissent cette guerre.

Richelieu reçoit un prisonnier français, Beaulieu-Persac, qui a été relâché sur parole par Buckingham et doit se rendre en Angleterre, où il restera jusqu'au paiement d'une rançon.

L'officier a vu Buckingham, à bord du vaisseau amiral *Triumph*.

« Le duc parlait fort dignement avec force honneur de Mgr le Cardinal, dit Beaulieu-Persac. Il a fait de grandes louanges de son courage et de son esprit me disant que c'était le premier homme du monde. »

Il est vrai que l'assaut lancé par les Anglais contre le fort Saint-Martin vient d'échouer. Les cavaliers anglais ont été repoussés par les renforts français. Les morts – près de quatre mille – gisent sur le rivage, roulés par les vagues.

Buckingham a invité l'officier français dans sa chambre, vaste, dorée, où l'on foule des tapis de Perse, où sur une espèce d'autel plusieurs flambeaux sont allumés devant le portrait de la reine de France, Anne d'Autriche.

Richelieu médite.

Il y a la force armée.

En ce début novembre 1627, les armées du roi de France viennent de l'emporter. Toiras tient. Les soldats du maréchal de Schomberg, venus le soutenir, ont mis l'armée anglaise en « état de disgrâce ». Et l'on dit que les équipages des navires anglais sont frappés par une épidémie.

On lave les navires à grande eau tous les deux jours, au vinaigre toutes les semaines, on brûle du goudron et de l'encens pour purifier l'air, on promène dans les entreponts des bassins de charbons ardents, mais la fièvre s'incruste, se répand. Et l'on dit que la flotte va regagner l'Angleterre.

Ce sera le moment d'agir, de construire une digue, qui fermera le port de La Rochelle, interdisant l'entrée de tous les navires, étranglant la ville, vouée à la disette.

Mais il y a d'autres forces que les armes.

Car il faut tout utiliser pour affaiblir l'adversaire. Il faut donc connaître ses faiblesses, ses intentions.

À La Rochelle, un père capucin, Molé, agent du père Joseph, a organisé un réseau d'espionnage.

Richelieu plusieurs fois par semaine reçoit et lit avec attention les rapports signés du père Athanase qui décrivent la situation dans la ville assiégée. On s'y nourrit de cuirs bouillis. On y meurt de faim.

Il faut encore serrer le licol, puisque le maire Guiton est déterminé à résister, espérant le retour d'une flotte anglaise. On peut retarder la décision de Londres, peut-être même empêcher les navires d'appareiller.

La reine d'Angleterre, Henriette sœur de Louis XIII, doit agir sur son époux. Et Anne d'Autriche doit, elle aussi, servir son mari, sinon…

Des papiers ont été saisis lors de la fouille de lord Montagu, fils du duc de Manchester, qui voyageait clandestinement en France, se rendait en Lorraine pour tenter de faire entrer en guerre, contre Louis XIII, le duc de Lorraine.

Et lord Montagu était suivi par les espions de Richelieu. Ses papiers peuvent être utilisés contre Anne d'Autriche. On peut l'accuser de complot contre le royaume, de complicité avec les ennemis de Louis XIII.

Et elle sera répudiée, renvoyée en Espagne !

Qu'elle use de l'influence qu'elle exerce sur le duc de Buckingham. Qu'il renonce à aider les huguenots français et qu'il ne prenne pas la tête d'une nouvelle flotte destinée à secourir La Rochelle.

Pour vaincre, tout doit être mis en œuvre.

Et, retournant sur le rivage, examinant les premiers travaux de construction, Richelieu croit au rôle décisif de cette digue qui emprisonnera, isolera La Rochelle. On ne peut résister longtemps quand on meurt de faim.

Richelieu s'installe dans un petit château, la maison du Pont-de-la-Pierre, situé au bord de la mer.

Il rejette d'un geste impatient les conseils qu'on lui donne.

Les navires anglais croisent au large, lui répète-t-on. Un débarquement est possible. La maison du Pont-de-la-Pierre n'est pas défendue, elle est loin de tout secours.

Ses espions lui apprennent au début du mois d'octobre 1627 que les Rochelais s'apprêtent à prendre la mer avec l'intention d'attaquer la maison, d'enlever le Cardinal. Richelieu décide de se retirer à Brouage, et des mousquetaires prennent position, allongés dans les dunes. Derrière la maison, le roi lui-même et plusieurs compagnies de cavalerie attendent les assaillants.

Ils ne viendront pas, cependant il faut fortifier cette maison, la mettre à l'abri d'une surprise, mais ne pas renoncer à y demeurer, car de là on peut facilement se rendre sur le chantier de la digue.

Richelieu a été touché par la présence du roi à la tête des troupes chargées de le protéger.

Il dit à Louis XIII que « dans trois semaines, la digue sera avancée de trois cents toises dans la mer et je peux assurer qu'à la fin de janvier rien ne pourra passer par le port dans La Rochelle. Il ne reste plus qu'un fort à faire par terre pour enceindre cette ville ».

En fait plusieurs seront construits. Ils créent autour des murailles de La Rochelle une vaste enceinte, en arrière de laquelle s'étend le camp royal avec ses maisons, ses baraquements et ses tentes.

Puis il y a la digue, composée de blocs entre lesquels on a aménagé des trous pour briser la puissance de la mer.

L'architecte du roi, Clément Métezeau, et le maître maçon, Jean Thiriot, bâtissent une digue composée de deux arcs de cercle entre lesquels on a aménagé un étroit passage qu'on peut fermer en coulant des barques attachées entre elles par des chaînes. Ces deux tronçons partent l'un de Coreille, l'autre d'un point de la côte qu'on baptise Richelieu.

Malgré le vent, les paquets de mer, et parfois les boulets tirés par les navires anglais, Richelieu arpente la digue, son habit de pourpre rouge soulevé par le vent, les embruns frappant sa cuirasse.

Le roi le rejoint quelquefois, mais en février, lassé de sa vie au camp, il décide de regagner Paris.

Richelieu, inquiet, l'accompagne sur la route de Surgères.

Il imagine les intrigues qui vont se nouer autour du roi à Paris.

Déjà ses espions l'ont averti que la reine mère Marie de Médicis s'est querellée avec Marie-Madeleine de Vignerot de Pont de Courlay, la nièce de Richelieu, cette jeune femme à laquelle il est profondément attaché.

N'a-t-elle pas servi avec assez d'empressement Marie de Médicis, justifiant les reproches de la reine mère, ou bien cette dernière ne commence-t-elle pas à être jalouse du Cardinal ? Elle dit de Marie-Madeleine de Vignerot « que cette dame d'atour ne la sert ni ne la suit quasi jamais ».

S'imagine-t-elle que sa parenté avec le Cardinal la dispense de ses devoirs à l'égard de la reine mère ?

Mais dans les propos de Marie de Médicis perce chaque jour davantage son ressentiment.

Richelieu en prend connaissance avec accablement et inquiétude. Marie de Médicis l'accuse de vouloir éloigner le roi de sa mère. « C'est un ingrat. »

Mais le plus grave n'est pas là. Avec consternation, Richelieu constate qu'elle incite le roi à ne plus se rendre à La Rochelle.

La vie au camp est mauvaise pour lui, dit-elle. L'air y est chargé de miasmes. Les épidémies menacent. Il s'y fatigue inutilement. Elle ajoute que le Cardinal est un extravagant, un ambitieux, un imprudent, un téméraire.

« Le Cardinal s'est entêté d'une chose dont il ne viendra jamais à bout ; ce siège de La Rochelle renouvelle celui de Troie qui a duré dix ans et il y a de la folie à ruiner une armée puissante et aguerrie devant une place imprenable. »

Elle vante au roi les belles chasses des environs de Paris.

Richelieu veut se rassurer.

Quand il a quitté le roi sur la route de Surgères, celui-ci a pleuré ! Et le soir même il a fait porter une lettre que Richelieu lit et relit :

« Je n'ai rien su vous dire en vous disant adieu, à cause du déplaisir que j'ai eu à vous quitter, écrit Louis XIII. Vous pouvez vous assurer toujours de mon affection et croire que je vous tiendrai ce que je vous ai promis jusqu'à la mort. Il me semble, quand je songe que vous n'êtes plus avec moi, que je suis perdu... »

Un roi peut-il écrire davantage ?

Richelieu lui répond le 11 février 1628 :

« Sire, il m'est impossible de manquer de témoigner à Votre Majesté le déplaisir que j'ai d'être absent d'elle pour un temps... L'affliction que j'en reçois est plus grande que je n'eusse su me le représenter. Les témoignages qu'il vous plut hier me rendre font que les sentiments que j'ai de me voir éloigné du meilleur maître du monde me percent tout à fait le cœur. »

Et cependant il y a cette cabale qui se constitue à Paris, autour de la reine mère, et l'angoisse saisit Richelieu.

Il voudrait être au côté du roi, combattre la cabale par sa présence.

Il craint que Louis XIII ne se laisse entraîner, séduire par les manœuvres et les propos de sa mère. Il faudrait à chaque instant opposer sa parole, ses conseils, ses arguments à ceux de Marie de Médicis.

Mais il ne peut quitter le siège de La Rochelle. Il est le lieutenant général des armées du roi. Louis XIII ne lui pardonnerait pas un échec qui confirmerait les critiques de la reine mère.

Il faut donc vaincre, tenter chaque jour de prendre l'avantage sur les Anglais et les huguenots.

C'est la victoire éclatante qui scellera l'échec de la cabale.

Richelieu arpente donc chaque jour la digue et le cercle constitué par les forts. Il veille à ce que les soldats reçoivent leur solde ponctuellement. Il s'expose.

Et souvent des boulets tombent près de lui faisant jaillir des gerbes de terre qui le cinglent.

À l'approche du printemps il veut forcer le destin, tenter de conquérir la ville par surprise, en faisant sauter une porte, puis en s'engouffrant. Mais le coup de main échoue le 11 mars 1628.

Il craint la réaction du roi et il attend avec anxiété la réponse au compte rendu qu'il a fait de cette tentative. La lettre du roi l'apaise, le temps de sa lecture :

« Vous vous pouvez assurer que tout ce que vous ordonnerez je l'approuverai comme si c'était moi, écrit Louis XIII. J'ai une extrême impatience de vous revoir pour vous témoigner le grand contentement que j'ai de la façon dont vous m'avez servi en mon absence. »

Le lundi de Pâques 17 avril 1628 le roi est à Surgères, et Richelieu peut s'incliner devant lui, lui faire parcourir la ligne des forts, puis la digue. Les troupes ont belle allure, les tambours battent.

« Vous faites plus en un jour que les autres ne feraient en huit », dit le roi.

Et Richelieu, que l'on voyait depuis des semaines le visage jauni, l'air pensif, comme s'il ne réussissait à cacher ni son angoisse ni ses doutes, paraît tout à coup non seulement résolu, mais apaisé, certain de vaincre.

Des courriers, dès que le roi a regagné Paris, le confortent dans son action.

La reine mère lui écrit :

« Vous devez avoir une grande joie de la satisfaction qu'a le roi de tout ce que vous faites... Il me dit que sans vous tout irait mal... »

Et le roi exige qu'il ne s'expose point :

« Vous savez ce que je vous ai dit plusieurs fois

que si je vous avais perdu, il me semblerait être perdu moi-même.

« Je vous prie et vous commande pour la troisième fois de ne vous point embarquer sur aucun vaisseau le jour du combat... Je m'attends que vous le ferez pour l'amour de moi. »

Richelieu se persuade qu'il a, pour l'instant, contenu la cabale, mais tous ses efforts peuvent être annulés en un seul jour.

Il sait ce que sont les intrigues de Cour.

La victoire doit les prendre de vitesse.

La flotte anglaise s'éloigne. Mais le maire de La Rochelle, Guiton, se dit résolu à « enfoncer un poignard dans le sein du premier qui parlera de se rendre ».

Il faut donc serrer le licol, repousser dans la ville ces femmes et ces enfants faméliques qui la quittent, pour ne pas y mourir de faim, et qui restent plusieurs jours entre les lignes, suppliant qu'on les accueille.

Richelieu détourne la tête. Que la ville se rende et elle aura du blé sinon qu'elle reste pleine de toutes ses bouches à nourrir !

Il demande à ses espions de diviser les huguenots, de promettre, de verser le poison du découragement.

Il agit sur Anne d'Autriche.

Qu'elle écrive à son duc de Buckingham pour l'inviter à abandonner l'idée de revenir à La Rochelle avec une nouvelle flotte anglaise.

Et s'il le faut, qu'on lui verse deux cent mille couronnes pour que Buckingham noie sa volonté dans la bière et la débauche.

Richelieu s'impatiente. Le printemps est passé. L'été s'étire. On meurt de faim à La Rochelle, mais on résiste. On se nourrit d'un pain effroyable fait de cuir bouilli dans du suif et de la cassonade, mêlé à du parchemin. On fait cuire des « gelées de bottes et des pâtés de vieux souliers ». On meurt sur les rochers battus à mitraille lorsqu'on tente d'y ramasser des coquillages.

Et les espions rapportent que les Rochelais, malgré cette famine qui les transporte en sortes de squelettes enveloppés d'une peau sèche et fripée, continuent d'espérer. Le roi d'Angleterre a promis l'envoi d'une nouvelle flotte de soixante vaisseaux de guerre, de trente brûlots, de quarante navires regorgeant de victuailles, de transports montés par deux mille hommes prêts à débarquer.

Et Buckingham s'apprête à la conduire.

Et puis un courrier hors d'haleine, au début du mois de septembre, tend une missive à Richelieu.

C'est le mercredi 13 septembre 1628. Il y a une dizaine de jours, le 2 septembre, à Portsmouth, Buckingham a été assassiné par un certain Felton, un officier puritain qui condamnait les « péchés d'écarlate » du duc.

Richelieu regarde autour de lui ces mousquetaires qui l'entourent, le protègent de cette foule d'officiers et de soldats qu'il côtoie.

Il suffirait que l'un d'eux se précipite, arme au poing, pour que personne ne puisse arrêter le bras assassin. Celui qui veut tuer au risque de sa vie le peut toujours. Richelieu s'épanche quelques instants d'une voix sourde et lasse :

« Buckingham, dit-il, était un grand colosse contenant

en soi toutes les prérogatives de la fortune assemblées en un sujet qui fut abattu en un moment par la main d'un traître, accident digne de larmes et qui montre évidemment la vanité de la grandeur. »

Mais cette mort est aussi un signe.

La victoire est là, à portée de main.

La Rochelle, dit Richelieu, n'est plus peuplée que de « squelettes, fantômes vains, morts respirant, plutôt qu'hommes vivants ! ».

Les premiers envoyés de la ville se présentent, la tête encore pleine de prétentions, annonçant l'arrivée de la flotte anglaise, exigeant des garanties.

Richelieu reprend d'une voix calme :

« Après l'arrivée de la flotte anglaise, le roi serait plus sévère, tandis qu'il est disposé à laisser aux Rochelais leur vie, leurs biens et la liberté de leur religion.

« Par ma foi ! s'exclame Richelieu. Foi de gentilhomme ! Foi de cardinal ! »

Mais ce sont les faits qui convaincront les Rochelais.

Et le 3 octobre, la flotte anglaise et la flotte française s'affrontent dans la baie, sous les yeux de milliers de spectateurs, courtisans et femmes parées, assises dans leurs carrosses.

Richelieu se tient près du roi qu'accompagne le maréchal de Bassompierre, au lieu-dit Chef-de-Baie.

Les boulets s'abattent autour d'eux et Louis XIII met lui-même feu à la mèche des canons qui ripostent. Personne ne tremble, même quand la terre jaillit, parce que le boulet est tombé proche.

Mais qu'importe, puisque la gloire et la victoire s'avancent enfin à grands pas après un an de siège !

La flotte anglaise quitte la baie, les envoyés de La Rochelle, « ombres d'hommes vivants », font reddition le samedi 28 octobre 1628.

Et le lendemain dimanche, le roi les reçoit.

Richelieu entend de la bouche du souverain les paroles de clémence qu'il a conseillées.

« Je vous pardonne vos rébellions. Si vous m'êtes bons et fidèles sujets, je vous serai bon prince et si vos actions sont conformes aux protestations que vous me faites, je vous tiendrai ce que je vous ai promis. »

Garder la vie, les biens, la religion réformée.

Mais en échange obéissance absolue au roi.

Le 30 octobre, Richelieu entrant dans La Rochelle regarde cette foule de spectres, qui viennent de recevoir un convoi de chariots remplis de vivres.

Ils ont apaisé leur faim mais ils vont mourir par centaines pour avoir mangé avec trop d'avidité.

Ils crient sans cesse « Vive le roi ! », et ils s'épuisent dans ces mots qu'ils répètent, jurant qu'ils craignaient que Louis le Juste leur retirât la vie, et c'est ce qu'on leur a prétendu : « Vive le roi qui nous a fait miséricorde ! », lancent-ils.

Dans les jours qui suivent, ce sont les grandes célébrations de la victoire, de la reddition.

Richelieu devine les réticences des proches de Marie de Médicis qui déjà veulent effacer son rôle.

« Sire, dit le propre confesseur de Louis XIII, le père jésuite Suffren, que Votre Majesté reconnaisse que sa victoire vient de Dieu et non de vos armes et de votre Conseil. »

Richelieu est blessé. On veut le priver de son rôle.

Il voit le roi, ne réclame rien, mais veille à ce que, dans l'ordonnance royale qui suit la reddition, on reconnaisse pour la victoire « le secours si efficace de la faveur divine... » mais aussi combien la victoire est due « au Conseil, à la singulière prudence, à la vigilance, au laborieux service du très cher et bien-aimé cousin de Sa Majesté, le cardinal de Richelieu ».

Alors il reçoit chaque jour l'hommage de ceux qui courent vers lui, qui semble détenir la faveur du roi.

Il est, dit l'un, « le plus grand cardinal qui sert de Moïse à la France ».

« Toute la France vous bénit et le reste du monde vous admire. »

Le pape décide d'ériger la ville de La Rochelle en évêché, et le temple en cathédrale.

Et la reine mère Marie de Médicis, qui a déjà offert à Richelieu le palais du Petit Luxembourg, lui envoie, le 15 novembre 1628, soixante mille livres pour l'achat du château de Bois-le-Vicomte, « lieu beau et commode », dit-elle.

Elle ajoute :

« La gloire que vous avez acquise en servant le roi en ce siège avec courage, fermeté et vigilance égal à votre suffisance et fidélité mérite que je vous dise aussi le contentement que j'en ai. »

Richelieu goûte ce moment.

Mais cette brève euphorie, presque de l'ivresse, se dissipe vite.

Peut-on faire confiance à une femme, et surtout quand elle est reine ?

24

Il devrait être serein, rassuré.

Les courtisans s'inclinent devant lui.

Il est, disent-ils avec respect, « le Premier du Conseil du roi et celui aux avis duquel Sa Majesté défère le plus souvent ».

Le nonce apostolique, les ambassadeurs de Venise, d'Espagne, de la plus grande et la plus petite des nations, des duchés, des principautés quémandent une entrevue.

Zorzi, l'ambassadeur de Venise, proclame :

« Le roi est monarque en France, mais le Cardinal est le vrai maître. »

Richelieu est à la fois heureux de ces propos et il s'en inquiète.

Marie de Médicis et ses séides rapportent au roi le jugement de Zorzi, et tout ce qui peut blesser son orgueil, exciter sa jalousie.

Louis XIII a détourné la tête quand on lui a appris que le pape Urbain VIII avait déclaré : « Les suffrages unanimes des nations portent jusques au ciel le nom du cardinal de Richelieu. »

Ainsi les dévots sont contraints d'approuver les éloges du pape, d'accepter qu'Alphonse, le frère aîné du Cardinal, jusque-là retiré dans un monastère, soit nommé évêque, puis archevêque de Lyon et donc primat des Gaules. Richelieu l'a voulu, le roi l'a accepté, et le pape, oubliant les recommandations de ses prédécesseurs, et notamment de Jules III, qui interdisaient la nomination de deux évêques de la même famille, l'a fait !

Richelieu est-il en passe de devenir le chef du parti dévot ?

Il répète qu'il faut, maintenant que La Rochelle est soumise, combattre l'hérésie, en finir avec les huguenots. Quel dévot ne souscrirait à ce projet ?

Et Richelieu, en le répétant, voit bien que le roi, homme de dévotion, les reines, Marie de Médicis et Anne d'Autriche, l'approuvent.

Mais, Richelieu ajoute :

« Il faut avoir en perpétuel dessein d'arrêter le cours des progrès de l'Espagne. »

Et aussitôt, Marie de Médicis qui a voulu les « mariages espagnols », Anne d'Autriche, Espagnole entourée d'une Cour d'Espagnols et de dévots favorables à une grande politique catholique, et le garde des Sceaux Marillac font grise mine et dans le désaccord politique qui les sépare du Cardinal, ils déversent leur jalousie.

Richelieu les observe, écoute ses espions qui, par brassées, récoltent les propos hostiles de Marie de Médicis, d'Anne d'Autriche, et du frère cadet du roi, Gaston d'Orléans.

Monsieur voudrait commander l'armée. Il a à peine

observé le deuil de sa femme qu'il songe à prendre épouse. Il a jeté son dévolu sur Marie de Gonzague, fille du duc de Nevers.

Or ce duc de Nevers vient d'hériter du duché de Mantoue et du marquisat de Montferrat, fiefs d'Empire et places fortes qui commandent par la forteresse de Casale la vallée du Pô.

Les contrôler c'est réduire, supprimer même l'influence de l'Espagne en Italie, poursuivre la politique commencée en Valteline et qui consiste à empêcher l'Espagne de garder une voie ouverte entre ses possessions italiennes et allemandes.

Richelieu veut couper cette veine, qui irrigue la puissance espagnole du nord au sud.

Et voilà que Gaston ajoute ses prétentions, sa passion brouille encore cet écheveau emmêlé. Et la voix rageuse, l'amertume plein la bouche, Monsieur répète « qu'il n'aura aucun emploi à l'armée puisque le Cardinal y est, qui ne fait pas seulement sa charge mais celle du roi encore ».

Richelieu doit s'opposer à Gaston d'Orléans, à tous ceux qu'inquiète une politique hostile à l'Espagne.

Il faut que le roi choisisse clairement son camp.

Donc, une fois de plus, il faut s'engager, risquer le tout pour le tout.

Richelieu y est prêt mais les rêves de sérénité se dérobent.

Et le corps souffre parce que l'âme est à nouveau « suspendue entre la crainte et l'espérance ».

Alors il s'allonge dès qu'il le peut, travaillant dans son lit, dormant quatre ou cinq heures par nuit, annotant, rédigeant, lisant les dépêches dès trois heures du matin, puis se rendormant entre sept et huit heures.

Et enfin recevant ses secrétaires qui lui annoncent que les troupes espagnoles ont mis le siège devant Casale, que l'empereur d'Allemagne refuse sans aucune raison légitime la succession du duché de Mantoue et du marquisat de Montferrat en faveur du duc de Nevers.

La France ne peut accepter ce déni qui ouvre l'Italie à l'Espagne.

Il faut envoyer des troupes en Italie, résister dans la place forte de Casale, et en donner le commandement au maréchal de Toiras qui s'est illustré dans l'île de Ré au fort de Saint-Martin.

Mais pour cela il faut se rendre à Mantoue, à Casale, dans la vallée du Pô, et donc traverser la Savoie.

Le duc de Savoie a fait dresser des barricades, compte interdire – ou monnayer – le passage en résistant dans la forteresse de Suse. Richelieu n'est pas surpris !

« La malice et l'industrie du duc de Savoie, dit-il, surpassent celles de Lucifer. Il n'a jamais fait état de sa parole, de sa foi et de son seing qu'en tant que ses affaires le requéraient. Depuis cinquante ans qu'il règne il ne s'est étudié à autre chose qu'à se tirer par art, par ruses, par tromperies des mauvais pas où son injustice et son ambition l'avaient porté. »

Mais c'est avec les hommes et les femmes tels qu'ils sont, le roi, les reines, Marillac, le cardinal de Bérulle, le duc de Savoie, Gaston frère du roi, tous les autres, qu'il faut compter.

Ce sont ces hommes et ces femmes-là qu'il faut affronter, rallier à soi, ou soumettre.

Et d'abord il y a le roi qui, dans un mouvement d'humeur, peut redistribuer toutes les cartes.

Précisément le 26 décembre 1628, c'est Grand Conseil.

Richelieu, debout, l'une des mains appuyée à la table comme pour se soutenir, veut parler d'une voix modeste, presque humble.

Mais peu à peu, malgré lui, le ton durcit.

Il faut agir, dit-il, défendre Mantoue, Montferrat, vaincre l'Espagne, et envoyer des troupes, qui rejoindront la forteresse de Casale, qui résiste toujours.

Il conclut que le roi ne saurait souffrir que son frère, Monsieur, commandât son armée au-delà des monts. Louis XIII doit donc prendre le commandement lui-même et partir dans huit jours au plus tard pour l'Italie.

Il fixe le roi dont il devine au regard rêveur qu'il doit déjà s'imaginer à la tête des troupes, se livrant au plaisir glorieux de la guerre, qui vaut mieux que celui de la chasse mais s'y apparente.

Et Louis XIII est grand chasseur.

Marie de Médicis est hostile, mais prudente elle sait que son fils aime se conduire en roi guerrier.

Elle laisse donc parler le garde des Sceaux, Marillac, le cardinal de Bérulle, puis les approuve.

Richelieu écoute tête baissée, répond que la gloire du royaume et sa grandeur exigent qu'on affaiblisse l'Espagne en Italie, car là est le cœur de ses possessions, où se forgent sa puissance, son influence.

Une nouvelle fois sa voix enfle.

« Le parti huguenot est ruiné, dit-il, dès lors que La Rochelle, ce funeste cheval de Troie, ne peut plus recevoir des armées ennemies pour mettre le feu au royaume et y entretenir un long embrasement.

« Le parti huguenot est ruiné puisque la communication avec l'étranger lui a été ôtée et qu'il ne peut plus tirer de nourriture et de soutien du dehors. »

Richelieu se tourne vers le roi.

« Si le roi ne perdait point de temps, dit-il, il donnerait la paix à l'Italie au mois de mai et, en plus, revenant avec son armée par le Languedoc, il donnerait la paix à la France au mois de juillet et rentrerait victorieux à Paris au mois d'août. »

Richelieu garde un long moment le silence.

Le roi doit décider seul, dit-il, car les conséquences de sa résolution seront grandes.

Le roi se lève. Il a choisi. Il prendra la tête de l'armée. Richelieu le supplie de réfléchir encore. Il veut un choix médité, déterminé et non une foucade.

Le 13 janvier 1629, il lit devant le roi, la reine Marie de Médicis et le confesseur du souverain, le père Suffren, un « mémoire » qui est un nouveau coup de dés, mais aussi un coup de force.

Il veut que rien ne soit laissé dans l'ombre. Que ni le roi ni la reine ne puissent se dérober.

Il répète ce qu'il a déjà énoncé :

« Maintenant que La Rochelle est prise, si le roi veut se rendre le plus puissant monarque du monde et le prince le plus estimé, il doit considérer devant Dieu et examiner soigneusement et secrètement avec ses fidèles créatures ce qui est à désirer en sa personne et ce qu'il y a à réformer en son État. »

Il revient sur la nécessité de briser le siège espagnol autour de Casale, et donc la mise en marche, le plus tôt possible, de l'armée royale.

Mais c'est sur l'« État du dedans » qu'il insiste.

« Il faut sur toutes choses achever de détruire la rébellion de l'hérésie, prendre Castres, Nîmes, Montauban, et tout le reste des places du Languedoc, Manosque et Guyenne... Il faut s'assurer l'argent, raser toutes les places qui ne sont point frontières, ne tiennent point les passages. »

Il inspire longuement, car maintenant, il va s'attaquer à la Cour, aux partis, aux coteries, à la cabale des deux reines.

Et il dira au roi et à la reine ce qu'il leur reproche.

Ce qu'ils n'ont jamais entendu, ce que personne n'a osé leur dire, et lui aussi s'est tu jusqu'alors.

« Le roi est soupçonneux et jaloux », dit-il.

Et d'un coup d'œil, il voit la frayeur paralyser le père Suffren, la colère empourprer le visage de Marie de Médicis, la gêne et l'étonnement saisir Louis XIII.

« Comme si le soleil pouvait être jaloux des astres qui lui doivent leur lumière », poursuit-il.

Il insiste sur les défauts du roi qui n'a pas d'héritier, qui n'est pas assez déterminé, obstiné, qui manque de « libéralité » envers les plus grands serviteurs de l'État.

Puis Richelieu se tourne vers Marie de Médicis :

« Les changements de la reine, dit-il, viennent de son naturel qui de soi-même est ombrageux et qui, ferme et résolu aux grandes affaires, se blesse aisément pour peu de chose... Et les dégoûts du roi peuvent provenir de diverses causes et du même naturel soupçonneux et ombrageux de la reine, sa mère. »

Il a parlé. Les dés roulent. Il peut tout dire, évoquer sa santé, les haines qui l'entourent :

« Sa Majesté doit aussi savoir que les grands hommes qu'on met au gouvernement des États sont comme ceux qu'on condamne au supplice, avec cette différence seulement que ceux-ci reçoivent la peine de leurs fautes et les autres de leurs mérites... »

Il est prêt à quitter sa charge.

Un autre, qui n'aurait pas à affronter la même cabale, ne sera pas usé par la maladie, « dira librement ses pensées et agira avec plus de hardiesse que moi ».

Il a tout dit.

Maintenant il attend.

Le roi se lève :

« J'ai écouté ce que le Cardinal vient de dire. Je suis résolu d'en faire mon profit, mais je ne veux plus qu'il parle de retraite. »

Richelieu a pour l'instant gagné contre la cabale.

L'armée royale chevauche vers le Piémont. Et Richelieu voit devant lui le carrosse royal. On gagne Grenoble en évitant Lyon où la peste sévit.

On gravit après des jours de route le mont Genèvre.

Le tapis de neige s'épaissit sous le pas des mulets. On embarque dans de petits traîneaux appelés « ramasses » qui filent sur les pentes neigeuses.

« Il neige ici continuellement, écrit Richelieu, le lieu est le plus laid qu'il puisse se trouver au monde mais personne ne s'y ennuie. »

On négocie avec le duc de Savoie qui, après des rodomontades, abandonne Suse, lève les barrages devant les troupes royales, obtient des compensations, et signe un traité le 11 mars 1629. La route de Casale est ouverte. Les Espagnols lèvent le siège de la place forte dans la nuit du 15 au 16 mars.

Les troupes royales s'installent à Suse, à Casale, et le 28 avril le roi annonce qu'il « quitte l'armée du Piémont pour aller à celle de Valence ».

Richelieu en prend le commandement. Il est assisté des deux maréchaux Bassompierre et Créqui. Et Richelieu ordonne à Toiras, maréchal de camp, d'entrer dans le Montferrat à la tête de trois mille hommes et quatre cents chevaux.

Il est temps maintenant d'en finir avec l'hérésie, dans le royaume.

Les huguenots sont seuls, face à l'armée royale. Par un traité qui va être signé, le roi d'Angleterre s'engage à ne plus « se mêler de la religion des sujets protestants du roi de France ».

Le 10 mai 1629, Richelieu après avoir ordonné au maréchal de Créqui de rester à Suse, avec six mille cinq cents hommes et cent cinquante chevaux, afin de veiller à l'application par le duc de Savoie du traité qu'il a signé avec Louis XIII, rejoint le roi sous les murs de Privas.

Ces déplacements l'épuisent. Il souffre de tout son corps. Les cahots irritent ses ulcères qui lui rendent la station assise si douloureuse. C'est une torture, son visage en est pâle et creusé.

Il n'est plus question de monter en selle, mais plutôt de faire aménager un carrosse afin qu'il pût s'y tenir allongé.

Arrivé à Privas, il est si las, le corps si perclus et déchiré qu'il se couche, n'assiste pas à l'entrée des troupes dans la ville après dix jours de siège.

Mais on vient lui annoncer que la ville est livrée au pillage, ses maisons brûlées, ses défenseurs passés au fil de l'épée, certains réservés pour la potence ou les galères, les femmes sont violées, tuées.

Il se lève mais il est impuissant devant ce carnage.

« Dieu m'a fait la grâce, écrit-il le 30 mai 1629, que je n'ai point vu cette tuerie. »

Mais en même temps, il ajoute que cette « rigueur non volontaire » fera connaître à beaucoup « qu'ils auront à se mettre de bonne heure à l'obéissance, sans attendre qu'on les y contraigne ».

Les villes se rendent l'une après l'autre. Alès capitule le 17 juin et le roi accorde la grâce aux huguenots, à charge pour eux d'obéir et détruire remparts et forteresses, renoncer à toutes leurs places de sûreté.

Quant au duc de Rohan, « la nouvelle de la prise de Privas lui a abaissé les cornes ». Il renonce à diriger la résistance, capitule et doit quitter le royaume.

Il ne s'agit plus de traiter avec les huguenots mais de les soumettre.

> *La paix que le roi accorde en cette extrémité*
> *Est pour eux une grâce et non pas un traité.*
> *Il traitait autrefois, maintenant il ordonne.*
> *Alors il excusait, à présent il pardonne.*

La paix d'Alès le 28 juin 1629 est une véritable capitulation huguenote.

« Il n'y a plus de corps d'hérétiques en France, puisqu'il a été décapité, le chef Rohan conduit à Venise par Toulon et Gênes », dit Richelieu.

Pourquoi dès lors s'attarder ?

Louis XIII, accablé par les chaleurs du Languedoc, regagne le Louvre.

C'est Richelieu qui entre au milieu des acclamations à Montauban, le 21 août 1629.

Il écrit au roi :

« On peut dire maintenant avec vérité que les sources de l'hérésie et de la rébellion sont taries. Tout ploie sous le nom de Votre Majesté. »

Mais Richelieu est brisé.

La chaleur, les déplacements, la tension, les dépêches qui ne cessent d'arriver et lui font craindre que la cabale n'entoure, n'influence le roi, seul en face d'elle, l'épuisent.

Il veut rentrer à Paris, mais la fièvre l'immobilise à Pézenas.

Il est à bout de forces.

Il décide d'abandonner la route, d'embarquer sur l'Allier et de rejoindre la Loire.

Le navire à voile où Richelieu est installé avec ses familiers et ses domestiques comporte une chambre et une antichambre tendues de tapisseries. C'est l'appartement du Cardinal, qui se tient le plus souvent allongé.

Le navire progresse, au centre d'une véritable flottille. Une frégate ouvre le convoi pour « faire la découverte des passages » entre les bancs de sable.

Puis viennent un bateau de mousquetaires, et deux autres montés par des gardes du Cardinal et des gentilshommes.

Le navire à voile du Cardinal a aussi embarqué des gardes qui se tiennent à la proue et à la poupe. Il est suivi par deux barques qui transportent les vêtements, l'argenterie du Cardinal, sur lesquels veillent les mousquetaires.

Deux pelotons de gardes à cheval chevauchent le long des rives, à même allure que le convoi.

À Briare, Richelieu quitte son navire et gagne Fontainebleau. Toute la Cour est venue à sa rencontre.

Il dévisage ces courtisans qui le flattent, et cependant il a le sentiment que leurs propos ont changé.

On le loue. On veille à se montrer enthousiaste devant les résultats de sa politique, mais il y a de la retenue et de la réserve. Et Richelieu est gagné par l'inquiétude. Il devine des arrière-pensées.

Quel accueil lui réserve la reine mère, qui est le cœur de la cabale ?

Richelieu se rend à Paris, est reçu par le roi, qui le félicite distraitement.

Lorsqu'il entre dans les appartements de la reine mère, le silence aussitôt s'établit. La reine Anne d'Autriche est présente. On ne le regarde pas. On le toise.

Marie de Médicis, d'un ton plein de morgue et de mépris, lui demande comment il se porte.

Richelieu a du mal à maîtriser sa colère. Il mord ses lèvres qui tremblent. Il dit :

« Je me porte mieux que beaucoup de gens qui sont ici ne voudraient. »

Puis quand il peut s'isoler avec le roi, il se confie, la voix sourde, entre désespoir et colère.

Il dit que depuis que La Rochelle a succombé, il est en butte à l'inimitié de toute la Cour.

Mais le roi se tait.

Le lendemain, Richelieu enjoint à ses parents – et

d'abord à sa nièce – placés par lui dans la Maison de la reine de se retirer comme il le fait.

Le roi le convoque, lui demande de revenir sur sa décision et d'écrire une lettre d'excuses à la reine mère. Et le roi pleure.

Richelieu accepte.

Le roi le fait duc et pair, le nomme le 4 décembre 1629 lieutenant général commandant l'armée d'Italie.

Et Louis XIII lui écrit :

« Assurez-vous toujours de mon affection qui durera jusqu'au dernier soupir de ma vie. »

Comment ne pas tenter de se réconcilier avec la reine mère ?

Richelieu accomplit les gestes nécessaires, mais il rappelle au roi que Marie de Médicis disait, quand il lui proposait une mesure pour résoudre un différend entre elle et son fils, « que j'avais trop de passion à votre service ».

Pour sceller la réconciliation, Richelieu ordonne que l'on invite à une grande fête en son hôtel de Rambouillet, pour le Noël de cette année 1629, le roi et les reines, et toute la Cour.

« M. le Cardinal fit un superbe festin avec comédies, ballets et musiques excellentes. »

Puis le 29 décembre 1629, vers trois heures de l'après-midi, Richelieu monte en carrosse pour se rendre à Fontainebleau, et de là, il prendra la route de Lyon, puis celle d'Italie.

Car « les troupes impériales et celles du roi d'Espagne se sont saisies des passages des Grisons au préjudice de nos alliances ».

L'armée royale, a précisé Louis XIII, sera commandée

par notre cousin, « le cardinal de Richelieu, lieutenant général représentant notre personne tant dedans
que dehors notre royaume en toutes les provinces et
lieux auxquels il aura besoin de la faire passer ou
séjourner… ».

Richelieu, malgré les douleurs qui déchirent son
corps à chaque cahot, est apaisé : le roi vient de lui
renouveler sa confiance.

Mais jusqu'à quand ?

25

En ces premiers jours du mois de janvier 1630, Richelieu commence la quarante-cinquième année de sa vie.

Il dévisage lentement, les yeux mi-clos, les maréchaux Schomberg et Bassompierre, le duc de Montmorency, assis en face de lui, et le cardinal de La Valette, installé à ses côtés dans ce carrosse qui roule grand train vers la Savoie et l'Italie.

Aucun de ces hommes titrés ne soutient son regard. Le cardinal de La Valette est un allié fidèle. Les autres sont respectueux des décisions du roi.

Et Louis XIII l'ayant nommé lieutenant général avec pouvoir de commander les armées en campagne, tous les officiers généraux, même les maréchaux, sont placés sous ses ordres et tenus de lui obéir.

L'escorte du carrosse donne la mesure de sa puissance. L'escadron des pages caracole autour de la voiture, que les gardes à cheval, le mousqueton avec son bassinet plein de poudre placé en travers de la selle, précèdent.

Ils ont la poitrine serrée dans le corselet. Et huit compagnies de mousquetaires suivent la voiture où s'entassent les serviteurs du Cardinal, ses hardes et son argenterie.

Richelieu lit malgré les cahots les rapports de ses espions et les dépêches.

De temps à autre il s'interrompt, et, parce que cela le rassure, il répète les propos du roi : « Puisque les Espagnols veulent la guerre, ils l'auront jusqu'à la gueule. »

Les maréchaux approuvent.

« Je vais en Italie, poursuit Richelieu, résolu à soutenir la réputation de mon roi, à donner une bonne mortification aux Espagnols qui sont vraiment trop présomptueux et envahissants. Je les frapperai à la tête… »

Il entrecroise ses doigts comme s'il s'apprêtait à prier puis il dit :

« Le roi en sa bonté m'a donné pleins pouvoirs en tout, sauf en une seule chose, celui de faire la paix. »

Il ferme les yeux, fait mine de somnoler mais aussitôt, les doutes l'assaillent. Les certitudes qu'il vient d'exprimer s'effritent.

Il a froid, il grelotte même. Il se pelotonne dans l'angle du carrosse, glissant ses mains sous les peaux de mouton qui enveloppent ses jambes.

Il faut que les maréchaux, le duc de Montmorency, tous les Grands, les courtisans soient persuadés qu'il a toute la confiance du roi, et qu'elle ne lui peut être retirée. Mais il voudrait être seul avec le cardinal de La Valette.

Lui sait que la cabale des reines n'est pas dénouée. Que Marie de Médicis conspire avec le garde des Sceaux, Michel de Marillac, contre la politique « du dehors » que, dit-elle, le Cardinal impose au roi et dont il dissimule les conséquences.

Marillac la conforte dans ses vues. Le pays est exsangue, dit-il. La peste sévit à Lyon et dans toutes les contrées alpines. Elle gagne comme une eau saumâtre qui se répand. Et ce serait folie de laisser le roi rejoindre l'armée, dont les rangs sont déjà décimés par cette épidémie.

Ils ont obtenu que le frère de Marillac, Louis, maréchal de camp, soit désigné pour se rendre auprès de l'armée. Et ils disposent ainsi d'un allié, prêt à retourner les troupes contre le Cardinal, et tout au moins à affaiblir son pouvoir.

La reine mère Marie de Médicis ne cesse de correspondre avec son fils préféré Gaston d'Orléans, qui s'est exilé en Lorraine, prétextant qu'il craignait pour sa vie à rester dans le royaume, et désignant le Cardinal comme un homme capable de faire assassiner ceux qui s'opposent à lui. Le cardinal de Bérulle, ce saint homme, ne vient-il pas de mourir subitement ? Et dans l'entourage des reines on murmure que le cardinal de Richelieu est l'empoisonneur.

Richelieu se laisse aller, s'abandonnant au balancement du carrosse.

Il se remémore ces missives dans lesquelles ses espions transcrivent les confidences de l'une des femmes de chambre de Marie de Médicis, Claire Bricet. Cette jeune femme, mariée à un Italien du nom de Zocoli, est toute dévouée puisqu'on la paie grassement. Elle s'est rendue indispensable à la reine, qui exige qu'elle reste près d'elle même lorsqu'elle reçoit le garde des Sceaux ; la reine mère est persuadée que, mariée à un Italien, cette femme ne peut que lui être fidèle.

Comment pourrait-elle imaginer que chaque nuit, Claire Bricet rencontre un espion du Cardinal, et lui raconte tout ce qu'elle a vu et entendu ?

Et il ressort de ces propos que la reine mère, la reine Anne d'Autriche, Marillac, et bien d'autres n'ont qu'une pensée : trancher les liens qui unissent Louis XIII à son ministre.

Richelieu rouvre les yeux.

Il dit qu'il faut avancer vite, vaincre les troupes du duc de Savoie, les Espagnols, les Impériaux. Ne se soucier ni de la peste ni du froid qui, au fur et à mesure que l'on s'enfonce dans les vallées, devient plus rigoureux.

Les gants fourrés, un manchon de loutre, une peau d'agneau, trois bas de laine ne suffisent pas. Les soldats murmurent, maudissent ceux qui les envoient, en hiver, franchir les cols sous des bourrasques de neige et de pluie mêlées.

Il faut donner l'exemple, montrer qu'on est, tout cardinal qu'on soit, noble d'épée.

Richelieu descend du carrosse, surmonte ses douleurs.

Il a l'épée au côté. Il retrouve les mouvements appris jadis, pour monter en selle, chevaucher, les pistolets d'arçon à portée de main.

Il a revêtu une cuirasse, mis une plume à son feutre.

Il pousse son cheval dans la rivière aux eaux glacées que les troupes traversent à gué.

Richelieu écarte les pages qui caracolent près de lui, et il fait « voltiger » son cheval, sous les yeux de tous ces gentilshommes, leur montrant qu'il est des leurs, et peut-être le meilleur cavalier d'entre eux.

Il en oublie, le temps de gravir les berges et les escarpements, que son bel habit feuille-morte brodé d'or est trempé, et que le froid serre son corps dans ses tenailles acérées.

Quand un orage de pluie, de grêle et de neige crève au-dessus de l'armée, il remonte dans son carrosse.

Il y est seul, avec un jeune enfant, « fort joli », qui parfois descend, va folâtrer dans toute l'armée et court redire au Cardinal tout ce qu'il a entendu, « grand disciple malgré son jeune âge d'un si grand maître », dit-on de lui.

Mais les soldats avançant sous la bourrasque « envoient le Cardinal à tous les diables ».

Il faudrait les faire taire. Mais l'ordre qu'il donne n'est guère suivi !

« Quand les soldats souffrent ou ont du mal, dit le major des gardes, ils ne manquent jamais d'envoyer au diable tous ceux qu'ils en croient les causes. Quand ils sont à leur aise, ils disent toujours du bien du général de l'armée et s'enivrent souvent en buvant à sa santé. »

Il faut donc les laisser rechigner et maudire, et d'autant plus qu'ils avancent malgré les intempéries et que, descendant la vallée de la Doire, ils s'emparent le 29 mars de la citadelle de Pignerol, qui commande la plaine entourant Turin ainsi que le débouché des vallées alpestres.

C'est maintenant qu'il faut choisir entre la guerre et la paix. Le duc de Savoie s'est rangé du côté des Espagnols, qui ne vont pas tolérer que six mille Français occupent Pignerol et contrôlent ainsi l'accès aux Alpes et donc les routes qui conduisent vers l'Allemagne.

Naturellement, le garde des Sceaux, Marillac, la reine mère et la reine sont favorables à la paix.

« Si on rend Pignerol, il faut perdre la pensée d'Italie pour jamais », écrit Richelieu au roi.

Il est impatient de le rencontrer, en ce printemps 1630 qui s'épanouit. Il sent que Louis XIII hésite. Des paysans sont en révolte autour de Lyon. La peste sévit, plus vorace encore, comme excitée par les chaleurs qui viennent.

De toutes parts on presse le souverain de conclure la paix. Un jeune légat du pape, diplomate habile, Giulio Mazarini, sert d'intermédiaire, rencontre Richelieu.

Le Cardinal est séduit par l'intelligence rapide de ce jeune homme qui reconnaît que la paix ne sera obtenue que si les Français quittent Pignerol. Et de cela, qu'acceptent Marillac et les reines, Richelieu ne veut pas.

« Si l'on conserve Pignerol, écrit-il, et qu'on rende la place inexpugnable, le roi a fait la plus grande conquête qui se puisse faire et aura lieu d'être maître et arbitre de l'Italie. »

Il apprend avec joie que le roi s'est enfin mis en route, qu'il a rejoint Lyon, au début du mois de mai 1630, en compagnie des reines et de la Cour, et qu'il viendra seul à Grenoble le 10 mai.

Et Richelieu arrive d'Italie la veille.

On tient conseil en présence des maréchaux, des secrétaires d'État. Richelieu parle sans quitter des yeux le roi, qui dérobe son regard.

D'une voix douce, insinuante, il ne dissimule aucun des arguments de Michel de Marillac en faveur de la paix.

Le garde des Sceaux a évoqué les révoltes, la misère des peuples.

« La pitié et la justice qui sont deux colonnes qui soutiennent les États sont encore en une grande débilité, travaillent beaucoup à se remettre et ne le peuvent faire qu'en paix. »

Richelieu laisse s'écouler un long moment de silence, puis dit, détachant chaque mot :

« Si le roi se résout à la guerre, il faut quitter toute pensée de repos, d'épargne et de règlement du dedans du royaume. »

La paix alors ?

Mais quelle paix ? Honteuse, boiteuse !

Et pour quel profit au-dedans du royaume ? La fin des révoltes des « va-nu-pieds » ?

Illusion !

« L'aversion que les peuples ont de la guerre, poursuit Richelieu, n'est pas un motif considérable pour porter à une telle paix, vu que souvent les peuples sentent et se plaignent aussi bien des maux nécessaires que de ceux qu'on peut éviter, et qu'ils sont aussi ignorants à connaître ce qui est utile à un État comme sensibles et prompts à se plaindre des maux qu'il faut souffrir pour en éviter de plus grands. »

La guerre donc.

Tous les maréchaux y sont favorables.

Richelieu ne quitte pas Louis XIII des yeux.

Le souverain murmure « ne pouvoir consentir à la paix vu l'intérêt que sa réputation en souffrirait ».

Mais aussitôt Louis XIII se reprend comme s'il

pensait à la reine mère, aux oppositions qu'il va rencontrer, et tout en s'éloignant, il invite Richelieu à se rendre à Lyon pour répondre à Marillac, tenter de convaincre les reines.

Richelieu s'incline.

Rien n'est jamais acquis.

Il faut donc recommencer à plaider, devant les reines, Marillac, le roi, et reconnaître d'abord que « la guerre est un des fléaux par lesquels il plaît à Dieu d'affliger les hommes ».

Richelieu a le sentiment qu'il est Sisyphe roulant sans fin un rocher jusqu'au sommet, s'épuisant à cet effort surhumain qu'il doit renouveler aussitôt puisque le rocher, par la volonté des dieux, roule au bas de la pente.

Richelieu trouve l'énergie de marteler :

« Qui ferait la paix à des conditions honteuses ne la préserverait pas longtemps, perdrait la réputation pour jamais et s'exposerait à l'avenir à des guerres de longue durée, étant certain que personne ne craindrait de nous attaquer, vu le peu de constance et de fermeté qu'on nous aurait vu en cette occasion où nous avons des avantages que nous ne pouvons avoir une autre fois. Tous les étrangers jugeront notre alliance inutile à cause de notre légèreté et ne croiront plus pouvoir trouver de sûreté qu'avec l'Espagne, dont ils supporteront volontairement quelque tyrannie pour s'exempter de ses mauvais desseins, desquels ils ne nous jugeraient pas capables de les garantir. »

Quand il entend Marie de Médicis déclarer à mi-voix qu'elle n'est pas favorable à une paix honteuse,

Richelieu sait qu'il a remporté cette partie-là, mais que l'affrontement va continuer.

Dans le regard que lui a jeté Marie de Médicis, dans la grimace de Marillac et la moue d'Anne d'Autriche, il a lu la haine, la colère, le mépris. Le roi, d'ailleurs, ne reste pas longtemps à la tête des troupes qu'il a rejointes avec Richelieu.

Louis XIII paraît las de cette guerre qu'il vient d'approuver.

Et Richelieu anxieux guette les mouvements d'humeur du souverain.

Ils séjournent à Saint-Jean-de-Maurienne, sur la route du Mont-Cenis et du Piémont.

Ils regardent passer les troupes qui remontent la vallée. La chaleur est accablante. Des soldats tombent, frappés par cette épidémie de peste qui persiste et s'étend dans toutes les vallées alpines.

Richelieu sait que le roi reçoit des missives de la reine mère, restée à Lyon. Elle l'adjure de la rejoindre, de ne pas franchir les monts, de ne pas entrer dans ce pays que la peste ravage.

Et Richelieu accablé se sent impuissant.

Si le roi quitte les troupes, il succombera à nouveau à l'influence de Marie de Médicis, car Richelieu, lieutenant général, ne pourra l'accompagner à Lyon.

Alors il faut mentir, faire écrire aux reines par le médecin du roi que le souverain ne court aucun danger, que sa santé est bonne. Mais Richelieu, lorsqu'il apprend que les troupes impériales ont pris Mantoue, comprend qu'il ne pourra pas retenir le roi, pâle, nauséeux, serrant son ventre à deux mains, tant les douleurs sont vives.

Le 25 juillet 1630, Louis XIII regagne Lyon, où il va retrouver les reines.

Tout – l'engagement du roi dans la guerre, la confiance accordée, sa résistance à la cabale des reines – va-t-il être remis en question ?

À quarante-cinq ans, Richelieu va-t-il tout perdre ?

Le 27 juillet 1630 il écrit à l'ambassadeur de Venise :

« Je vous dis en confidence que les quatre jours que je viens de passer j'ai été plus mort que vif à cause de la maladie du roi. Tout s'est retourné contre moi qui l'avais conduit ici comme s'il était en mon pouvoir de le maintenir en bonne santé. Je vous jure que le jour où il a eu son plus fort accès, je me suis fait saigner, aussitôt après j'ai subi une purgation dans les règles tant j'étais bouleversé et travaillé. »

Après ce moment d'abattement il se reprend, décide de quitter Saint-Jean-de-Maurienne pour Lyon, le 22 août.

Il sait le roi affaibli, en proie à des maux de ventre qui le déchirent, le conduisent à tenter de se vider quarante fois par jour, et cette diarrhée souvent ensanglantée l'épuise.

Mais, dès que les douleurs s'éloignent, il chasse aux environs de Lyon. Ce que craint Richelieu, c'est l'influence des reines. On dit que la reine mère passe ses nuits au chevet de son fils. Et la mort rôde.

Le duc de Savoie, Charles-Emmanuel, vient de mourir, laissant son duché à Victor-Amédée.

Le général espagnol Ambroise Spinola succombe devant Casale, où résiste le maréchal de Toiras.

Et Richelieu, à la lecture des rapports de ses espions, sait qu'on pense à la mort du roi.

Gaston d'Orléans lui succéderait. Marie de Médicis exercerait de fait le pouvoir, et peut-être la reine veuve, Anne d'Autriche, épouserait-elle Gaston ! On murmure que, dans cette hypothèse, le capitaine des mousquetaires Tréville pourrait casser d'un coup de pistolet la tête de Richelieu. Et revient alors comme un cauchemar le souvenir du corps de Concini démembré, dépecé.

A-t-il jamais vécu jours plus incertains, plus angoissants ?

Richelieu, après quelques heures passées à Lyon, ne s'interroge même plus.

Il est sûr qu'il affronte le « grand orage » de sa vie.

Tout est suspendu à la vie du roi, dont la mort semble si proche, au mois de septembre, que le cardinal de Lyon, Alphonse de Richelieu, fait exposer le saint sacrement dans toutes les églises et que l'on répète les prières des quarante heures.

Ce dimanche 29 septembre 1630 le roi communie.

On pleure autour de lui. On se jette à genoux. On sanglote. Et les reines accablent Richelieu.

Marie de Médicis l'accuse d'avoir, en invitant le roi à se rendre dans les Alpes, au Piémont, mis sa vie en danger, et cela pour une guerre inutile.

Anne d'Autriche surenchérit :

« Voilà ce qu'a fait ce beau voyage ! », lance-t-elle au Cardinal.

Que peut-il répondre ?

Faire comme si le roi allait survivre, prier, continuer la guerre et voir ce légat du pape, Giulio Mazarini, afin d'examiner les conditions d'une paix fructueuse. Il apprécie l'entregent de cet homme de la papauté et il songe à se l'attacher, parce qu'il lui paraît bien supérieur au père Joseph, qui négocie en Allemagne de manière imprudente.

Mais tout dépend d'abord de la survie du roi.

Le lundi 30 septembre, l'évêque Alphonse de Richelieu lui administre l'extrême-onction. Et les médecins pratiquent au bras droit une septième saignée.

Après quelques heures c'est le miracle.

Le roi se vide, l'abcès intestinal ayant crevé.

Il suffit de quelques heures pour que Louis XIII, après avoir évacué les selles sanguinolentes, se sente dispos et mange de bon appétit.

« Je ne sais si je suis mort ou vif, tant je suis hors de moi pour avoir vu ce matin le plus grand et le plus vertueux des rois et le meilleur maître du monde en tel état que je n'espérais pas le voir vivant ce soir, écrit Richelieu au maréchal de Schomberg. Il a plu à Dieu par Sa bonté nous délivrer maintenant de cette appréhension par un abcès qui s'est ouvert, lequel il avait dans le corps... Les médecins répondent maintenant de sa guérison. Mon esprit n'est point encore revenu des appréhensions incroyables que j'ai eues. »

Dans une autre lettre, Richelieu ajoute :

« Je supplie Dieu qu'Il m'envoie plutôt la mort en Sa grâce qu'occasion de retomber en l'état auquel nous avons été. »

À la mi-octobre, en litière, le roi quitte Lyon et rejoint Roanne.

Richelieu suit, à quelques jours de distance.

Il voyage en compagnie de la reine mère et du garde

des Sceaux. Il se méfie de l'amabilité doucereuse de Marie de Médicis.

Les espions assurent qu'elle écrit à Gaston d'Orléans, à ses proches, au roi lui-même, répétant qu'elle veut jeter en disgrâce ce cardinal de Richelieu ingrat.

Elle dit vouloir se venger.

Richelieu fait mine de croire aux bonnes grâces de la reine mère. Il se montre déférent. Il sollicite ses avis sur le projet de traité de paix qu'à Ratisbonne le père Joseph a accepté, et que Richelieu refuse, condamne, fustigeant le père Joseph pour avoir donné son agrément qui contraint le roi de France à tout abandonner en Italie.

Or on continue de se battre en Italie, devant Casale. Entre les troupes espagnoles et l'armée française, on voit surgir un cavalier agitant une écharpe blanche, conviant les soldats des deux royaumes à cesser le feu. Le cavalier répète, l'écharpe au bout du bras : « *Alto ! Alto ! Pace ! Pace !* »

C'est Giulio Mazarini l'intrépide négociateur. Il a fait accepter un traité qui laisse à un prince français la place forte de Mantoue. L'empereur accorde au duc Charles de Nevers son investiture. Le roi de France reste ainsi présent en Italie.

Marie de Médicis félicite Richelieu de cet accord, et se range à son avis, pour rejeter la paix de Ratisbonne. Mais Richelieu reste sur ses gardes.

« Je connais sa nature qui ignore le pardon, dit Richelieu. Il faudra toujours que je fasse attention à ma vie et à me maintenir dans les bonnes grâces du roi. »

Au début novembre, Richelieu s'est installé au Petit Luxembourg, ce palais que Marie de Médicis lui a offert.

Elle a gagné le Luxembourg, à quelques pas de là. Et le roi loge tout près, rue de Tournon, dans l'ancien hôtel de Concini.

Le dimanche 10 novembre, après avoir entendu la messe à Notre-Dame, le Conseil se réunit en présence de la reine mère, de Marillac et de Richelieu.

Il devrait être satisfait. Le Conseil confirme le rejet du traité de Ratisbonne et approuve l'accord conclu en Italie grâce à Mazarin.

Et cependant Richelieu est inquiet.

Marie de Médicis l'invite, le Conseil terminé, à lui rendre visite au palais du Luxembourg, il est sur ses gardes.

Elle est debout, bras croisés, imposante, comme l'incarnation de la vengeance longtemps différée.

Elle n'a plus confiance en lui depuis plus d'un an, dit-elle, l'expression hostile et méprisante. Elle lui retire donc les charges qu'il occupait dans sa Maison, et elle renvoie celles et ceux qu'il avait recommandés : et d'abord sa nièce.

Il se retire, humilié, vaincu.

Tout dépend du roi, car la reine mère ne reviendra pas sur ses décisions. Et peut-on imaginer que son fils la condamnera ?

Louis XIII devra choisir entre elle, sa mère, ou lui, son principal ministre.

Le lundi 11 novembre, dans la matinée, après une nuit de cauchemar, Richelieu apprend qu'au Luxembourg la reine mère est avec le roi.

S'il est une dernière chance de ne pas être rejeté de la Cour, de voir sa vie – non pas seulement sa vie politique ! – continuer au-delà de ce jour, il doit empêcher ce tête-à-tête. Il se rend au palais du Luxembourg.

Toutes les portes donnant accès à l'appartement de la reine sont fermées, verrous tirés. Mais Claire Bricet a averti qu'elle laisserait une petite porte, à laquelle on accède en traversant la chapelle, ouverte.

La porte est située au bout d'un couloir sombre.

Il reconnaît les voix de la reine mère et du roi. Il pousse la porte.

Leurs Majestés sont là, saisies.

Le roi pâle, figé. La reine mère le visage empourpré par la colère et même la rage.

Comment a-t-elle pu oublier de tirer ce verrou ?

Richelieu s'incline, sourit.

« Je gagerais que Leurs Majestés parlent de moi », dit-il d'une voix humble mais chargée d'ironie.

« Oui ! », crie Marie de Médicis.

Elle l'accuse d'insolence, d'ingratitude. Elle lui reproche d'avoir toujours agi à son insu, avide de pouvoir, imaginant même qu'il pourrait marier sa nièce à Monsieur, et ainsi, régner après la mort du roi.

Elle hurle qu'elle ne veut plus entendre parler de lui, de ses parents, de ses amis tous dévoués à lui et non au roi.

Louis XIII bégaie quelques mots.

L'émotion bouleverse Richelieu. Il voudrait la maîtriser, mais la fureur haineuse de la reine l'affole. Il sollicite son pardon, cependant qu'elle dit au roi « que ce sera elle ou le Cardinal qui quittera la Cour ».

Elle ne veut plus avoir affaire à ce traître.

Il sanglote, s'agenouille. Elle est fière, droite, méprisante.

Il saisit le pan de sa robe et l'embrasse, puis, le visage couvert de larmes, il se retire.

Tout son corps tremble.

Il songe à quitter Paris, à ne pas se rendre à Versailles où le roi qui a décidé de gagner son pavillon de chasse lui a demandé de le rejoindre. Richelieu est tenté d'abandonner. Il ne veut pas connaître le sort de Concini.

Ses proches l'entourent.

« Qui quitte la partie la perd », dit le cardinal de La Valette.

On lui rapporte que les Grands sont persuadés de son éviction et s'en félicitent. La reine mère affirme partout qu'elle a chassé le Cardinal. Les courtisans s'empressent autour d'elle, la congratulent.

Il faut trouver des appuis. Richelieu se rend auprès de Gaston d'Orléans, mais Monsieur lui refuse sa porte à trois reprises.

C'est trop. L'orgueil le redresse, l'incite à agir. Il ne peut désobéir à l'ordre du roi qui l'attend à Versailles. Il doit jouer sa partie jusqu'au bout.

Le cardinal de La Valette le félicite de sa décision. Le roi ne reçoit jamais dans son relais de chasse. C'est donc un signe qu'il vient de donner en convoquant Richelieu en ce lieu réservé à ses intimes.

Le corps brisé, l'âme pantelante, et cependant un bloc de volonté et d'espérance au fond de soi, Richelieu se présente devant le roi, s'incline, s'agenouille, remerciant le « meilleur de tous les maîtres ».

« Vous êtes le plus fidèle et le plus affectionné serviteur qui fût au monde », répond le roi.

Il aide Richelieu à se redresser.

Il lui serre le bras.

« Je vous commande absolument de rester et de continuer de tenir le timon des affaires parce que telle est mon irrévocable décision. »

Richelieu, couché dans la chambre que le roi lui a assignée et qui est habituellement réservée à un prince de sang, entend toute la nuit les voix des courriers et le martèlement des sabots de leurs chevaux.

Le Conseil doit se tenir à Versailles. Il faut en avertir les ministres et secrétaires d'État.

Marillac est démis, doit rendre les Sceaux, et il est arrêté. Les maréchaux Schomberg et La Force, qui ont reçu une lettre de cachet du roi, sont chargés de l'arrestation du maréchal de Marillac, le frère du garde des Sceaux.

Dans la matinée du 12 décembre, la reine mère est avertie des décisions du roi. On lui refuse le droit de se rendre à Versailles comme elle en manifeste l'intention.

Tous les courtisans, qui lui avaient fait allégeance et l'avaient félicitée le jour précédent, s'éloignent d'elle, au terme de cette « journée des Dupes ».

Les vaincus sont seuls.

SIXIÈME PARTIE

1630-1638

« Je souhaite votre gloire
plus que jamais serviteur
qui ait été n'a fait
celle de son maître
et je n'oublierai jamais
rien de ce que j'y pourrai
contribuer. »

Lettre de Richelieu à Louis XIII,
12 novembre 1630

26

Richelieu voudrait croire que Marie de Médicis est vaincue. Mais il a trop côtoyé et conseillé la reine mère pour imaginer qu'elle puisse accepter d'être humiliée, dépouillée de son pouvoir.

Elle n'a jamais renoncé à régner. Elle a disputé au roi – son fils ! – la prééminence. Elle a pris les armes contre lui.

Elle a souffert de ce gouvernement à trois – elle, le roi et le Cardinal – qui peu à peu s'est mis en place mais dont elle n'a jamais voulu.

Elle est persuadée que dans un tête-à-tête avec son fils, elle le dominera.

Il faut donc qu'elle écarte ou qu'on tue le Cardinal.

Lorsqu'il pense à cela, Richelieu ne peut s'abandonner à la satisfaction d'avoir obtenu la confiance du roi.

Louis XIII persistera-t-il à le soutenir ?

Sa résolution ne sera-t-elle pas détruite par les intrigues de la Cour, les cabales que Marie de Médicis fomentera ? Et sans doute pourra-t-elle compter sur l'appui de Monsieur frère du roi, de la reine Anne d'Autriche et des Grands.

Richelieu est taraudé par l'inquiétude. Et comme

chaque fois que son humeur s'assombrit, que l'angoisse le saisit, son corps est rongé par des abcès, des plaies purulentes.

Il doit se faire panser et il sait qu'à la Cour, dans l'entourage de Marie de Médicis, on ricane. Il n'est qu'un « cul pourri ». C'est ainsi qu'on le nomme.

Dès qu'il sera éloigné, les courtisans diront qu'il « se dessèche à vue d'œil », qu'en dépit de la poudre qui tente de colorer son visage, il est d'une pâleur mortelle, « méconnaissable ».

Sont-ce là les traits, l'expression d'un vainqueur ?

Tous se persuadent que la reine mère n'a pas déposé les armes, que le roi est désireux d'obtenir une réconciliation entre elle et le Cardinal.

Et la partie sera à rejouer.

Richelieu, durant de courts instants, mais qui l'accablent, ressent le désir de se retirer.

Il entre dans sa quarante-sixième année. Son corps est usé. Lorsque les abcès, les écoulements ravagent sa « porte de derrière », à peine s'il peut rester assis. Il travaille allongé, ses chats lovés contre lui.

C'est ainsi qu'il reçoit Contarini, l'ambassadeur de Venise, qu'il se confie d'une voix exténuée :

« Je ne peux plus me fier à la reine mère, dit-il. Comme tous les Italiens, elle conserve en elle, toujours verts, les rameaux de la haine... »

Il se redresse lorsque Contarini lui raconte que le roi, recevant des membres du Parlement, leur a dit :

« Vous savez où l'animosité a porté la reine ma mère contre M. le Cardinal. Je veux honorer et respecter ma mère, mais je veux assister et protéger le Cardinal contre tous... »

C'est bien du roi que tout dépend.

Alors il faut le conforter dans sa volonté, telle qu'elle s'est exprimée au terme de cette « journée des Dupes ». Il faut lui exprimer sa gratitude, l'assurer qu'on sera son serviteur dévoué.

Tel doit être le comportement d'un sujet du roi, car telle est la volonté de Dieu qui a choisi de faire d'un homme, d'une dynastie, ses représentants sur terre.

Le roi est sacré. Il est thaumaturge. Il assèche les plaies.

« Si le roi te touche, Dieu te guérit. »

Richelieu a pris la plume, dès le 12 novembre 1630, le lendemain de la « journée des Dupes ».

« Il m'est impossible de ne pas témoigner à Votre Majesté, l'extrême satisfaction que je reçus hier de l'honneur de sa vue, écrit-il. Ses sentiments sont pleins de générosité, et d'autant plus estimables qu'elle les soumet à la raison et aux justes considérations du bien et du salut de son État.

« Je souhaite votre gloire plus que jamais serviteur qui ait été n'a fait celle de son maître et je n'oublierai jamais rien de ce que j'y pourrai contribuer.

« Les singuliers témoignages qu'il vous plut hier de me rendre de votre bienveillance m'ont percé le cœur.

« Je m'en sens si extraordinairement obligé que je ne saurais l'exprimer.

« Je conjure au nom de Dieu Votre Majesté de ne se faire point de mal à elle-même par aucune mélancolie et, moyennant cela, j'espère que, par la bonté de Dieu, elle aura tout contentement. »

Mais Richelieu sent bien que cette supplique ne parvient pas à convaincre le roi. Louis XIII veut un « rapiéçage » entre le Cardinal et la reine mère.

Et comment ne pas se soumettre à sa volonté ?

Il faut donc rencontrer Marie de Médicis, en son palais du Luxembourg, en présence du roi et Monsieur son frère, du père Suffren le confesseur de Sa Majesté, et du cardinal Bagni, le nonce.

« Tout ce qui s'est passé doit être oublié, est déjà oublié », dit Bagni.

Richelieu baisse la tête.

Il ne croit pas à la réconciliation. Mais il faut paraître la désirer, l'accepter.

Il reverra la reine mère, en tête à tête, le jour de Noël. Et durant deux heures, il l'écoute réclamer l'indulgence à l'égard des frères Marillac, Michel le garde des Sceaux emprisonné comme son frère Louis le maréchal, le premier, malade, risquant de succomber durant son incarcération et le second menacé de l'échafaud.

Est-ce possible ? Elle veut les voir libres. Ils « sont » à elle.

Elle paraîtra au Conseil du roi, si elle peut espérer que les frères Marillac quittent leur prison.

Richelieu l'écoute.

« Le roi seul… », commence-t-il à dire.

La reine mère l'interrompt, le congédie.

« Les rameaux verts de la haine sont en elle plus vivaces que jamais », confie Richelieu après cet entretien.

Il observe Marie de Médicis à la dérobée.

Elle participe à nouveau au Conseil du roi, mais

elle est muette, pleine de morgue et de mépris, drapée de noir, statue de la réprobation et de la vengeance. Elle refuse d'accueillir à nouveau dans sa Maison la nièce de Richelieu. Elle s'indigne d'apprendre que le roi a décidé d'exiler de la Cour la confidente de la reine Anne d'Autriche qu'il prive aussi d'une dizaine de familiers espagnols.

« Je ne veux pas, dit Louis XIII, voir se reconstituer "une cabale de reines, une cabale espagnole". »

Richelieu est anxieux. Il est peut-être trop tard pour éviter que le royaume ne soit déchiré par une guerre, qui n'opposerait plus seulement la mère et le fils, mais qui serait une « guerre des frères », Louis XIII contre Gaston d'Orléans.

Richelieu le pressent.

Les favoris de Monsieur poussent Gaston d'Orléans à quitter la Cour. Ils n'ont rien obtenu de Richelieu qui leur avait promis rentes et chapeau de cardinal. Rien n'est venu. Alors autant prendre les armes, faire plier le roi, le contraindre à renvoyer « son » Cardinal, ce « cul pourri ».

Le 30 janvier 1631, à la fin de la matinée, Richelieu entend des cris, le piétinement d'une foule. La cour du Palais-Cardinal, située rue Saint-Honoré, non loin du Louvre, est envahie par plusieurs dizaines de gentilshommes, l'épée à la main. Ils entourent Gaston d'Orléans qui, altier, pousse les portes, s'arrête à quelques pas de Richelieu.

« Vous trouverez bien étrange le sujet qui m'amène ici », dit-il.

Il serre la main sur le pommeau de son épée.

Il ne veut pas porter le fer sur un ecclésiastique, car il est respectueux de cette dignité, bougonne-t-il. Mais pour le reste il veut proclamer qu'entre lui et le Cardinal, il n'y a plus d'amitié.

« Tant que j'ai pensé que vous me serviriez je vous ai bien voulu aimer, conclut Gaston d'Orléans, maintenant que je vois que vous manquez à tout ce que vous m'avez promis, je viens retirer la parole que je vous avais donnée de vous affectionner. »

Il s'éloigne, fait claquer ses talons sur le parquet.

Gaston d'Orléans a donc rejoint la cabale de sa mère Marie de Médicis. Il gagne Orléans. Il rassemble des soldats.

Et Richelieu qui a prévu tout cela est accablé, bouleversé.

Le roi, averti, arrive de Versailles, s'emporte, décide d'exiler sa mère au château de Compiègne, et d'y mander huit compagnies des gardes françaises, afin de l'y garder.

Puis il réunit le Conseil à Compiègne même.

Et Richelieu, le visage creusé, le teint blafard malgré la poudre, dit d'une voix tremblante qu'il ne croit à la réconciliation ni avec Monsieur frère du roi ni avec la reine mère, tous deux alliés contre le roi.

Dès lors, il ne reste que deux solutions.

Que Richelieu se retire du Conseil, de la Cour. Et c'est ce qu'il propose de toute son âme.

Car si le roi refuse d'accepter son départ, il faudra exiler la reine mère loin de la Cour. Car elle est l'âme de la cabale.

Le roi se tait longuement, puis, sans ces hésitations qui habituellement fragmentent ses propos, il dit qu'il va assigner la reine mère à résider à Moulins. Elle aura le commandement de cette ville et le commandement du Bourbonnais.

Il faut qu'on l'y conduise. Et lui-même va quitter Compiègne, ce 23 février 1631, en compagnie de la reine Anne d'Autriche.

Et il ne saluera pas sa mère.

Richelieu ne veut pas triompher, même quand il apprend que, recevant un envoyé hollandais, Louis XIII a déclaré : « J'ai toujours consulté avec mes confesseurs de ce que je devais à la reine ma mère, je n'ai jamais manqué en rien de ce qui a été de ma conscience. Ils m'ont tous dit que je devais plus à mon État qu'à elle et la raison l'apprendra à tout le monde. »

Mais Marie de Médicis est puissante et résolue. Elle s'enfuit de Compiègne, se rend à Mons, à Bruxelles, en Angleterre, en Hollande, en Allemagne.

Richelieu sait par ses espions et ses envoyés qu'elle essaie de dresser tous les États, les principautés, les royaumes, contre ce fils, roi de France, qui l'a chassée, et d'abord contre son Cardinal, son âme damnée.

Elle incite ses trois gendres, trois souverains – Philippe IV d'Espagne, Victor-Amédée duc de Savoie, Charles Ier roi d'Angleterre –, à agir contre Louis XIII. Elle harcèle ses filles, Élisabeth, Christine, Henriette, pour faire pression sur leurs époux.

Elle écrit, envoie des messagers à Gaston d'Orléans, son fils préféré, et l'invite à lever une armée, à fortifier Orléans, à appeler les Grands à la révolte contre Richelieu.

Et Gaston d'Orléans se prépare à la « guerre des frères », publie un « manifeste » où Richelieu découvre, une fois encore bouleversé, la haine qu'il suscite.

Gaston qui ne cesse en privé de parler de ce « cul pourri de cardinal » écrit que Richelieu n'est qu'un « prêtre inhumain et pervers, pour ne pas dire scélérat et impie, qui, trahissant son ordre et sa vocation, a introduit dans le ministère la perfidie, la cruauté, la violence ».

Et ce ne sont pas que des mots.

Les espions rapportent qu'il achète des armes et des munitions, entasse des approvisionnements, fortifie Orléans.

Et quand Louis XIII rassemble ses troupes, marche sur Orléans, Monsieur s'enfuit vers la Bourgogne, proclame que « le roi de France est prisonnier de Richelieu », ce cardinal « aux intentions et aux crimes abominables » qui veut détruire le roi, pour établir sa puissance sur les ruines de la monarchie légitime et sacrée.

Il faut que le roi retrouve la raison, se débarrasse de ce « tyran abominable », qui accumule les biens, une fortune considérable, cependant que « le peuple meurt de faim ».

Richelieu ne voulait pas ce déchirement du royaume, ni la guerre de la mère et du fils, ni celle entre les frères.

« Tous ces manquements, écrit-il, ont leur première et originelle cause dans l'aversion qui est dans les esprits, à cause de la division de la reine mère avec le roi, qui a fait naître dans le cœur de la plupart une haine secrète contre le gouvernement. »

Et les périls s'accumulent.

Gaston d'Orléans, poursuivi par les troupes royales, quitte le royaume, passe en Lorraine, dont le souverain Charles IV est l'héritier des Habsbourg, les ennemis du roi de France !

Et il s'éprend de la jeune sœur du duc de Lorraine, Marguerite de Vaudémont.

On dit que Gaston est amoureux fou de la jeune princesse de Lorraine, qu'il veut l'épouser.

Il faut l'en empêcher, et Richelieu obtient du roi qu'il écrive à son frère, qu'il lui rappelle qu'il est l'héritier du trône de France, puisque aucun enfant n'est né de l'union entre Louis XIII et Anne d'Autriche.

Il faut dire à Gaston d'Orléans qu'il a des obligations envers l'État qui souffre beaucoup de ces divisions et Monsieur se doit à soi-même, et à Sa Majesté le roi de France son frère, de cesser de fomenter la guerre.

Ces lettres échangées entre le roi et son frère sont imprimées, vendues à la criée sur le Pont-Neuf.

Au mois de mai 1630, un médecin, qui a créé un bureau à Paris où « chacun peut donner et recevoir avis de toutes les nécessités et commodités de la vie et société humaine », reçoit « le privilège de faire imprimer et vendre, par qui et où bon lui semblera, les nouvelles, gazettes et récits de tout ce qui s'est passé et se passe tant dedans que dehors le royaume ».

C'est le père Joseph qui a pensé à accorder ce privilège à Théophraste Renaudot afin de faire connaître, par le moyen de cette gazette, la pensée et l'action du cardinal de Richelieu.

Et celui-ci retient autant qu'il le peut les mauvaises nouvelles qui s'accumulent, et qui montrent l'obstination guerrière de Gaston d'Orléans.

Monsieur a, défiant le roi, ne tenant pas compte des intérêts et de la politique du royaume, épousé le 3 janvier 1632 la princesse Marguerite de Lorraine. Il cherche à soulever une province du royaume, proche de l'Espagne, afin de pouvoir bénéficier de l'appui des Espagnols.

Le duc de Montmorency promet ainsi à Gaston d'Orléans qu'il peut entraîner le Languedoc dans la rébellion et l'on espère que le gouverneur de Calais livrera son port à la flotte espagnole.

Ce qui menace ainsi, c'est la conjonction que Richelieu redoute tant, entre la guerre du dedans et celle du dehors.

Il écrit à Montmorency qui fut amiral de France et longtemps l'un de ses plus fidèles partisans :

« Je vous conjure de croire que l'affection que je vous porte est et sera toujours telle qu'il est impossible que le temps puisse y porter aucune altération de ma part, étant fondée sur les bonnes qualités que j'ai reconnues en vous, qui me font espérer qu'elles vous rendront toujours semblable à vous-même. »

Mais quand la déraison, fille de l'ambition, s'empare d'un esprit, les mots sont impuissants à l'en chasser.

27

« Je plains M. de Montmorency », murmure Richelieu.

Il vient de lire les dépêches, d'écouter les rapports de ses espions.

Les appels qu'il a lancés à la sagesse, comme il le pressentait, n'ont pas été entendus.

Au contraire, Montmorency s'est enfoncé dans la rébellion. En Languedoc, il a pris la tête d'une armée qui, au nom de Monsieur frère du roi, s'oppose aux troupes royales commandées par le maréchal de Schomberg.

« Je rognerai les ongles si courts à ceux dont on a lieu de se garder, ajoute Richelieu, que leur mauvaise volonté sera inutile. »

Mais il faut que le châtiment s'abatte sur les rebelles.

« Ne pas châtier une faute dont l'impunité ouvre la porte à la licence est une omission criminelle », poursuit Richelieu.

D'autant plus que Montmorency et le frère du roi, qui l'a rejoint devant Castelnaudary, appellent les gentilshommes du royaume à agir afin d'arracher le roi à l'influence maléfique, maudite du Cardinal.

On l'accuse de persécuter la noblesse, de laisser mourir en prison Michel de Marillac, l'ancien garde des Sceaux, de préparer un procès inique contre Louis de Marillac, maréchal de France et frère de Michel. On n'a pu accuser Louis de Marillac que de malversations, puisqu'il n'a jamais désobéi au roi.

Richelieu repousse ces lettres qui demandent l'indulgence, ces accusations dont on l'accable.

Il ne veut pas persécuter la noblesse. Il veut seulement réduire tous les sujets du royaume à une « universelle obéissance ». Et il ne peut réussir que si le roi est persuadé que c'est son autorité qui est menacée, qu'on prépare contre lui des crimes de lèse-majesté.

Richelieu l'incite donc à prendre la tête des armées royales, gardes françaises et suisses, régiments de Vervins et Navarre, huit cents chevaux et quatre canons, et à marcher vers le Languedoc, contre Montmorency. Il faut rédiger une lettre que le roi adressera à Gaston d'Orléans. Il faut que le frère du roi comprenne que Sa Majesté est décidée à appuyer son ministre. Et que toute attaque contre celui-ci est une agression contre le roi.

« C'est à moi, et non point à mes conseillers qu'on en veut, écrit Richelieu au nom du roi. Je sais les qualités et la portée de ceux dont je me sers et Dieu m'a fait la grâce de savoir mieux mes affaires que tous ceux qui se veulent mêler d'en discourir mal à propos... C'est à moi de faire châtier vos conseillers quand ils font mal. Bien que je ne doive compte de mes actions ni de l'administration de mon État qu'à

Dieu seul, je ne crains point qu'on examine l'un et l'autre. »

Le roi approuve cette missive à son frère.

Et Richelieu découvre avec émotion ce que Louis XIII a ajouté :

« J'ai été servi de mon cousin le cardinal de Richelieu avec tant de fidélité et de courage et ses conseils m'ont été si avantageux et si utiles que je ne puis que témoigner à tout le monde l'entière satisfaction que j'ai des services signalés qu'il a rendus et qu'il continue tous les jours de rendre à ma personne et à mon État.

« Je ne mériterais pas le nom de juste si je ne les reconnaissais et si je ne lui augmentais encore mes grâces. »

Et à la reine mère, qui a fui hors du royaume, de crainte d'être emprisonnée sur ordre du Cardinal, il écrit :

« Je reconnais par beaucoup d'épreuves l'affection et la sincérité de mon cousin le cardinal de Richelieu ; la religieuse obéissance qu'il me rend et le fidèle soin qu'il a de tout ce qui regarde ma personne et le bien-être de mes États parlent pour lui. »

Richelieu décide que ces lettres du roi – qu'il a inspirées, et pour une large part écrites – doivent être imprimées à des centaines d'exemplaires, afin que l'opinion se persuade de l'appui sans réserve que le roi accorde à son ministre.

Et peu importent alors les railleries, comme celles de l'ambassadeur d'Espagne qui écrit au principal ministre du roi d'Espagne, le duc d'Olivares :

« M. le Cardinal donne tant de preuves de sa vertu qu'on le fera canoniser avant sa mort. »

Richelieu veut agir vite, profiter de cette confiance du roi, qui peut être à la merci d'un changement d'humeur de Sa Majesté, de l'influence du minois d'un jeune favori.

Et il ne se laisse arrêter par aucune pitié. Pas de clémence. Il est gardien des intérêts de l'État.

« Il doit être aussi sévère en ses châtiments que les particuliers doivent être indulgents en leurs sentiments. »

Il doit donc, en cette année 1632, ordonner au bourreau d'aiguiser sa hache.

Elle va s'abattre sur la nuque de Hautefort, vicomte de Lestrange, qui, rebelle, s'était enfermé avec huit cents hommes dans Tournon.

Battu par les troupes royales du maréchal de La Force, il s'est rendu, persuadé que, gentilhomme, il ne serait qu'un prisonnier de guerre, et traité comme tel.

Il répète qu'il ne s'est rendu que sous la condition d'avoir la vie sauve.

« Il s'impatiente », commente le maréchal de La Force à Richelieu.

« Je vois, répond Richelieu. S'il est impatient, qu'on lui tranche aussitôt la tête. »

Et celle du maréchal Louis de Marillac doit rouler aussi. Il est accusé de malversations, de mauvais gouvernement des armées, d'abus et de profits illicites sur le pain de munition, de fausseté de quittance avec les comptables... Il faut forcer les juges réticents à voter par treize voix contre dix la peine de mort.

Le roi les félicite :

« Vous m'avez rendu bonne justice, je vous protégerai envers et contre tous. Retournez en vos maisons et continuez à faire rendre la justice à nos sujets. »

Le 10 mai 1632, le maréchal Louis de Marillac, tête nue, les cheveux coupés, la chemisette échancrée par le couteau du bourreau, les mains liées, paraît sur le perron de l'Hôtel de Ville, à Paris.

On lui lit son arrêt de mort. Puis il monte l'échelle qui conduit à la plate-forme de l'échafaud.

La foule qui remplit la place de Grève ne quitte pas des yeux le condamné et l'exécuteur qui place, d'un geste brutal, un crucifix dans les mains de Marillac.

Puis après avoir passé trois ou quatre fois la paume sur le col pour en ôter les derniers cheveux, le bourreau frappe.

« On entendit en même temps, raconte un témoin, le coup de l'épée, et le bruit que la tête et le tronc firent en tombant sur l'échafaud, d'où la tête, faisant un bond, chut à terre, et où elle fut rejetée par les soldats. »

Richelieu, escorté de deux cents gentilshommes à cheval, les trompettes sonnantes, vient de rentrer à Paris par la porte Saint-Honoré, et il ordonne qu'elle soit fermée après son passage.

Il ne veut pas que le corps du maréchal Louis de Marillac, qu'on va porter pour être enseveli dans le tombeau de l'église des Feuillants, passe sous ses fenêtres.

Il s'installe dans son cabinet rue Saint-Honoré. Il n'est qu'à une demi-lieue de la place de Grève, où l'on vient de supplicier le maréchal.

Il ne ressent ni pitié ni remords.

Implacable, il décrit Louis de Marillac.

« Depuis qu'il fut maréchal de France, comme il crût en vanité et en audace, aussi fit-il en ses voleries... Il n'y a point de grâces capables de rectifier un homme qui n'a point en son âme de semence de rectitude ; non seulement les biens qu'on lui fait sont perdus, mais ils tournent en poisons et en poignards, pour faire perdre la vie à son bienfaiteur. »

Trois mois plus tard, le 16 août 1632, meurt en prison l'ancien garde des Sceaux, Michel de Marillac.

« La multitude des coupables, dit Richelieu, fait qu'il n'est pas convenable de les punir tous. Il y en a qui sont bons pour l'exemple et pour retenir à l'avenir, par crainte, les autres dans le respect des lois. »

Le duc de Montmorency est de ceux-là, et rien ne peut, ne doit, selon Richelieu, arrêter la main du bourreau.

Or il vient, le 1er septembre 1632, d'être fait prisonnier par les troupes du maréchal de Schomberg, à un quart de lieue de Castelnaudary.

Il s'est jeté dans une escarmouche d'avant-garde, peut-être pour finir l'aventure et sa vie en gentilhomme, ayant pris conscience que, dès lors que les armées royales, avec à leur tête le roi et Richelieu, étaient en campagne, il ne pouvait qu'être vaincu.

Et peut-être a-t-il aussi découvert que Monsieur frère du roi, ce Gaston d'Orléans, vaniteux, irrésolu et lâche, l'abandonnerait à son sort, dès que le roi apparaîtrait et menacerait.

Montmorency s'est élancé jusqu'à trente pas de l'infanterie royale et une décharge de mousqueterie l'a blessé à la gorge cependant que ses troupes se débandaient.

Son cheval a été tué sous lui. Personne n'a répondu à son cri : « À moi Montmorency, à moi ! »

Les gens de l'armée royale ne veulent pas l'entendre pour lui laisser le temps de fuir.

Mais il compte dix-sept blessures. Il ne peut bouger. On se saisit de lui. On le soigne, le transporte de Toulouse à Lectoure. Il est trop faible pour pouvoir s'évader.

Il sait que la justice du roi sera impitoyable parce que le cardinal de Richelieu convaincra le roi qu'elle doit l'être dans l'intérêt du royaume et de Sa Majesté.

Et Richelieu se moque des rodomontades de Gaston d'Orléans qui s'est écrié :

« Si le duc de Montmorency est condamné à mort, il y a plus de quarante gentilshommes résolus de poignarder le Cardinal. »

Il suffira que le roi parle haut à son frère pour que celui-ci se couche, ou s'enfuie hors du royaume. Il sera aussi tenté par les bénéfices qu'il peut retirer d'une soumission. Et il abandonnera le duc de Montmorency, sans une hésitation.

Richelieu est néanmoins sur ses gardes. Le duc de Montmorency est Grand parmi les Grands. Deux Montmorency ont été connétables du roi de France. Son châtiment terrorisera la noblesse. Mais un gentilhomme fanatique peut vouloir frapper.

Alors Richelieu veut être entouré en permanence d'une escorte de cent gardes à cheval, d'une trentaine de pages, de deux compagnies de gendarmes et de chevau-légers.

Les mousquetaires qui montent une garde rapprochée sont des fantassins en casaque bleue à liseré d'argent, marquée d'une croix blanche. Les cent gardes à cheval du Cardinal portent une casaque rouge à galon d'or, avec une croix blanche.

Richelieu veut ainsi être entouré, escorté. Il veut que les portes de son cabinet de travail, de sa chambre soient gardées.

Il ne se laissera pas tuer comme un Concini.

Et il songe aussi aux régicides qui ont enfoncé leurs poignards dans le ventre d'Henri III et la poitrine d'Henri IV.

Il faut terroriser ceux qui seraient tentés par la rébellion ou l'assassinat.

Et c'est à ces fins que doit servir le procès du duc de Montmorency.

Il faut convaincre le roi que la mort est le châtiment nécessaire.

« Si on le garde prisonnier, quelques autres têtes qu'on puisse couper, il lui demeurera toujours des amis secrets qui lui seront d'autant plus attachés qu'ils vivront en espérance de se relever avec lui et en rechercheront sourdement tous les moyens », dit Richelieu.

La mort de Montmorency permet aussi de sauver Monsieur. C'est comme si l'on coupait le bras gangrené pour préserver le reste du corps, sa vie. Tuer Montmorency, c'est sauver le frère du roi, son allié pourtant. Et puis, ajoute Richelieu, tentant de saisir le regard du roi :

« Certains monarques, sire, doivent être détournés de la sévérité à laquelle leur inclination les porte. Mais Majesté vous avez besoin au contraire qu'on vous dissuade d'une fausse clémence plus dangereuse que la cruauté, parce que l'impunité cause une infinité de maux qui ne se peuvent arrêter que par le châtiment. »

Montmorency sera donc décapité.

« Je ne sais pas chicaner avec ma vie », dit le duc.

Et l'on rapporte ce propos à Richelieu.

Montmorency a aussi commandé un habit de toile blanche, son habit d'exécution.

Il renonce à se défendre, demande seulement qu'on lui accorde un jour de plus pour se préparer à comparaître devant Dieu.

Et le roi accepte sa requête.

Le duc sera donc exécuté le 30 octobre 1632 dans la cour de l'hôtel de ville de Toulouse.

Il dit à l'un des jésuites qui l'accompagnent jusque sur l'échafaud :

« Je vous supplie d'avoir soin que ma tête, après avoir reçu le coup, ne tombe point de l'échafaud à terre. Recueillez-la s'il se peut. »

Il s'agenouille, met la tête sur le billot.

Au-dessus de lui la « manaja », sorte de hache suspendue.

« Car en ce pays-là, note un témoin, on se sert d'une doloire qui est entre deux morceaux de bois et quand on a la tête posée sur le bloc, on lâche la corde et cela descend et sépare la tête du corps. »

La foule qui a envahi la cour de l'hôtel de ville se précipite dès que le sang a jailli pour tremper les mains, les mouchoirs dans le sang du duc.

La tête et le corps seront ensevelis dans l'église de l'abbaye Saint-Sernin.

Le cœur est donné selon la volonté du duc à la Maison professe des jésuites de Toulouse.

Richelieu interroge le père Arnoux, le confesseur de Louis XIII qui a accompagné le duc de Montmorency jusqu'à l'échafaud.

Et le père a rendu compte au roi des derniers moments du supplicié. Richelieu veut savoir ce que Sa Majesté a déclaré. Le père Arnoux, après une hésitation, s'incline, parle des soupirs du roi, de sa tristesse.

Ce qu'a dit Louis XIII ?

« Je suis marri qu'il m'ait fallu en venir là et bien consolé de ce que vous me dites de sa vertu à bien mourir. Je préjugeais bien qu'ayant un grand courage comme il avait, il le ferait paraître en la conclusion, mourant en bon chrétien comme il l'a fait. »

Richelieu baisse la tête.

Il sait qu'il va être l'objet de haines redoublées, avivées par la peur qu'il inspire.

Colère des reines, haine fourbe de Monsieur frère du roi, indignation des Grands, et peut-être même défiance du roi, qui peut avoir le sentiment qu'on lui a arraché cette exécution. Et qui peut céder au remords d'avoir subi l'influence de son ministre, même si Richelieu a tenu à lui présenter les arguments de ceux qui voulaient la clémence pour le duc.

Le roi a donc décidé seul.

Mais ne sera-t-il pas tenté d'en faire porter la responsabilité au Cardinal ?

Richelieu sent l'inquiétude le gagner.

Rien n'est assuré en cette vie, sinon que la mort est au bout.

28

La mort, Richelieu, en cette fin d'année 1632, a l'impression qu'elle rôde autour de lui, alors qu'il aura bientôt quarante-huit ans.

Il essaie de repousser cette hantise.

Il devrait être satisfait, rassuré.

Ses principaux ennemis sont morts ou défaits.

Marie de Médicis est en exil. Les espions qui la suivent en Allemagne, aux Pays-Bas soulignent tous qu'elle est de moins en moins écoutée et contrainte de vivre de plus en plus modestement. Mais sa haine et son désir de vengeance sont toujours aussi vifs. Et elle entretient une correspondance suivie avec Gaston d'Orléans, ce fils préféré, la reine Anne d'Autriche, la duchesse de Chevreuse, et bien d'autres.

Comment empêcher que se renouent des intrigues ? que de nouveaux ennemis ne surgissent, tramant de nouveaux complots ?

Richelieu s'inquiète de l'attitude du garde des Sceaux, M. de Châteauneuf, amoureux de la duchesse de Chevreuse, et par elle, grâce à elle, devenu l'un des favoris de la reine Anne d'Autriche. Ceux-là ne cessent de faire l'éloge du duc de Montmorency, répétant les propos du roi.

Le père Arnoux se fait de plus en plus prolixe.

Il raconte qu'il aurait dit au roi :

« Sire, Votre Majesté a fait un grand exemple sur la terre par la mort de Montmorency, mais Dieu dans Sa miséricorde en a fait un grand saint dans le ciel. »

Et Louis XIII de répondre :

« Mon père, je voudrais avoir contribué à son salut par des voies plus douces. »

Le duc, ce grand seigneur, cet homme de foi, serait donc tombé, victime de la persécution de Richelieu.

Et si, peu à peu, Louis XIII se laissait entièrement gagner par cette accusation ?

Le roi, le 31 octobre 1632, vient de quitter seul Toulouse pour Paris. Et comme chaque fois qu'ils sont séparés, Richelieu est saisi par le doute.

S'il perdait la confiance du roi ?

Sa situation, pourtant renforcée, lui paraît incertaine, comme si dans cette vie terrestre on ne pouvait en effet être sûr de rien sinon de la mort.

Et il a voulu pourtant cette séparation de quelques jours d'avec le roi.

Il a cédé à la vanité, au plaisir d'être aux côtés d'Anne d'Autriche, de lui faire visiter Brouage, La Rochelle, et surtout ce château de Richelieu, qu'il fait bâtir. Il voudrait séduire cette reine hostile, hautaine ou méprisante et qui le défie de ses yeux pleins de sarcasmes. Il veut l'éblouir, apparaître devant elle pour ce qu'il est, un grand seigneur, duc et pair, cardinal, nommé par le roi commandeur de l'ordre du Saint-Esprit.

Il veut montrer à la reine la magnificence de ce

château, de sa Maison, où s'affairent plus de deux cents personnes, sans compter sa garde personnelle. Il veut faire étalage de ses biens, faire admirer les portraits que « son » peintre Philippe de Champaigne exécute à son service. Et il a imaginé qu'il donnerait concert dans son château.

Et puis il y a eu ces lettres que les espions ont interceptées, et dont on a rapidement déchiffré le code ; « 38 » désigne le garde des Sceaux Châteauneuf ; « 28 », Mme de Chevreuse ; « 24 », Marie de Médicis. Il est « 22 », et tous le raillent, le dépeignent comme un vieil homme, amant jaloux de la reine Anne d'Autriche qui se joue de lui, se moque de ses soupirs, le fait attendre parfois des heures avant de le recevoir.

C'est pourtant avec la reine et sa Cour que le 2 novembre 1632 Richelieu quitte Toulouse pour Bordeaux.

Et aussitôt, alors qu'on se dirige vers Cadillac, le château du duc d'Épernon, gouverneur de la Guyenne, Richelieu a l'impression qu'une épée s'enfonce dans ses reins. Il ne peut plus marcher que courbé, tel un vieillard que la mort ploie.

Il sait qu'on l'observe, qu'on chuchote, que Mme de Chevreuse et la reine se moquent derrière leurs foulards de sa difficulté à gravir la côte qui conduit au château de Cadillac.

Car aucun carrosse ne l'attendait, et lorsque d'Épernon est enfin arrivé, Richelieu a refusé de monter dans la voiture et, toute sa volonté bandée, il a marché le corps cassé jusqu'au château.

Mais il a hâte de le quitter, de s'éloigner du duc d'Épernon, un ennemi.

Il craint même qu'on ne profite de son isolement pour le tuer. Il réclame sa garde. Refuse de se nourrir. On peut l'empoisonner.

Et quand il réussit à joindre Bordeaux, d'Épernon multiplie les visites, et Richelieu a la certitude que le duc ne vient pas pour le conforter mais pour suivre la progression de la maladie, et si elle recule, organiser son enlèvement ou son assassinat.

On attend sa mort.

Mais il ne veut pas mourir, car ce serait le triomphe des ennemis du royaume, de ces Grands qu'il a brisés. Mais les abcès le rongent. Il ne peut uriner. Il lui faut se faire sonder, panser. Et il sait que M. de La Porte, gentilhomme attaché à la Maison d'Anne d'Autriche, n'est envoyé par la reine que pour s'assurer qu'il est proche de la mort.

Qu'il est ce « cul pourri », que les douleurs dévorent.

Et La Porte confiera – et Richelieu prend connaissance de ses propos – que la reine et le garde des Sceaux Châteauneuf sont en « grande impatience de savoir si Son Éminence mourra de cette maladie ».

Et toute la Cour qui chemine avec la reine est anxieuse de connaître la réponse.

Richelieu veut résister. S'il meurt, que deviendra son œuvre d'affirmation de l'autorité royale, alors qu'aucun des Grands n'a renoncé à se rebeller, mais a seulement rentré la tête dans les épaules ?

Monsieur, Gaston d'Orléans, a quitté le royaume pour la quatrième fois et se trouve à Bruxelles aux côtés de sa mère Marie de Médicis.

Châteauneuf intrigue, se moque, avec la reine et

Mme de Chevreuse, de ce cardinal à « la porte de derrière » toujours en feu !

Mais il doit s'obstiner à vivre.

Il convoque deux chirurgiens de Paris. Il écrit à Léon Bouthillier, secrétaire d'État aux Affaires étrangères, et l'un de ses proches les plus fidèles – ne dit-on pas qu'il est le fils... de Richelieu ? –, afin que celui-ci rassure le roi.

« Je vous dirai en un mot que mon mal est le même que le roi eut à Lyon, avec cette différence toutefois que là où l'abcès survint à la fièvre, la fièvre est survenue à mon abcès.

« Il est vrai que la fièvre ne me tient pas toujours, mais me donne quelques relâches.

« J'attends la suppuration de l'abcès, à quoi les médecins emploient tous les remèdes que l'art leur enseigne pour parvenir à cette fin.

« Quant à ma suppression d'urine, il s'est trouvé un chirurgien en cette ville qui a un secret admirable : avec de la bougie de cire canulée il m'a fait vider maintenant toute l'urine qui était dans la vessie qui me tuait, et qui me donne un soulagement indicible.

« J'espère que cela mettra le roi hors de peine. »

Mais, il y a loin de cette missive destinée au roi à la réalité.

Richelieu souffre plus que jamais.

Et les dépêches qu'il reçoit aggravent ses douleurs.

Le 17 novembre, le maréchal de Schomberg, fidèle parmi les fidèles, est mort d'une crise d'apoplexie. Le roi de Suède Gustave Adolphe, allié de Richelieu, vainqueur des troupes impériales, a succombé la veille.

Certes ses succès et son ambition transformaient peu

à peu cet allié en rival. Ses troupes s'étaient avancées jusqu'au Rhin. Et dans toute l'Europe catholique, et à la Cour de France, les dévots dénonçaient l'alliance de Richelieu et du roi hérétique, la complicité du Cardinal et du protestant. Mais maintenant qu'il est mort, il va peut-être falloir passer de l'empire de la « guerre couverte », jusqu'alors livrée par Gustave Adolphe, à la « guerre ouverte ».

Mais le royaume le peut-il, Louis XIII le veut-il ?

Dans les provinces, les paysans affamés, pressurés, accablés d'impôts et de taxes, contraints souvent de loger les soldats qui les pillent, se révoltent. Et le feu s'étend, d'un bout à l'autre du royaume.

À Paris même, et dans plusieurs villes, de nouvelles taxes suscitent des émeutes qu'il faut durement réprimer.

Et il y a toujours les intrigues du garde des Sceaux Châteauneuf qui, poussé par la duchesse de Chevreuse, rêve de remplacer Richelieu auprès du roi.

Tout, comme toujours, dépend de Louis XIII.

Enfin Richelieu rencontre le roi à Rochefort, en ce début du mois de janvier 1633.

« Je serai lundi, devant trois heures après midi, à Rochefort où je vous attendrai avec impatience, a écrit Louis XIII. Je ne doute point que le désir de me revoir ne vous empêche de ressentir les incommodités du mauvais temps.

« Assurez-vous de mon affection qui sera toujours telle que vous la pourrez désirer. »

Richelieu, la gorge nouée par l'émotion, les larmes aux yeux, s'agenouille devant le roi qui le relève d'une main, le caresse de l'autre, l'embrasse.

« Je reçois autant de joie de vous revoir en bonne

santé que vos ennemis avaient témoigné de contentement à la fausse nouvelle de votre mort. »

Richelieu s'incline.

« Je ne désire vivre que pour servir Sa Majesté, dit-il, et je prie Dieu pour que les bornes de son service soient celles de ma vie. »

Richelieu rentre à Paris en compagnie du roi. Et lorsque celui-ci lui annonce qu'il a constaté « l'infidélité du sieur de Châteauneuf et veut lui faire connaître la résolution qu'il a prise de chasser ce garde des Sceaux infidèle, homme d'intrigue », Richelieu a l'impression que le corset de fer et de feu qui l'oppressait se desserre.

Il ne mourra pas puisque la confiance du roi lui est renouvelée.

Il va pouvoir achever de mettre de l'ordre dans le royaume et de faire appliquer, partout et par tous, l'« universelle obéissance ».

À huit heures du soir, le 25 février 1633, le garde des Sceaux, M. de Châteauneuf, voit entrer chez lui, au château de Saint-Germain, le secrétaire d'État M. de La Vrillière qui lui demande, au nom du roi, de lui remettre tous les papiers et les Sceaux, car il est démis de sa charge.

Dans l'antichambre se tient le capitaine des gardes, M. de Gordes, qui a reçu l'ordre de le conduire au château d'Angoulême où il sera « confiné ».

Et tous ceux proches du garde des Sceaux, qui avaient avec impatience attendu, espéré la mort de Richelieu, sont poursuivis, jugés.

La plupart ont pris la fuite. Mais leurs effigies sont

« suppliciées ». Les uns ont été condamnés à l'écartèlement, les autres à la corde ou à la roue, à la décapitation. Et dans chaque province, la traque de ceux qui s'étaient dévoilés comme ennemis de Richelieu est implacable et cruelle.

Le chevalier de Jars, François de Rochechouart, correspondant de Châteauneuf, est ainsi mené jusqu'à l'échafaud, confessé, préparé à mourir. Et au moment où on le force à s'agenouiller, deux gardes fendent la foule, criant : « Grâce, grâce, d'ordre du roi. »

Richelieu laisse écrire dans les gazettes qu'il est avec l'un de ses fidèles exécutants, Laffemas, magistrat aux ordres, l'auteur de cette comédie sinistre.

Mais puisqu'il est haï, que la peur qu'il suscite serve ses desseins.

Qu'on n'ose plus se dresser contre le roi et contre lui.

Et que ses ennemis sachent qu'on peut aller les chercher au-delà des frontières du royaume.

Et puisque Gaston d'Orléans s'est réfugié dans le duché de Lorraine, qu'il a, contre le vœu du roi, épousé Marguerite, la sœur du duc Charles IV, les armées royales vont marcher vers le duché.

Richelieu est contraint de rester allongé dans son carrosse, le cul toujours « pourri » par des abcès. Et le roi qui chevauche n'a pas meilleure santé, avec ses « bouffements de ventre ». Mais on avance.

Il faut châtier ce petit duc de Lorraine, et montrer ainsi à Gaston d'Orléans qu'il doit se soumettre, et qu'on le poursuivra, fût-ce hors du royaume.

Le 31 août 1633, Louis XIII à la tête de ses troupes est sous les murs de Nancy.

310

Chaque jour, Richelieu, qui se trouve à onze lieues au sud de la capitale de la Lorraine, dans la petite bourgade de Charmes, reçoit des courriers, qui portent souvent des lettres du roi, et les rapports des espions qui suivent Sa Majesté, pas à pas.

Le roi se lève avant l'aube, fait creuser de profondes tranchées, dirige lui-même une armée de terrassiers qui élèvent des forts tout autour de la ville. Et il a nommé l'un de ces bastions « fort Richelieu ».

Le roi veut même construire une digue qui fermera la vallée de la Meurthe et permettra ainsi d'inonder la ville de Nancy.

« Est-ce utile ? », s'interroge Richelieu. Nancy n'est pas peuplée de huguenots obstinés comme l'était La Rochelle.

La ville aux murailles épaisses qui comptent dix-sept gros bastions ne dispose pour se défendre que de deux mille trois cent dix fantassins et deux cent trente chevaux.

Que peuvent-ils contre les régiments de l'armée royale ?

Mieux vaut une capitulation négociée qu'un affrontement sanglant.

Richelieu reçoit le frère du duc Charles IV, le cardinal de Lorraine.

Voilà un homme habile, disposé à traiter.

Il a transporté dans son carrosse, à la barbe des gentilshommes français, l'épouse de Gaston d'Orléans, sa sœur Marguerite, vêtue en adolescent, « le teint bistré par un mélange de safran et de poudre à canon ».

Elle portait haut-de-chausses et pourpoint de drap d'Espagne. Épée au côté et plumes au chapeau, elle avait l'air d'un cavalier parfait.

Maintenant elle a rejoint Gaston d'Orléans et Marie

311

de Médicis à Bruxelles, et le cardinal de Lorraine est assis en face de Richelieu.

Il est cardinal mais laïc, dit-il. Il est prêt à obtenir de son frère le duc Charles IV de Lorraine la reddition de Nancy – quel sourire engageant ! – si le cardinal de Richelieu lui accorde la main de sa nièce...

Richelieu reste impassible, mais incline la tête, pour marquer qu'il est sensible à cette proposition du cardinal, bel homme et beau parti, ma foi.

« J'ai toujours eu, dit-il, pour principal but les affaires de mon maître, séparées de tous intérêts particuliers. »

Le duc de Lorraine devra donc ouvrir le 25 décembre 1633 les portes de Nancy au roi de France.

Les carrosses avancent lentement sous un soleil radieux. Les mousquetaires à cheval, la compagnie des chevau-légers de Sa Majesté, puis toute la noblesse, les gens d'armes, les mousquetaires à pied entourent le carrosse du roi.

Et Richelieu, légèrement penché, à la fenêtre de son propre carrosse, qui suit celui de Sa Majesté, regarde cette foule qui salue le roi de France.

Les mousquetaires, les écuyers, les gentilshommes de sa garde, des palefreniers à pied, d'autres montés escortent sa voiture.

Il ferme les yeux, se rencogne entre les coussins de velours, serre sur ses jambes la grande cape rouge.

Il murmure les mots qu'il va prononcer devant le duc de Lorraine, vaincu :

« Le roi de France, paisible dans son État, demande et obtient réparation de tous ceux qui ne respectent ni sa puissance ni sa personne. »

29

Richelieu devrait être satisfait.

Il est en ce mois d'octobre 1633 à Saint-Dizier et on a déposé sur son lit les dépêches et les gazettes qui arrivent de Paris où il se rend.

Dans l'une, Corneille – le grand Cornelius Rothomagensis, Corneille de Rouen – exalte l'exploit du roi et de son ministre, qui d'un seul regard ont forcé la place de Nancy qui aurait pu résister à l'effort de l'univers.

Et le poète – et bien d'autres tressent les mêmes couronnes – conclut que Louis XIII et le cardinal de Richelieu doivent « goûter une parfaite allégresse ».

Or il n'en est rien.

Le roi est malade et immobilisé à Château-Thierry, le ventre gonflé et douloureux.

Richelieu souffre d'un abcès « aux parties que vous savez ».

Ils n'arrivent à Paris, l'un au château de Saint-Germain et Richelieu dans ce château de Rueil qu'il vient d'acheter, qu'à la fin du mois d'octobre 1633 pour le roi et au début du mois de novembre pour Richelieu.

Louis XIII s'est inquiété de la santé du Cardinal.

« Je prie de tout mon cœur que les nouvelles soient telles que les désire la personne qui vous aime le plus et qui n'aura point de joie qu'il ne vous revoie en parfaite santé. »

Richelieu quand il lit cette lettre de Louis XIII est ému aux larmes.

« Quand je ne serai plus qu'à une journée de Votre Majesté il me semble que je serai tout à fait guéri », répond-il.

Et après qu'ils se sont rencontrés le roi écrit à son tour :

« Je vous écris pour vous témoigner encore la joie que je reçus hier en vous voyant et le contentement qui m'en est demeuré lequel m'a redonné la santé parfaite. »

Puis il ajoute : « Je vous recommande d'avoir toujours soin de votre personne, principalement à Paris. »

Richelieu sait qu'il n'est plus question de ses abcès, de son « cul pourri » mais des assassins qui le guettent, et qui, il en est sûr, sont à la solde de Marie de Médicis et de Gaston d'Orléans, qui se sont rejoints à Bruxelles.

Les mousquetaires arrêtent ainsi un nommé Alfeston, qui s'est installé en face du château royal, avec l'intention de « giboyer à l'Éminence » dès qu'elle paraîtra.

Richelieu apprend par ses espions que le confident, le conseiller de Marie de Médicis, le père Chanteloube, a choisi de faire mourir le Cardinal en usant de l'art du diable, « et de toutes les exécrations les plus horribles de la magie ».

Mais le magicien – Nicolas Gargant – et le prêtre démoniaque – Adrien Bouchart –, malgré leurs messes noires, ne parviennent pas à leurs fins.

« Le démon leur dit que Dieu ne lui donnait pas la puissance de faire du mal au cardinal de Richelieu. »

On les condamne à mort, même si on ne peut se saisir de leurs personnes et si l'on doit se contenter de les exécuter en effigies, ce que l'on fait aussi pour Chanteloube.

Mais d'autres assassins, d'autres magiciens et des empoisonneurs sont à l'œuvre. Et Richelieu se demande si ce feu qui, au printemps 1634, lui brûle les fondements, n'est pas causé par ces invocations au démon. Il ne meurt pas mais il est mis à la torture.

« Comment l'emporter sur ces puissances noires ? », se demande-t-il.

En divisant l'ennemi, en attisant les rivalités entre le père Chanteloube et Antoine de Puylaurens, le principal conseiller de Monsieur frère du roi.

Richelieu ne peut s'empêcher de manifester sa joie quand il apprend que Puylaurens a été victime d'une « arquebusade de vingt-cinq balles » déchargée à courte distance par un inconnu qui a réussi à fuir.

Gaston d'Orléans s'écrie, en se penchant sur Puylaurens blessé : « C'est une chanteloubade ! »

Et Puylaurens de dire que « Chanteloube est un pauvre prêtre à qui les douleurs de la goutte ont estropié l'esprit aussi bien que le corps ».

Il faut jouer de ces rivalités, de ces haines.

Et Richelieu choisit de soutenir Puylaurens et Gaston d'Orléans, offrant au premier la main de l'une de ses cousines et lui faisant décerner le titre de duc et pair.

Il insiste pour que le roi affirme devant le parlement de Paris qu'il a de l'affection pour son frère, et que le duc d'Orléans ne s'est pas marié de son plein gré.

« Il a été victime d'un rapt commis par le duc de Lorraine. »

Et Louis XIII se dit prêt à accueillir dans le royaume son frère bien-aimé.

Mais, insiste Richelieu, que la reine mère, Marie de Médicis, reste en exil :

« La vie des serviteurs du roi serait en bien plus grand danger, si Marie de Médicis avait un pied en France », dit-il.

Puis, tout à coup, la tête de Richelieu tombe sur sa poitrine. La peau de son visage habituellement poudrée devient grise. La fatigue le terrasse.

Durant quelques minutes, il reste ainsi affaissé, puis se réveillant en sursaut, il lit la dernière dépêche.

On a saisi sur un Espagnol, dont le navire pourchassé par les Anglais s'est échoué non loin de Calais, un acte authentique signé par le roi d'Espagne Philippe IV et le frère de Louis XIII.

Gaston d'Orléans s'engage, si la guerre éclate entre Louis XIII son frère aîné et Philippe IV d'Espagne, à prendre le parti de la Très Auguste Maison d'Autriche.

Le roi d'Espagne obtiendra quelques-unes des villes qu'il aura conquises durant la guerre.

Il fournira douze mille hommes – moitié espagnols, moitié français – et trois mille chevaux. Il versera cent trente mille écus, pour lever et entretenir les troupes et pour les défenses de Gaston d'Orléans et de son épouse.

Richelieu, sans hausser la voix, avec des gestes lents, présente ce document au roi.

« L'original de la ratification de ce traité entre le roi d'Espagne et Monsieur tombe entre les mains de Sa Majesté, comme par miracle », dit-il.

Richelieu médite, et sa pensée est affûtée par cette douleur qui s'enracine dans les reins et monte jusqu'à sa nuque.

Dieu, en révélant ce traité entre Gaston d'Orléans et Philippe IV d'Espagne, vient de faire un signe.

Mais c'est aux hommes, au roi, à Richelieu son conseiller, son principal ministre, de tirer parti de ce don de Dieu, de ce « miracle ».

Il faut agir vite. Car tout annonce des temps troublés, la guerre.

À Loudun, en Poitou, des ursulines sont possédées, endiablées, et un prêtre, Urbain Grandier, un adversaire qui a écrit un libelle contre le Cardinal, est le démon qui les affole, les pénètre.

Il faut le soumettre à la question, et même s'il s'obstine à ne jamais avouer, malgré les tortures, qu'on le brûle vif.

Richelieu ne ressent aucune compassion pour ce prêtre qui s'est dressé, à Loudun, à quelques lieues de son ancien évêché de Luçon, contre lui, cardinal, duc et pair.

En cette veille de guerre ouverte, il ne peut être question de tolérer des « émotions » dans le royaume.

Qu'on pende et qu'on roue les paysans qui se rebellent, criant que leurs ventres sont vides, et qui refusent de payer taxes et impôts.

Il faut de l'or pour la guerre ouverte qui s'annonce sous les pires jours.

Le 6 septembre 1634, les Impériaux ont battu les Suédois alliés à la France, à Nordlingen.

L'Espagne va entrer dans le conflit.

Le frère du roi de France, l'héritier du trône, doit rompre ce traité avec l'ennemi du royaume de France.

Second miracle : Gaston ne supporte plus les réjouissances qui, à Bruxelles, célèbrent la victoire de l'aigle impériale à Nordlingen. Monsieur se sent humilié que l'aigle des Habsbourg déchire la fleur de lys.

Il s'enfuit, rentre en France.

Reste qu'il est marié à une princesse de Lorraine, alliée à l'Empire.

Il faut défaire ce mariage, réunir une assemblée de docteurs en théologie. Et Richelieu leur dicte les conclusions auxquelles ils doivent parvenir :

« La coutume de France ne permet pas que les princes du sang et plus particulièrement les plus proches qui sont présomptifs héritiers de la Couronne se marient sans le consentement du roi, contre sa volonté, et sa défense. Tels mariages ainsi faits sont illégitimes et nuls. »

Richelieu est apaisé. Il lui semble qu'il a évité les pièges qui auraient entravé l'action du royaume dans la guerre qui s'approche.

Et puis, le cardinal Mazarin qui vient d'être nommé nonce extraordinaire du pape à Paris lui apprend, à mots couverts, que Gaston d'Orléans a, sur le conseil de Puylaurens, écrit au pape, pour prendre des assurances que son mariage ne pourra être annulé.

Une colère silencieuse s'empare de Richelieu.

Rien n'est jamais acquis. Ce Puylaurens qu'on croyait un allié, qu'on avait cru circonvenir, en lui offrant la main d'une cousine, a continué son travail d'intrigue.

Qu'on l'arrête sur ordre du roi ! Qu'on l'emprisonne ! Et bien qu'il soit devenu duc d'Aiguillon, qu'il meure en son cachot du château de Vincennes !

Gouverner c'est savoir condamner à mort un homme qui trahit ou seulement qui gêne.

30

Et lui, duc et pair, cardinal de France, commandant à Paris, en Île-de-France et Picardie, en Normandie et provinces voisines en l'absence du roi ; lui, craint et haï, et qui s'apprête à poser la première pierre de la nouvelle chapelle de la Sorbonne, dont il veut faire son mausolée ; lui qui, en 1635, entre dans sa cinquantième année, combien lui reste-t-il à vivre ?

Il sent son corps affaibli, comme si chaque jour, le fardeau des douleurs devenait plus lourd.

Et cependant il doit repousser l'échéance, en priant Dieu de lui laisser le temps d'achever sa tâche.

Et la plus lourde est devant lui.

Elle a le visage de la guerre.

Il a convaincu le roi de signer un traité d'alliance avec la Suède et les princes allemands.

Il a ignoré les murmures haineux du parti dévot, qui s'indigne de voir le Roi Très-Chrétien Louis XIII se dresser contre les Habsbourg maîtres du Saint Empire romain, contre l'Espagne et son roi Philippe IV le catholique.

Ces dévots conspirent contre ce cardinal qui en Europe après avoir mené une guerre couverte contre les souverains catholiques s'apprête à conduire contre eux, contre l'Espagne, une guerre ouverte.

Il faut vaincre, et à la veille de l'affrontement majeur de sa vie, à l'approche de ce point le plus périlleux de son programme politique, Richelieu se retourne pour mesurer le chemin parcouru.

Il a tenu et tient son rang.

Sa puissance est sans égale. Seul le roi est son maître et il en est le serviteur.

Il n'oublie pas que d'un mot, Louis XIII peut le chasser, le renvoyer dans un évêché crotté, le contraindre à l'exil, et pis encore à l'oubli.

Le roi en est capable. N'a-t-il pas su finalement repousser loin de lui sa propre mère, Marie de Médicis ?

Et la reine mère, la reine noire si puissante, en est réduite à l'errance et à une vie modeste.

Richelieu a voulu se prémunir contre cela. Et de passer en revue ses propriétés, ses châteaux, ses hôtels, ses titres, de calculer ses revenus le rassure.

Hôtel de Rambouillet, rue Saint-Honoré, à proximité du Louvre. Château de Limours, château de Rueil, château de Richelieu, et la ville dont il a décidé la construction, à quelques pas de ce dernier édifice. Château de Fronsac en Guyenne.

Toutes ces demeures recèlent tableaux des maîtres italiens et français, meubles de prix, statues et bustes achetés par dizaines en Italie.

Et à ces édifices sont associés des milliers d'arpents, porteurs de distinctions : le château de Fronsac est ainsi le siège de son second titre de duc et pair.

Il tient son rang.

C'est le premier. Et il aime les biens.

Année après année, depuis 1620, il accumule les revenus. Il afferme ses biens qu'il fait gérer par trois banquiers protestants. Et l'intendant de sa fortune est son secrétaire Michel Le Masle qui le suit depuis son évêché de Luçon, quand il fallait piétiner dans la boue et qu'on grelottait dans une cure mal chauffée.

Mais en l'année 1635, celle de ses cinquante ans, ses revenus s'élèvent à huit cent mille livres.

Seul le roi est au-dessus de lui. Seuls les plus Grands peuvent se comparer à lui. Mais lui dispose du pouvoir.

Dans les libelles, Richelieu sait qu'on l'accuse de plonger ses mains dans les caisses de Louis XIII, de s'enrichir aux dépens du royaume. D'être couvert d'or alors que le peuple meurt de faim.

Mais cette fortune, il l'engage dans sa politique. Il reçoit du roi, mais il lui prête. Et il le fait sans inquiétude, sachant que le souverain pourrait le priver de tout et que rares seraient ceux dans le royaume qui prendraient sa défense.

Certes il a placé les siens au cœur même du pouvoir.

Il a fait ainsi de son neveu, François de Vignerot, le général des galères. Sa cousine Marie-Madeleine de Vignerot, marquise de Combalet, est devenue duchesse d'Aiguillon.

Mais s'il ne protégeait pas les siens, s'il n'était pas à la tête d'un clan familial, riche en terres, en revenus et en or, comment pourrait-il tenir son rang, et faire pièce à la morgue des Grands ?

Entre le pouvoir et lui, au fil des années, s'est constituée une trame serrée.

« Jamais homme de bien ne pense à s'enrichir aux dépens du public en le servant, écrit-il, mais comme ce serait un crime d'avoir telle pensée rien n'est plus honteux à un prince que de voir ceux qui ont vieilli en le servant chargés d'années, de mérite et de pauvreté tout ensemble. »

Lui ne sera pas démuni. Lui ne rompra pas avec le roi. Lui est l'homme d'ordre et veut que l'ordre règne dans tous les aspects de la vie du royaume.

Il apprend, en 1634, par l'un de ses familiers, l'abbé de Boisrobert, que des « gens de lettres et d'un mérite fort au-dessus du commun » se réunissent régulièrement loin des salons et des mondanités, pour approfondir leurs connaissances, apporter une contribution au savoir.

Il veut aussitôt les enrôler, « faire un corps qui s'assemblerait sous son autorité publique », dont il serait le protecteur et dont le but serait de « contribuer à mettre de l'ordre, de l'unité et de la régularité dans la langue française » et aussi de fournir des auteurs de libelles, destinés à soutenir sa politique.

Le 10 février 1635, il lit les lettres de fondation de cette Académie française, rédigées par l'abbé de Boisrobert, et il les approuve.

Les académiciens seront au nombre de quarante et « personne ne sera reçu qui ne soit agréable à Monsieur le Protecteur et qui ne soit de bonne réputation, de bon esprit et propre aux fonctions académiques ».

Ils composeront un dictionnaire, une grammaire, une rhétorique et une poétique.

Et dès cette première année, Richelieu lit avec satisfaction ce *Parnasse royal*, rédigé par les académiciens à la gloire des « immortelles actions du Très-Chrétien et très-victorieux monarque Louis XIII », et un *Sacrifice des Muses*, éloge du grand cardinal de Richelieu.

Il lit et relit ces mots qui sont comme un baume recouvrant les paroles de haine, que ses ennemis continuent de répandre.

Mais il sait que les confrontations décisives, celles qui sculptent, pour l'histoire, le visage des souverains et de leurs ministres, donc celui de Louis XIII, et le sien, cardinal de Richelieu, se livrent non dans les académies et les gazettes, mais d'abord sur les champs de bataille, entre les hommes en armes.

31

Il écoute tête baissée, avec un sentiment de tristesse, de lassitude et de fatigue, le récit du héraut d'armes qui rentre de Bruxelles, où précédé par la trompette du roi, il a porté la déclaration de guerre du royaume de France et de Navarre au roi d'Espagne, le 19 mai 1635.

Le héraut a, sur le chemin du retour, cloué sur la dernière barrière de la frontière une copie de cette déclaration solennelle.

Richelieu observe le roi qui va et vient dans la Grande Galerie du Louvre.

Louis XIII semble impatient de prendre la tête des armées, de devenir un roi guerrier. Il se sent préparé à cette fonction, dans laquelle il peut affirmer sa supériorité sur Richelieu issu de la noblesse d'épée, mais cardinal, homme d'écriture et de diplomatie, de discours et non d'affrontements l'épée à la main.

Le roi se tourne vers Richelieu.

Il veut, dit-il, que les armées royales frappent avec la soudaineté de la foudre. Et l'offensive fulgurante se fera de concert avec les armées de Hollande. Les troupes espagnoles seront écrasées, dans cette mâchoire.

« Il faudrait une bonne paix », dit Richelieu.

Le roi paraît surpris.

« Il faut être fort par raison et non par passion », ajoute Richelieu.

Louis XIII bougonne.

A-t-on réuni soixante-dix mille hommes, les flottes du royaume, déclaré la guerre, pour vouloir terminer avant d'avoir commencé ?

« Le courage dont il s'agit maintenant, poursuit Richelieu, ne requiert pas qu'un homme soit hardi jusqu'à mépriser toutes sortes de périls. Il n'y a rien de plus capable de perdre les États, et tant s'en faut que le conseiller d'État doive se conduire ainsi, qu'au contraire il doit aller, presque en toutes occasions, à pas de plomb, et ne rien entreprendre qu'avec grande considération à temps et à propos. »

Il répète :

« Aller à pas de plomb. »

Et comme pour atténuer ses propos il ajoute :

« Il faut en certaines rencontres où il s'agit du salut de l'État une vertu mâle qui passe parfois par-dessus les règles de la prudence ordinaire. »

Il ne se laisse pas griser par les victoires des premiers jours de guerre. On a forcé les Ardennes, vaincu à Avein, près de Liège, tué ou blessé des milliers de soldats espagnols, pris leurs canons.

Il faut, dit-il, qu'à Paris et dans toutes les villes du royaume on célèbre par des *Te Deum* le triomphe d'« Hercule imperator », le roi Louis XIII.

Mais il n'est pas surpris par le retournement de la situation, l'épuisement de l'offensive fulgurante, l'avance des troupes espagnoles.

Cependant la déception et la colère du roi le blessent.

« Je suis très fâché de vous écrire qu'il n'y a à Saint-Dizier ni trésorier ni munitionnaire et que toutes les troupes sont sur le point de se débander », écrit Louis XIII.

Richelieu se défend :

« Sa Majesté est trop bonne pour me rendre responsable des défauts d'autrui... Le roi sait bien que je me suis toujours inquiété des retardements des trésoriers et munitionnaires et que j'ai dit plusieurs fois publiquement dans ses Conseils que ce n'était rien de mettre des armées sur pied, si on ne donnait ordre de les faire payer à temps et si on ne pourvoyait sérieusement aux vivres. »

Il est inquiet de l'attitude du roi, des reproches que Louis XIII lui adresse, des initiatives de la reine mère, qui réfugiée à Anvers écrit à son fils pour accabler Richelieu.

« Le Cardinal a voulu cette guerre, dit Marie de Médicis, mais il n'est pas capable de la conduire. Il faut se séparer de lui, changer de politique, faire au plus vite la paix avec l'Espagne catholique. »

Richelieu est anxieux, et comme chaque fois que la tension est forte, l'angoisse qui l'étreint ronge son corps.

Et lorsqu'il apprend que le roi qui est rentré à Fontainebleau est lui aussi malade, son inquiétude s'accroît. D'autant plus que dès la reprise des opérations militaires, au printemps de 1636, après la trêve hivernale, les troupes espagnoles franchissent la frontière en Picardie et les places fortes – de La Capelle, de Vervins et du Catelet – capitulent, et Corbie tombe à son tour, le 15 août 1636.

La route de Paris est ouverte. Des cavaliers espagnols poussent jusqu'à Pontoise, à moins de quarante lieues de la capitale.

Des espions au service des armées espagnoles précèdent les troupes, « habillés en gueux » implorant l'aumône. Ils sont chargés de relever l'emplacement et l'importance des troupes françaises, le nombre de ponts permettant de franchir l'Oise.

L'un de ces espions est arrêté. Interrogé, il se confesse avant d'être pendu.

« Les ennemis ont le dessein, dit-il, de donner la peur partout en dispersant leurs troupes de tous côtés, et pour la tête de leur armée, ils veulent la faire tourner vers Paris, si les passages sont faciles. »

Richelieu s'efforce de ne pas céder à la panique qui gagne Paris.

Mais les paysans picards qui ont fui leurs villages racontent que les places fortes se rendent aux Espagnols sans combattre, que la soldatesque pille, vole, viole, saccage, torture, brûle.

C'est une ruée barbare. Des Croates occupent la Lorraine, la Champagne.

Richelieu veut opposer le calme, la résolution à cette grande peur qu'il sent devenir de la haine à son endroit.

Même ses proches l'accusent d'être responsable de ces défaites, de ces malheurs qui frappent les campagnes et vont s'abattre sur Paris.

Il offre une fastueuse réception à Chaillot, en l'honneur de la reine, pour donner le change.

Mais les critiques redoublent. On dit que les temps ne sont pas à la fête, que c'est sacrilège d'honorer

Anne d'Autriche en lui envoyant « trois bateaux de musique » qui remontent la Seine au moment même où il faudrait se préparer à la bataille.

Pourquoi le Cardinal déploie-t-il tant de luxe pour séduire la reine quand il n'y a pas d'argent pour la frontière ? que les croquants meurent de faim en Angoumois, en Poitou, en Périgord ! que près de huit mille d'entre eux portant faux et coutelas tuent, dépècent les receveurs d'impôts, les crucifient, s'en partagent les morceaux !

Richelieu doit faire face à ces procureurs, à ces libellistes et la maladie le terrasse.

Il doit, au lieu d'être à la tête des armées, garder la chambre, et le découragement le gagne.

Il n'a près de lui, au cours de ces nuits d'insomnie, que le père Joseph, qui s'emporte, l'accuse d'être une « poule mouillée ».

« Est-ce là le moyen d'attirer la divine miséricorde ? Le découragement indigne Dieu, enflamme sa vengeance », dit le capucin.

Richelieu se confesse, prie, donne mille livres de rentes annuelles et perpétuelles au monastère du Calvaire-de-la-Crucifixion situé au Marais-du-Temple, à charge pour les religieuses de tenir allumée en permanence une lampe d'argent devant l'autel de la Sainte Vierge, et d'y célébrer chaque samedi une messe en son honneur, et qu'on se souvienne ainsi de l'âme du cardinal de Richelieu.

Il sait que cela ne suffit pas.

Il écoute le père Joseph qui l'incite à affronter les

regards et peut-être les insultes et la haine du peuple de Paris.

Il faut qu'on le voie ! Et qu'on fasse ainsi taire les rumeurs. Car on lui reproche même de porter trois « mouches » sur son visage, comme une femme, alors qu'il ne s'agit que de trois petits emplâtres pour enlever les boutons.

On se moque de lui sur des placards qui s'étalent sur les murs. Mais il va sortir accompagné du maréchal de La Force, en qui le peuple a confiance.

Son carrosse ne sera suivi que par ses valets de pied. Il ne veut ni garde ni mousquetaire. Il écarte ceux qui lui disent que Paris est plein de « bandouliers et porte-épée » à la solde de l'Espagne.

Qu'il y a dans la ville certain spadassin qui tue chaque jour son homme.

Peu importe !

Il faut que le carrosse roule lentement et s'arrête sur le Pont-Neuf. Là il s'entretient avec les passants.

Il rassure d'un mot le père Carré, un dominicain qui lui est dévoué et qui s'inquiète :

« Votre Éminence me pardonnera, écrit le père Carré, si je prends la hardiesse de lui représenter en toute humilité qu'elle ne devrait pas aller par la ville si peu gardée et accompagnée comme on m'a dit qu'elle fait à présent, car il ne faudrait que quatre ivrognes, enivrés à dessein, pour susciter la racaille contre votre auguste personne, et cela serait sans remède. »

Il est dans la main de Dieu.

Et c'est Dieu qui peut le protéger de cette haine qui fait dire à la sœur du duc de Lorraine :

« Si je pouvais apprendre que Richelieu est pendu

j'aurais tant de joie que je guérirais ma rate. J'espère que Dieu me fera cette grâce-là... »

Dieu choisit ceux qu'il veut sauver.

Mais il faut agir.

Et Richelieu se place aux côtés du roi dans la Grande Galerie du Louvre, afin de recevoir en audience tous les députés des corps de métier.

Ces hommes s'agenouillent, écoutent Louis XIII leur demander de « secourir le royaume en un tel besoin » et ils répondent en criant : « Vive le roi ! »

Passementiers, savetiers, mais aussi parlementaires, professeurs et légistes versent leur obole, afin de rassembler la solde de deux mille hommes d'infanterie.

« L'argent est le nerf de la guerre et la graisse de la paix », dit Richelieu.

Mais la situation en ce cœur du mois d'août 1636 est pleine d'effroi.

« Les ennemis se sont fort avancés, écrit-on à Richelieu. L'avant-garde qui est de six mille chevaux court jusqu'à Clermont-sur-Oise. Les estafettes sont à Pontoise. Ils brûlent et pillent tout. Et le prince de Condé menacé par les troupes du duc de Lorraine a levé le siège de Dole. »

Mais Richelieu a le sentiment que Dieu ne l'abandonne pas.

Le roi lui écrit :

« Je sens un peu des hémorroïdes, mais cela ne m'empêche pas d'aller à la chasse... Je me réjouis extrêmement de quoi vous êtes hors de l'appréhension de votre maladie. Je prie Dieu que cela ne vous revienne jamais. »

La maladie est donc contenue.

Et l'ennemi, après s'être aventuré, repasse la Somme.

Les paysans picards qui avaient fui regagnent leurs villages.

Gaston d'Orléans, qui commande l'armée de Picardie, se montre, pour l'heure, fidèle, sensible aux égards que Richelieu lui manifeste, heureux des propos du roi qui lui écrit qu'il le considère non seulement comme son frère, mais comme il ferait d'un fils unique... Il lui baille le commandement de son armée et le maréchal de La Force pour être auprès de lui...

Le 14 novembre Corbie est reconquise et les troupes espagnoles repassent la frontière.

La Picardie, puis la Bourgogne sont délivrées d'une armée de cinquante mille hommes, de quatorze mille chariots, de centaines de canons et d'un fourmillement de valets et de huit mille femmes !

Comment ne pas croire à la protection de Dieu ? Et comment oublier qu'une religieuse avait eu des visions de ces victoires ?

Richelieu se reproche de ne pas les avoir crues.

« Quoique j'espérasse, écrit-il, je doutais et avais une foi fort faible. Je vous avoue que je suis touché au vif et j'espère que le cachet que Dieu imprime en mon cœur me demeurera à jamais... »

Et il ajoute :

« Je supplie le roi de se souvenir de ce que dessus et de se donner de plus en plus à Dieu. »

Il prie comme il ne l'a jamais fait, porté par une ferveur et une espérance qui le rassurent, l'apaisent. Chaque dimanche il se confesse et communie.

Il dit au roi :

« Je crois assurément que plus Votre Majesté s'attachera à Dieu, plus ses affaires prospéreront. »

Il écrit un *Traité de la perfection du chrétien*. Et le roi partage avec lui cette confiance en Dieu :

« Depuis la prise de Corbie, je me suis mis dans la dévotion beaucoup plus que devant », dit Louis XIII.

Richelieu s'en remet à Dieu, ce matin du 25 octobre 1636, quand sortant sans garde du Conseil qui vient de se tenir à Amiens, il se trouve seul entouré d'hommes appartenant tous à l'entourage de Gaston d'Orléans.

Il a depuis quelques jours mesuré le regain d'amertume de Monsieur frère du roi, auquel Louis XIII, après l'avoir loué et flatté, vient de retirer le commandement des armées.

Sa Majesté n'a pas voulu que la gloire couronne son frère, seul héritier du trône.

Richelieu voit dans le regard de Montrésor, le conseiller, le confident de Gaston d'Orléans, la détermination, la haine, la volonté de tuer.

Il pense à la manière dont Concini a été assassiné. Peut-être est-ce pour lui le moment ?

Il ne peut que prier.

Les secondes s'écoulent. Tous regardent vers Gaston d'Orléans dont Richelieu devine l'hésitation.

Et tout à coup, Monsieur s'éloigne, disparaît, et les spadassins qui entouraient Richelieu se dispersent.

Montrésor part le dernier.

Richelieu remercie Dieu.

Il veillera à ne plus être seul sans garde.

Et lorsqu'il visite la ville de Corbie qui vient d'être reprise il se montre impitoyable.

Il ordonne que soient châtiés ceux qui ont accueilli

avec joie l'ennemi et ont collaboré avec lui. Deux d'entre eux seront pendus.

Et il a la certitude que Dieu l'approuve de faire ainsi son métier de ministre pour la plus grande gloire du roi.

En novembre, il écrit à l'archevêque de Bordeaux, Mgr de Sourdis, commandant en chef de l'armée navale du Levant, et chargé de reprendre aux Espagnols les îles de Lérins situées en face de Cannes :

« À présent que Dieu a remis Corbie dans l'obéissance du roi... il n'y a plus rien tant à désirer pour le bien des affaires de Sa Majesté que la prise des îles Sainte-Marguerite et Saint-Honorat. »

Mais la reconquête échoue, parce que les rivalités, les dissentiments paralysent les volontés.

« Ceux qui ne vous affectionnent pas, écrit Richelieu à Sourdis, font tomber la principale faute sur vous... »

Mais il y a pis que l'impuissance à chasser les Espagnols des îles de Lérins.

Gaston d'Orléans refuse de s'engager solennellement à « n'avoir à l'avenir aucune intelligence qui puisse être préjudiciable au repos du royaume de France ».

Cela signifie que, puisque Louis XIII n'a toujours pas de fils, Gaston d'Orléans ne peut juguler cette impatience de seul héritier mâle de la Couronne de France.

Et il ne s'interdit rien pour hâter l'échéance en fonction des circonstances.

Richelieu ne veut et ne peut pas sévir.

Il s'agit du frère du roi, et il ne croit guère à la détermination de cet homme velléitaire.

« Quoi qu'on en puisse dire, monseigneur, lui écrit-il, on ne saurait m'empêcher de croire que vous ne connaissiez enfin ce qui vous est le plus utile et que vous ne voyiez clairement que toute votre grandeur ne consiste qu'en celle de cet État. »

Richelieu sait que ce qui vaut pour Gaston d'Orléans vaut plus encore pour lui-même.

32

Richelieu croise les bras.

Il vient de parcourir ces feuillets déposés devant lui.
Ce sont les copies des lettres que ses espions subti-
lisent, afin d'en prendre connaissance, puis qu'ils reca-
chettent. Ils les font délivrer à leurs destinataires, qui
soupçonnent qu'on les surveille, mais qui n'imaginent
pas que toutes leurs missives, transportées croient-ils
par des courriers sûrs, sont ouvertes, déchiffrées, reco-
piées, et portées chaque jour au cardinal de Richelieu.

Il ferme les yeux, laisse sa tête retomber sur sa
poitrine comme si une main s'appuyait lourdement
sur sa nuque, cherchant à la ployer.

Et il est vrai qu'il s'interroge en ce début d'année
1637. Combien sont-ils à la Cour, parmi les Grands,
dans la parentèle de Louis XIII, à vouloir la grandeur
de l'État, à agir afin qu'elle se renforce ?

Et c'est d'autant plus nécessaire, que les troupes
espagnoles, les armées du duc de Lorraine, et celles
du duché de Savoie menacent toujours le royaume.

Richelieu se redresse, tend le bras, écarte du bout
des doigts lentement, comme s'il risquait de s'empoisonner au contact des feuillets, les copies des lettres.

Ce sont toujours les mêmes qui s'obstinent à conspirer, à monter des cabales, à vouloir briser le lien qui unit le Cardinal à Louis XIII.

Les mêmes qui entretiennent une correspondance avec l'ennemi espagnol, ce marquis de Mirabel qui, après avoir été ambassadeur en France, s'est, depuis le début de la guerre, installé aux Pays-Bas espagnols, à Bruxelles.

Richelieu lit les lettres accablantes du frère du roi. Gaston d'Orléans semble n'avoir rien appris. Ses proches, le comte de Soissons, le duc de Bouillon, ont conclu à Bruxelles un traité avec l'Espagne. Et naturellement, la reine mère, Marie de Médicis, a apposé sa signature sur cet accord.

« Il est convenu entre eux que le roi d'Espagne ne fera ni paix ni trêve avec la France sans obtenir un établissement pour la reine mère et le comte de Soissons dans le royaume... »

On paie leur trahison en bonne monnaie d'or, cinq cent mille florins !

On espère que le « feu de la rébellion » se répandra du Poitou au Périgord, que les croquants, les va-nu-pieds prendront leurs faux, étriperont les agents du roi, refuseront de payer l'impôt.

Il faut étouffer cette « guerre du dedans », qui empêchera de gagner la « guerre du dehors ».

Et Richelieu donne des ordres, pour que l'on en finisse avec cette « armée de la souffrance », qui compte, avec à sa tête des cadets de petite noblesse, plusieurs milliers de paysans.

Il faut être féroce, rouer, pendre, envoyer aux galères. Il faut « mettre les croquants à la raison ».

D'ailleurs, ajoute Richelieu, « si les peuples sont trop à leur aise, il est impossible de les contenir dans les règles de leur devoir ».

Mais comment les humbles ne seraient-ils pas tentés de se rebeller, quand les Grands les y incitent, que la reine Anne d'Autriche, que son amie la plus intime, la duchesse de Chevreuse, poursuivent des relations épistolaires avec l'ennemi du royaume ?

Chacun pense à soi, et si peu à l'État !

Cependant il est trop tôt pour révéler au roi la « trahison » de la reine, les complicités des Grands.

Richelieu se contente de confier au roi : « Il n'y a point de nation au monde si peu propre à la guerre que la nôtre. La légèreté et l'impatience qu'elle a dans les moindres travaux sont deux principes qui ne vérifieront que trop, à mon grand regret, cette proposition. »

Il laisse entendre au roi qu'il se tient aux aguets, qu'il surveille les courtisans, les Grands. Et il est satisfait quand on lui rapporte les propos de Louis XIII qui, d'une voix où se mêlent l'admiration et l'inquiétude, a dit :

« M. le Cardinal est un étrange esprit, car il découvre toutes choses. Il a des espions proches des princes étrangers, il apprend leurs desseins, il fait surprendre les "paquets" par des hommes déguisés qui détroussent les courriers. »

Richelieu en est persuadé : c'est en organisant la défense par tous les moyens de l'État qu'on assure la grandeur du royaume et de son roi.

Richelieu voudrait ne jamais quitter Louis XIII des yeux, car il connaît les humeurs changeantes de ce monarque de seize ans plus jeune que lui, sensible à la beauté des jeunes courtisans, attaché passionnément au duc de Luynes, puis après la mort de ce grand favori, donnant son amitié – son affection, son amour ? – au duc de Saint-Simon.

Et Richelieu veille à pousser dans l'entourage du roi des jeunes gens dont il est sûr, ainsi Saint-Simon, ou bien ce marquis de quinze ans, Cinq-Mars, qui en 1635 devient capitaine des gardes et dont Louis XIII ne cesse de louer la beauté.

C'est pour le visage régulier de Cinq-Mars, son élégance, sa séduction, que Richelieu a placé ce fils d'un surintendant des finances – le maréchal d'Effiat – dans la proximité du roi.

Moyen d'éloigner Louis XIII des jeunes femmes, Mme de Hautefort, puis Mlle de La Fayette, qui a à peine dix-sept ans.

Comment les aime-t-il, ces jeunes femmes qui ont fait partie de l'entourage de la reine mère ou de la reine Anne d'Autriche ?

Et quelles sont les relations entre le roi et la reine ?

Richelieu essaie de percer le mystère que sont pour lui les penchants du roi.

Louis XIII est chaste, choqué par le comportement impudique de telle ou telle jeune courtisane, qui se présente à lui la gorge quasi découverte.

Et à la fin d'un repas autour duquel Louis XIII avait évité de lever les yeux vers cette poitrine que la jeune femme, en face de lui, exhibait, il avait craché une gorgée de vin sur la gorge découverte de la courtisane. Il y avait de la colère et du mépris dans ce geste qui avait glacé l'assistance.

Mais peu après le roi affiche son amour pour Marie

de Hautefort, dont Richelieu se demande s'il va au-delà d'une amitié courtoise.

« Il faut ôter le mot de désir, car je ne désire rien », a confié Louis XIII à Saint-Simon, et celui-ci rapporte ces propos à Richelieu.

« Il est vrai que je suis amoureux, a poursuivi le roi ; je n'ai pu m'en défendre, parce que je suis homme et sujet aux sens. Il est vrai que je suis roi et que par là je puis me flatter de réussir si je voulais, mais plus je suis roi et en état de me faire écouter, plus je dois penser que Dieu me le défend, qu'il ne m'a fait roi que pour lui obéir, en donner l'exemple et le faire obéir par tous ceux qu'il m'a soumis. Et si je me per-mets des amusements que les occasions et l'humanité m'arrachent, plus je dois être en garde contre le crime et le scandale et demeurer le maître de moi-même. »

Richelieu n'est pas rassuré.

Le roi s'éloigne en effet de Marie de Hautefort, pour nouer une relation amoureuse avec Louise-Angélique de La Fayette, qui, à dix-sept ans, tout en aimant le roi et ne le cachant pas, rêve de vie religieuse.

Le Cardinal s'inquiète de l'attachement du roi, des idées de la jeune femme, qui appartient à la Maison de la reine Anne d'Autriche. Elle n'a aucune ambi-tion sinon celle de servir Dieu et l'Église catholique, et d'aimer chastement le roi. Richelieu craint qu'elle ne devienne un instrument du parti dévot, hostile aux alliances avec les puissances protestantes et à la guerre.

Il veut qu'elle entre en religion ! qu'elle s'enferme à la Visitation Sainte-Marie, rue Saint-Antoine.

Richelieu charge le père Carré puis le père Caussin, les confesseurs de Mlle de La Fayette, d'inviter la jeune femme à se cloîtrer. Ce qu'elle fait, le 19 mai 1637, au regret du roi.

« Allez où Dieu vous appelle, écrit Louis XIII, il n'appartient pas à un homme de s'opposer à Sa Volonté. Je pourrais de mon autorité royale vous retenir à la Cour et défendre à tous les monastères de mon royaume de vous recevoir, mais je connais cette sorte de vie si excellente que je ne veux pas avoir à me reprocher un jour de vous avoir détournée d'un si grand bien. »

Le roi ne doit pas rester sans affection, pense Richelieu. Et il confie au roi qu'une Mlle de Chémérault est disposée à accepter son amour.

« Si j'avais à aimer quelque personne, répond Louis XIII, j'aimerais mieux essayer de me raccommoder avec Hautefort qu'avec quelque fille, n'étant pas mon intention de m'engager jamais avec personne... »

Richelieu s'inquiète. Louis XIII se rend souvent au couvent de la Visitation Sainte-Marie ; et il y converse longuement avec Mlle de La Fayette.

Et puis il y a ce confesseur, le père Caussin, qui ne cache pas qu'il veut convaincre le roi de changer de politique, et donc de se séparer de ce cardinal de Richelieu qui se soucie si peu du sort misérable du peuple, et des méfaits accomplis contre l'Église catholique, par les alliés de la France.

« Six mille églises sont en ruine en Allemagne, dit-il. C'est vous qui avez fait venir les Suédois, et vous répondrez devant Dieu de tous les brûlements, violements et autres désordres qu'ils commettront. Ce n'est pas assez de bien vivre en l'état où vous êtes, tout le bien que vous faites est inutile. Vous voulez faire venir le Turc en chrétienté. »

Puis Caussin insiste sur la misère du peuple.

Et le roi soupire :

« Ah ! mon pauvre peuple ! Je ne saurais encore lui donner le soulagement étant engagé dans une guerre… »

Richelieu apprend ainsi que le roi a semblé convaincu par les propos du père Caussin. Qu'il a même dit à son confesseur :

« Je vois le désordre que vous m'avez représenté, je reconnais l'obligation que j'ai d'y remédier, je vous promets d'y travailler sérieusement. Il est bien vrai que j'ai de la peine à le dire à M. le Cardinal. Si vous lui proposez la chose en ma présence, j'appuierai tout ce que vous direz et j'espère que cela profitera. »

À qui sinon aux ennemis de l'État et donc du roi ?

Richelieu, quand ses espions le renseignent sur les échanges de propos entre le roi et le père Caussin, en est convaincu.

Il doit briser cette conspiration, dont les acteurs les plus dangereux sont la reine Anne d'Autriche, la duchesse de Chevreuse, Monsieur frère du roi et ses proches, le comte de Soissons, le duc de Bouillon, et ce M. de La Porte, porte-manteau ordinaire de la reine, qui se charge de transmettre les lettres de la reine soit à la duchesse de Chevreuse, soit au marquis de Mirabel, ambassadeur d'Espagne.

Le père Caussin n'est important que parce qu'il est le confesseur du roi, mais en lui-même, ce jésuite peut être facilement terrassé.

D'abord en parlant au roi, en détruisant l'un après

l'autre les arguments du père Caussin, et surtout en mettant le roi en demeure de choisir entre son ministre et son confesseur.

Richelieu est confiant. Le roi ne peut se séparer de lui.

Donc il y aura une lettre de cachet contre le père Caussin. Il sera exilé à Rennes et ses papiers seront saisis.

Il reste à trancher la tête de la conspiration. Richelieu examine les lettres saisies, questionne ses espions.

Il faut embastiller M. de La Porte, effrayer Mme la duchesse de Chevreuse. Et celle-ci, déguisée et grimée en jeune cavalier, s'enfuit en Espagne.

On peut alors se retourner contre Anne d'Autriche.

Richelieu s'efforce de maîtriser cette exaltation qu'il éprouve en entrant dans la chambre de la reine, ce 17 août 1637, accompagné par deux jésuites et deux secrétaires d'État.

Il est fasciné, attiré par cette jeune femme séduisante, qui, après avoir tenté de nier, déclare tout à coup qu'en effet, elle a écrit plusieurs fois au marquis de Mirabel, qu'elle a fourni les renseignements dont elle disposait et qu'elle a reçu des réponses de l'ambassadeur d'Espagne.

Richelieu est ému par cette confession, et troublé quand la reine s'écrie :

« Quelle bonté faut-il que vous ayez, Monsieur le Cardinal, j'aurai toute ma vie la reconnaissance et l'obligation que je pense avoir à ceux qui me tirent de cette affaire. Donnez-moi la main. »

Richelieu se dérobe, s'incline, se retire.

Il ne veut pas, à cause de son trouble, avoir un « air trop galant pour un ennemi ».

Il imagine la surprise du roi, sa colère d'homme jaloux, s'il surprenait son ministre si bienveillant à l'égard de la reine. Il dresse au contraire un procès-verbal de cette confession et il contraint la reine à signer ces lignes humiliantes :

« Nous promettons de ne retourner jamais à de pareilles fautes et de vivre avec le roi, notre très honoré seigneur et époux, comme une personne qui ne veut voir aucun intérêt que ceux de sa personne et de son État. »

Et Richelieu prépare un « pardon » écrit et signé du roi :

« Nous déclarons que nous oublions entièrement tout ce qui s'est passé, n'en voulant jamais avoir souvenance… »

Richelieu rédige une sorte de guide, qui fixe les engagements d'Anne d'Autriche :

« Je ne désire plus que la reine écrive à Mme de Chevreuse… Je défends à la reine l'entrée des couvents des religieuses. » Car la reine a été surprise, profitant de ses visites au Val-de-Grâce pour donner et recevoir, avec la complicité de la mère supérieure, des lettres.

« Je promets au roi d'observer religieusement le contenu ci-dessus », écrit Anne d'Autriche.

Et Richelieu voit le roi s'approcher de la reine et l'embrasser.

Il n'est donc pas étonné d'apprendre que, le 5 décembre 1637, le roi surpris par un violent orage, alors qu'il rend visite à Mlle de La Fayette à son couvent de la Visitation rue Saint-Antoine, renonce à gagner le château de Saint-Germain et se réfugie pour la nuit, au Louvre, chez Anne d'Autriche.

Et le lendemain matin, les espions du Cardinal écrivent que Sa Majesté paraissait d'une inhabituelle fort bonne humeur.

Richelieu sait que Mlle de La Fayette prie pour que le roi soit père d'un fils. Que Dieu l'entende !

Il sait aussi que l'oncle de la novice, François de La Fayette, évêque de Limoges, a déclaré plusieurs fois à sa « ménagère », une femme qui tient sa maison :

« Quand le Cardinal sera ruiné, nous ferons ceci ou nous ferons cela, je logerai dans l'hôtel de Richelieu, c'est un logis qu'il me prépare. »

Cet évêque n'imagine pas que sa ménagère se confie à des espions de Richelieu.

Richelieu n'est pas inquiet des rêveries de ce « petit » évêque ambitieux.

Il ose dire et il s'étonne lui-même de son audace :

« Vous savez, grâce à Dieu, que je suis si assuré de la bonté du roi que je n'appréhende point qu'aucun artifice puisse changer la disposition de son esprit à mon égard. »

33

Ce 14 janvier 1638, Richelieu lit et relit la lettre que vient de lui adresser le premier médecin du roi, Bouvard, et tout en parcourant les phrases, remercie Dieu, le supplie de protéger cet enfant que porte la reine Anne d'Autriche.

Car si la grossesse qu'annonce Bouvard va heureusement jusqu'à son terme, c'est l'avenir du royaume qui est assuré.

« Monseigneur, écrit Bouvard, je n'ai pu ni dû tarder de vous faire savoir les signes plus certains que jamais de grossesse de la reine qui font foi d'un enfant déjà conçu et formé de six semaines et, partant, hors des dangers des jours, qu'autrefois elle a soufferts. »

Richelieu se souvient des fausses couches nombreuses de la reine, de la déception et de l'amertume du roi, dès lors de la séparation de fait qui s'était installée entre Louis XIII et Anne d'Autriche, ne comportant que de rares retrouvailles nocturnes.

Et la dernière, par cette nuit d'orage du 5 décembre 1637, fructueuse donc.

On le murmurait depuis quelques semaines déjà, et

on remerciait la mère du Christ, cette Sainte Marie à laquelle le roi avait voué la France, plaçant le royaume sous la protection de la Vierge.

Richelieu avait été ému par cette dévotion du monarque, par cette espérance que la mère du Christ, Marie la Sainte Vierge, obtiendrait le rétablissement de la paix avec l'Espagne, les Impériaux, les armées du duché de Savoie, et que le sort des sujets les plus pauvres, croquants, manants, va-nu-pieds, en serait amélioré.

Il ne serait plus nécessaire de les pendre par grappes noires aux branches des arbres les plus hauts.

Louis XIII avait écrit à Richelieu :

« Depuis la prise de Corbie – en 1636 – je me suis mis dans la dévotion beaucoup plus que devant pour remercier Dieu des grâces que j'en reçus à cette occasion. »

Il fallait encourager le roi dans cette dévotion.

Richelieu avait incité le père Joseph, mais aussi les confesseurs du roi, à soumettre à Sa Majesté une déclaration pour la protection de la Vierge, et en décembre 1637, puis en ce début d'année 1638, Louis XIII l'avait acceptée, proclamée.

« Nous déclarons que prenant la très sainte et très glorieuse Vierge pour protectrice spéciale de notre royaume, nous lui consacrons particulièrement notre personne, notre Couronne, et nos sujets… Nous exhortons lesdits archevêques et évêques d'admonester tous nos peuples d'avoir une dévotion particulière à la Vierge… »

Le roi s'était engagé à « faire construire à nouveau le grand autel de l'église cathédrale de Paris avec une image de la Vierge qui tiendrait entre ses bras celle de son précieux Fils descendu de la croix… ».

Richelieu avait été bouleversé en apprenant que le roi, en même temps qu'il consacrait le royaume à la Vierge Marie, érigeait en duché pairie les terres d'Aiguillon, en faveur de Marie de Vignerot, marquise de Combalet, nièce de Richelieu. Et il précisait qu'il accordait cette faveur à Marie, pour remercier son oncle le Cardinal des « grands et signalés services qu'il nous a rendus à nous et à cette Couronne... ».

Et maintenant il faut attendre la naissance du Dauphin, car Dieu ne peut être sourd à toutes ces prières qui le suppliaient de donner au roi un fils, après tant d'espoirs déçus.

Et chaque jour Richelieu veut connaître les avis des médecins. Il est étonné que les couches de la reine se « diffèrent » et l'attente se fait anxieuse.

Des libelles anonymes paraissent, suintant de haine et de mensonges et prétendant que cet enfant porté par la reine est le fruit des amours de l'« homme rouge », le cardinal maléfique, avec Anne d'Autriche.

Richelieu donne des ordres. Il faut rechercher les auteurs de ces calomnies, qui tentent d'empoisonner une atmosphère de ferveur et d'espérance.

Il faut aussi faire face à la guerre qui se poursuit.

Richelieu est angoissé à l'idée de devoir quitter Paris, pour s'installer à Saint-Quentin, afin de diriger les opérations militaires qui ont repris en Artois et en Picardie.

Ce sont à nouveau les Espagnols qui ont l'initiative.

La petite place forte du Catelet est retombée entre leurs mains, comme durant l'« année de Corbie ».

Les troupes royales obtiennent en revanche des

succès en Alsace : Brisach est pris, et tout le pays passe sous l'autorité française.

Mais les Savoyards et les Espagnols s'emparent en Italie de Verceil et surtout, sur la frontière espagnole, la place de Fontarabie assiégée ne peut être conquise.

Ce n'est que le commandement, et la mésentente entre le prince de Condé et le duc de La Valette – frère du cardinal de La Valette et neveu de Richelieu – qui expliquent l'échec, la panique, la débandade qui ont saisi les troupes royales.

« La douleur de Fontarabie me tue, écrit Richelieu. Je vous envoie la relation de ce qui s'est passé au lèvement du siège de Fontarabie, laquelle il est impossible de lire sans horreur. Sa Majesté en entendra s'il lui plaît la lecture tout au long. »

Richelieu apprend que le roi s'est emporté, exigeant que l'on arrête le duc de La Valette, qu'on le condamne à être roué ou décapité.

Et sans doute prévenu par son frère, le cardinal de La Valette, le duc s'enfuit à bord d'un navire écossais venu expressément jusqu'en Gironde, pour lui permettre d'embarquer.

On se contentera de condamner le duc par contumace, de le supplicier en effigie, et de s'emparer de ses biens.

« On dit qu'il est allé en Angleterre, écrit Richelieu, d'autres affirment qu'il est en Hollande, ou qu'il prétend gagner Venise. »

Mais en cet automne 1638, en dépit de ces revers militaires, l'atmosphère est à la liesse puisqu'un Dauphin est né, le 5 septembre 1638, Louis le Dieudonné, futur Louis XIV lorsque Dieu le voudra.

À Saint-Quentin Richelieu se morfond.

Il voudrait être auprès du roi au château de Saint-Germain, mais les nécessités de la guerre font loi.

Il exige que ses espions lui écrivent chaque jour, pour lui raconter les faits et les gestes de la Cour.

« La joie que Sa Majesté a d'être père est extraordinaire ! », lui rapporte-t-on. « Sa Majesté a été aujourd'hui quatre ou cinq fois dans la chambre de Monseigneur le Dauphin, pour le voir téter et remuer. »

Gaston d'Orléans, Monsieur frère du roi, dépossédé de son statut d'héritier, est « tout étourdi ».

Louis XIII a conduit son frère jusqu'au berceau.

« Voici un effet miraculeux de la grâce du seigneur Dieu, car c'est bien ainsi qu'il faut appeler un si bel enfant après mes vingt-deux années de mariage et les quatre malheureux avortements de mon épouse. »

Richelieu doit se contenter d'imaginer l'enthousiasme des Parisiens.

Il n'y a que ses ennemis les plus fous pour prêter attention à ces calomnies qui continuent d'être répandues.

Certaines rumeurs font même du duc de Buckingham, mort depuis plusieurs années, le père du Dauphin ! Mais c'est la paternité de Richelieu qui est la plus souvent affirmée !

Mensonges, mesure de la haine qui le poursuit et a gagné toutes les Cours d'Europe, où il est présenté comme un tyran.

Mais la satisfaction l'emporte sur l'irritation et l'amertume.

Richelieu est heureux d'apprendre que le roi et la reine se sont rapprochés, qu'ils se rencontrent souvent.

Richelieu veut faire un geste, pour gagner lui aussi l'affection d'Anne d'Autriche.

Il fait libérer de la Bastille le porte-manteau de

la reine, M. de La Porte, et il a le sentiment que l'affaire des lettres adressées par la reine à l'ambassadeur d'Espagne est définitivement oubliée.

Il peut assister sereinement au feu d'artifice tiré en place de Grève, en l'honneur de Louis le Dieudonné, et au *Te Deum* qui se déroule à Notre-Dame.

Mais il n'est pas de sérénité et de félicité qui durent. L'épreuve survient toujours.

Richelieu baisse la tête comme pour marquer son humble condition d'homme mortel, dont le sort demeure entre les mains de Dieu.

Le père Joseph, celui qu'on appelait l'« éminence grise », vient de mourir terrassé par une attaque d'apoplexie.

Richelieu est d'autant plus peiné qu'il était à la veille d'obtenir le cardinalat pour ce capucin, « pauvre auprès de l'abondance, humble dans les honneurs, chaste auprès des délices, obéissant en tout, sobre auprès des festins, religieux dans le monde et capucin à la Cour ».

Et puisque le père Joseph s'en est allé, Richelieu obtient la promesse de la Cour de Rome que Mazarin recevra, à la place du père Joseph, le chapeau rouge de cardinal.

Car ce diplomate du pape a fait montre de fidélité, de courage, d'habileté, de dévouement à la Couronne de France.

Il peut succéder au père Joseph.

Et il aura fort à faire, car rien n'est clos.

La reine mère, Marie de Médicis, est à Londres, où elle a retrouvé la duchesse de Chevreuse.

Or Richelieu se méfie de « ces animaux étrangers

que sont les femmes... On croit qu'ils ne sont pas capables d'un grand mal parce qu'ils ne le sont d'aucun bien ; mais je proteste en ma conscience qu'il n'y a rien qui soit si capable de perdre un État que de mauvais esprits couverts de la faiblesse de leur sexe... ».

Il restera donc sourd aux appels de Marie de Médicis qui veut « faire entendre à M. le Cardinal l'extrême passion qu'elle a de retourner en France... ».

Il ne peut pas croire à ses promesses lorsqu'elle écrit :

« Je ne cherche plus qu'à passer en repos le peu de temps que j'ai à vivre et à me préparer doucement à la mort... »

Il ne veut pas prendre le risque de voir naître autour de Marie de Médicis, et sans aucun doute de Gaston d'Orléans, de nouvelles intrigues.

Et à cette seule idée qu'il ne peut chasser de son esprit, il sent la maladie, la douleur à nouveau ronger son corps. Et il pense à la mort et à la fin du règne, que scelle, même si nul hormis Dieu ne peut fixer l'échéance, la naissance du Dauphin Louis.

Il éprouve le besoin d'écrire à Louis XIII, de proclamer une nouvelle fois son allégeance au roi :

« Votre Majesté, dit-il, a toujours connu ma passion à son service, si aveugle qu'elle ne connaît que sa personne : elle le verra de plus en plus. »

Et Louis XIII, apprenant que Richelieu est malade, répond :

« Je vous puis assurer que je prendrai toujours autant de part à ce qui vous touchera comme si c'était à moi-même... »

SEPTIÈME PARTIE

1639-1642

« Dieu veut que chacun fasse
les choses à quoi il est appelé. »

Richelieu,
Traité de la perfection des chrétiens

« Sire, voici le dernier adieu ;
en prenant congé de Votre Majesté,
j'ai la consolation de laisser votre royaume
dans le plus haut degré de gloire
et de réputation où il ait jamais été
et tous vos ennemis abattus
et humiliés. »

Richelieu,
2 décembre 1642

34

Il a cinquante-quatre ans. Les sentiments qu'il éprouve quand il reçoit une lettre du roi sont à la fois plus intenses et plus fugaces.

Louis XIII dans les missives nombreuses – souvent quotidiennes – qu'il lui adresse est chaleureux, plein d'affection même. Et Richelieu ne doute pas de la sincérité du monarque qui se confie.

Le roi ne cache rien de l'ennui qui l'envahit, de son besoin d'aimer et d'être aimé, et de la déception qu'il ressent dans sa relation amoureuse avec Mme de Hautefort, du regret qui le tenaille de ne plus pouvoir aimer Mlle de La Fayette, recluse dans son couvent, et, en dépit de son rapprochement avec la reine Anne d'Autriche, de la froideur de cette épouse.

« J'ai trouvé le sexe féminin avec aussi peu de sens et aussi impertinent en leurs questions qu'ils ont accoutumé. »

Le roi conclut : « Je vous en dirai bientôt davantage. Je vous recommande d'avoir soin de vous. »

Richelieu soupire. Le roi s'ennuie. La guerre qui se déroule ne suffit pas à emplir son cœur. Il faut à cette âme si souvent morose, une relation sentimentale, le jeu des passions.

Richelieu dans le carrosse qui le conduit à Abbeville, en ce début d'année 1639, se félicite d'avoir placé près du roi ce jeune marquis de Cinq-Mars, beau et enjoué, spirituel et bien né.

À dix-huit ans, Cinq-Mars est devenu maître de la garde-robe, ce qui fait de lui, comme le reconnaît avec plaisir Louis XIII, « celui qui approche le plus de sa personne ».

Sous la tente royale, dans le camp militaire dressé à quelques lieues d'Hesdin-en-Artois, la place forte espagnole assiégée par les troupes du grand maître de l'artillerie M. de La Meilleraye, Cinq-Mars dort dans la garde-robe. Et M. de La Meilleraye n'est pas seulement le cousin germain de Richelieu, mais aussi le beau-frère de Cinq-Mars.

Et Richelieu veut, en incitant La Meilleraye à prendre l'offensive, à conquérir Hesdin-en-Artois, que la gloire du maître de l'artillerie rapproche un peu plus Cinq-Mars du roi.

Il imagine que pour l'instant il n'aura rien à craindre de ce jeune homme, qu'il contrôlera bien mieux qu'il ne peut le faire d'une Mme de Hautefort ou de cette Mlle de Chémérault. Il avait un temps escompté que cette dernière remplacerait Mme de Hautefort et serait à sa dévotion, mais le roi l'a écartée.

Et puis comme le lui a écrit Louis XIII, évoquant ces relations difficiles avec Mme de Hautefort, Mlle de Chémérault et la reine Anne d'Autriche :

« Les dames cabalent fort et ferme. »

Alors il faut inciter M. de La Meilleraye à agir, et

ce sera manière de faire briller Cinq-Mars aux yeux du roi.

Chaque jour Richelieu reçoit des courriers qui lui décrivent les événements du siège d'Hesdin.

« La Meilleraye a reçu une mousquetade, mais si favorablement, qu'ayant percé son baudrier, la balle est demeurée dans son collier de buffle. »

« Conservez-vous, je vous prie, écrit Richelieu à La Meilleraye. Et hâtez votre siège le plus que vous pourrez. »

Il l'admoneste, le conseille, le met en garde :

« Je vous compare aux chiens des bonnes meutes, qui, ayant le nez excellent et le pied gras, font des merveilles au découplé, mais avec tant d'efforts, que, devant que le cerf soit pris, ils sont contraints à se rendre. »

Le 27 juin 1639 enfin, Richelieu se réjouit en recevant un courrier qui arrive tout crotté à Abbeville.

Deux mines, en explosant, ont réussi à ouvrir deux brèches dans les murs de la place. Les troupes royales ont donné l'assaut et après des attaques furieuses et des défenses entêtées, le 29 au lever du soleil, un tambour espagnol est venu battre la chamade, au-dessus de la brèche encombrée de morts.

Le 30 juin, vers dix heures du matin, la garnison espagnole, après avoir négocié les conditions de sa reddition, a quitté Hesdin, tambour battant, enseignes déployées.

Le roi s'enthousiasme.

« J'ai résolu, dit-il, d'entrer dans la ville par la brèche, sur le haut de laquelle je veux faire M. de La Meilleraye

357

maréchal de France. Il n'en sait rien et que personne n'en parle ! »

Richelieu ne veut pas l'en dissuader même s'il laisse les proches du roi lui conseiller de renoncer. La brèche est difficile à escalader. Il y a des blocs de pierre.

« Vous vous sentez de la goutte », ose-t-on même lui dire.

Richelieu, qui est resté à Abbeville, reçoit une description précise de la scène. Le roi, soutenu, poussé, tiré, parvient au sommet.

« La Meilleraye, je vous fais maréchal de France. Les services que vous m'avez rendus m'obligent à cela ; vous continuerez à me bien servir. »

Et comme La Meilleraye qui s'est agenouillé se confond en remerciements, Louis XIII l'interrompt :

« Trêve de compliments, je n'en ai pas fait un de meilleur cœur que vous. »

Et il confiera : « Il vaut bien nos barbons. » La Meilleraye n'a pas quarante ans. Les maréchaux La Force et Châtillon en ont quatre-vingts et cinquante et un.

« Et moi, cinquante-quatre », murmure Richelieu, en écrivant à La Meilleraye une lettre de félicitations.

Il la veut brève, presque sèche. Il ne faut pas que La Meilleraye s'enivre et fasse partager son ivresse au jeune marquis de Cinq-Mars.

Car Richelieu sait que la gloire et le pouvoir sont des vins capiteux.

« Je suis très aise de la fin de vos travaux au siège d'Hesdin-en-Artois, et de ce qu'il a plu au roi témoigner l'agrément de vos services par la charge qu'il vous a donnée. »

Richelieu sait que cette victoire, démesurément grandie, ne peut à elle seule permettre d'en finir avec la guerre.

On se bat sans succès pour chasser les Espagnols de Turin. Richelieu conseille de mettre « le feu aux plus proches maisons de la citadelle ce qui par un bon vent que vous sauriez bien choisir le peut porter bien avant dans la ville et vous faciliter par ce moyen celui de chasser pied à pied les ennemis ».

Mais le cardinal de La Valette qui commande les troupes meurt d'un abcès au poumon à quarante-sept ans.

« Quarante-sept ans et j'en ai cinquante-quatre ! »

« S'il était possible de racheter de son propre sang ceux que nous aimons, je donnerais beaucoup du mien pour recouvrer l'ami que j'ai perdu », écrit-il.

Et à la tristesse s'ajoutent les déceptions.

Le prince de Condé, qui en Roussillon est parvenu à prendre la citadelle de Salces, ne peut la conserver et, en décembre 1639, la garnison française capitule devant les Espagnols.

Richelieu n'est pas étonné de recevoir une lettre du roi, empreinte de regrets qui cachent – il le craint – des reproches :

« Je n'ai point été surpris de la nouvelle de Salces, écrit Louis XIII, car je m'attendais à ce qui est arrivé. Cette nouvelle ne laissa pas pourtant de me donner du chagrin tout hier soir. »

Il reste au roi les affections, les amours.

Louis XIII a acheté, en novembre 1639, pour le marquis de Cinq-Mars, la charge de grand écuyer de France, vacante, puisque son titulaire le duc de Bellegarde était à la fois en disgrâce et désargenté.

À la Cour on n'appelle plus Cinq-Mars que Monsieur le Grand.

« Ce n'est pas un vilain début pour un homme de dix-neuf ans », commente-t-on.

Et on ajoute :

« Jamais le roi n'a eu passion plus violente pour personne. »

Il faut surveiller cela.

Car ce favori de dix-neuf ans s'échappe du château de Saint-Germain la nuit.

Il galope jusqu'à Paris, où il retrouve dans un hôtel du Marais la courtisane Marion de Lorme qu'on assure avoir été la maîtresse du duc de Buckingham, et de nombreux jeunes nobles de la Cour.

Cinq-Mars rentre à l'aube au château, dort jusqu'à midi, alors que le roi chevauche depuis l'aube, chasse, maudit ce jeune homme paresseux, si beau, si séduisant.

Richelieu écoute avec inquiétude les confidences du souverain.

En même temps il doit continuer de mener la guerre, de faire face à cette révolte des « va-nu-pieds » de Normandie, ces paysans qui par milliers, affamés et enragés, ont pris les fourches, les coutelas et les faux, et hurlent leur colère. Et qu'il faut châtier sans hésiter.

Mais le roi n'a plus les guerres en tête.

Il rompt avec Mme de Hautefort et en avertit Richelieu :

« Je fis hier la déclaration à Mme de Hautefort en

présence de Cinq-Mars, de quoi il a témoigné être satisfait. Elle fut étonnée. »

Et puis c'est la déception, l'amertume, la jalousie provoquée par le comportement de Monsieur le Grand. Et Richelieu reçoit les lamentations de Louis XIII.

Il faut lui répondre, le conseiller.

« Il m'est impossible, écrit Richelieu à Louis XIII, le 11 décembre 1639, de n'être point en peine quand je vois que Votre Majesté n'est pas contente, c'est ce qui fait que j'envoie ce matin pour savoir l'état de sa disposition, m'ayant semblé qu'elle partit hier d'ici sans être bien satisfaite en elle-même.

« Sur cela je la supplie de croire et de tenir pour assuré que, si elle ne se résout de dire ses mécontentements, quand elle en aura, et ses volontés à Monsieur le Grand, elle sera en des peines qu'elle pourra éviter sans doute, si elle veut en user comme je lui propose.

« Il est impossible d'être jeune et tout à fait sage.

« C'est à Votre Majesté à suppléer au défaut de ses créatures en les conduisant par ses avis et par ses conseils. »

Et c'est à lui, cardinal de Richelieu, de faire de même avec Sa Majesté le roi. Dieu l'a placé auprès de Louis XIII pour cela.

35

Que répondre au roi ?

Richelieu s'interroge. Il a le sentiment d'avoir dans sa dernière lettre tracé, pour Louis XIII, une ligne de conduite : ne pas subir les humeurs et les caprices, les colères et même le dédain d'Henri d'Effiat, marquis de Cinq-Mars. Et lui dire « ses mécontentements ».

Mais les missives du roi se succèdent comme s'il avait déjà oublié les conseils qu'on lui a donnés.

Tel jour – le 7 janvier 1640 – c'est l'apaisement, la bonne entente avec Cinq-Mars :

« Il faut oublier tout ce qui s'est passé et lui faire la même bonne chère que vous lui faisiez auparavant. »

Et, désinvolte, Louis XIII conclut :

« Ma santé va très bien, je m'en vais à la chasse. »

Mais quelques jours – ou quelques semaines – passent, et c'est un souverain gémissant, désemparé qui écrit – ainsi le 20 mars 1640 :

« J'irai après dîner vous voir pour chercher consolation avec vous, car où je suis je n'ai que des déplaisirs. Comme hier je pensais dormir, que j'étais fatigué de ma médecine, Monsieur le Grand vint, qui me dit tant de choses fâcheuses que je n'en ai point dormi de toute la nuit. Si cela dure, je ne puis avoir de santé. Je vous en dirai bientôt davantage, je vous recommande d'avoir soin de vous. »

Que dire ? Que faire ?

Ce roi de trente-neuf ans, qui détient tous les pouvoirs, qui vient de condamner à l'exil, à des dizaines de lieues de Paris, Mme de Hautefort et Mlle de Chémérault, se laisse troubler, bouleverser, malmener par un marquis de vingt ans !

Richelieu s'en persuade : il faudra briser la morgue de cet insupportable favori qu'il avait cru capable de distraire le roi, lui donner cette relation sentimentale dont Louis XIII ne peut décidément se passer.

Richelieu est d'autant plus irrité, que, alors que le roi cherche auprès de lui conseils et consolations pour ses passions intimes, il faut se préoccuper des affaires de l'État, de cette guerre qui appauvrit le royaume.

Et Richelieu ne peut même pas concevoir de laisser ses affaires privées le détourner des affaires d'État.

« Étant comme je suis dans le monde, confie-t-il, on sait bien qu'il n'y a point d'intérêt particulier, quelque grand qu'il puisse être, qui soit capable de me faire passer par-dessus le moindre de l'État. »

Il doit se préoccuper de remplir les caisses de l'État.

En 1640, pour cent seize millions de dépenses, il n'y a que quarante-trois millions de recettes.

Il partage le jugement du surintendant Bullion qui dit :

« Les traitants nous abandonnent et les peuples ne veulent rien payer, ni les droits anciens ni les nouveaux. Nous sommes maintenant au fond du pot, n'ayant plus de moyens de choisir entre les bons et les mauvais avis. Et je crains que notre guerre étrangère ne dégénère en guerre civile. Votre Éminence quand elle verra la vérité des affaires y prendra quelque bon expédient, mais je vous confesse que je suis bien empêché et n'y vois aucun jour. »

Il faut prendre l'argent là où il est.

Richelieu convoque une assemblée du clergé qui se réunit à Mantes. Il en est le président, mais il ne se montre pas. Il veut le mystère pour effrayer, éviter d'avoir à répondre. Il laisse entendre que le clergé serait privé de ses libertés s'il ne versait pas quatre millions au roi.

L'Église accepte, amère, et le pape Urbain VIII déteste cet « infernal Cardinal » et se dresse contre lui.

Le nouveau nonce apostolique, Scoti, est dévoué aux intérêts espagnols. À Rome, un chevalier français, Rouvrai, en conflit avec la papauté, est « arquebusé », son cadavre décapité et sa tête exposée par le bourreau, qui clame aux passants :

« Voici la tête de l'écuyer de l'ambassadeur de France. »

Cela dure deux heures puis la tête est jetée près du pont Saint-Ange, dans le cloaque où sont déversées les têtes des condamnés à mort.

Et cela sous la protection de la garde corse et les regards d'une foule nombreuse !

« C'est au roi de juger si la mort de Rouvrai le touche ou non… », fait dire Richelieu.

Il ne faut pas envenimer une querelle, quand Rouvrai en effet avait contrevenu à la loi pontificale.

Richelieu n'oublie pas qu'il est cardinal :

« Son Éminence sait bien le respect qu'elle doit au pape et ce à quoi le service du roi l'oblige. »

Il voudrait aussi que le pape accordât le chapeau de cardinal à Mazarin comme demande lui en a été faite. Mais le nonce rappelle qu'on ne doit point presser Sa Sainteté de « faire des cardinaux contre son gré ».

Heureusement l'Église de France a versé les quatre millions promis au trésor royal !

Il était temps. Les paysans s'armaient une fois encore, se dressaient contre les « partisans, les traitants, les gabeleurs » et autres leveurs de taxes nouvelles.

Il faut pour mater les va-nu-pieds de Normandie dépêcher cinq mille hommes et huit cents chevaux, vers Caen, Avranches et Coutances.

Les soldats doivent conquérir les barricades dressées par les rebelles qui se proclament « fidèles au roi ».

On les sabre, on les pend. Et dans leur fuite ils se noient, en tentant d'échapper aux cavaliers qui les pourchassent sur les grèves.

« Un peu de sang éteignit ce grand feu qui devait embraser toute la province », écrit *Le Mercure français*.

« Mais quoi ! toujours du sang et toujours des supplices ! », lit-on cette année-là, dans *Cinna* de Corneille.

Mais Richelieu refuse de s'abandonner à la clémence ou à la compassion. Il faut sévir.

Il est désormais défendu, sous peine de mort, « de proférer les mots de monopoliers, gabeleurs et maltôtiers et autres noms excitant à la sédition ».

« Je vous conjure, écrit Richelieu au chancelier Séguier qui a conduit la répression et s'est installé à

Rouen, de vous souvenir toujours qu'on ne saurait faire un trop grand exemple en cette occasion. Je persiste toujours à croire que le désordre ayant été tel à Coutances qu'on l'a représenté, outre les bâtiments des particuliers qui se trouveront coupables, il est expédient de raser les murailles de la ville, afin que les villes du royaume craignent un pareil traitement en cas de désobéissance. »

Il lit sans déplaisir qu'en Espagne, à Rome, au Portugal, en Catalogne, à Londres, on reprend ce mot dont on l'a affublé : « infernal ».

On prétend qu'il est à l'origine de la révolte de l'Écosse contre le roi Charles Ier. De l'insurrection des Catalans et des Portugais contre le roi d'Espagne Philippe IV. Que ses espions, ses agents sillonnent l'Europe pour susciter ces rébellions, afin d'affaiblir les royaumes ennemis de celui de France.

Il s'en défend du bout des lèvres, tant il est vrai que ces insurrections paralysent l'Espagne, renforcent le royaume de France.

Louis XIII rayonne.

Le 21 septembre, Anne d'Autriche a donné naissance à Philippe, duc d'Anjou, frère cadet de Louis le Dieudonné.

Les Catalans signent une alliance avec la France et font de Louis XIII le comte de Barcelone, protecteur de la Catalogne.

Il faut profiter de ces circonstances pour passer à l'offensive.

« Turin et Arras, écrit Richelieu le 19 juin 1640, doivent être l'objet qu'on doit avoir devant les yeux pendant cette campagne. Il ne faut rien oublier pour avoir bonne fin de ces deux affaires dont les commencements sont fort beaux. »

En Piémont Richelieu fait confiance au comte d'Harcourt, connu sous le sobriquet de « Cadet la Perle » parce qu'il porte toujours une grosse perle en pendant d'oreille. Il a pris la ville de Casale. Il assiège celle de Turin.

Il faut le louer, lui écrire :

« Il ne me reste qu'à exhorter la bravoure de M. le comte d'Harcourt à conserver sa personne dans la continuation des actions héroïques qui le rendant célèbre dans l'Italie et la chrétienté font qu'en l'estimant autant que sa vertu m'y convie, je l'aime comme un autre moi-même. »

Richelieu sait ne pas être avare de mots !

Et Turin est prise.

Reste Arras.

Richelieu n'ignore pas le dicton : « Quand les Français prendront Arras, les souris prendront les chats. »

La ville assiégée doit pourtant tomber ! Le roi le veut. Le royaume sortira grandi de cette victoire.

Mais comment ne pas s'impatienter quand les maréchaux de camp – La Meilleraye, le duc de Châtillon, M. de Chaulnes – ne réussissent pas à s'entendre sur un plan d'attaque ? Et font part de leurs hésitations, de leurs divergences à Richelieu.

Il dicte d'une voix cassante des phrases brutales :

« Je ne suis point homme de guerre, écrit-il. Il est vrai que j'ai beaucoup lu, mais je n'y ai pas trouvé que l'on soit sorti des lignes pour combattre les ennemis après avoir demeuré dix-huit jours à les faire.

« Lorsque le roi vous a donné à tous trois le commandement de ses armées, il vous a crus capables. Et il lui importe peu que vous sortiez ou que vous ne sortiez pas, mais vous répondrez de vos têtes si vous ne prenez point la ville d'Arras ! »

Des renforts de dix-neuf mille hommes arrivent au camp avec mille cinq cents chariots de vivres et de munitions.

Et le 8 août 1640, après un violent combat, les Espagnols commencent à négocier les conditions d'une capitulation.

« J'ai toujours attendu ce bon succès et de la bénédiction de Dieu et du soin et du courage de ceux qui y ont servi », écrit Richelieu.

Le roi est satisfait. On lui a « rapporté l'affection des habitants d'Arras à la France ».

Richelieu a donné l'ordre de traiter « les bourgeois d'Arras avec police et douceur ».

Mais Richelieu a à peine le temps de se féliciter de cette victoire – accueillie dans tout le royaume avec joie, feu d'artifice et *Te Deum*, et cris de « Vive le roi ! » –, dont on dit qu'elle efface les souvenirs de l'année noire de Corbie.

Déjà il faut se préoccuper de l'humeur du roi, de l'attitude de Cinq-Mars.

Monsieur le Grand, commandant des volontaires, des gendarmes et des chevau-légers de la garde, a eu lors de l'assaut d'Arras un cheval tué sous lui. On dit et il prétend sa conduite héroïque. Mais les généraux n'ont point voulu qu'il prenne de nouveaux risques.

Il faut briser ce vaniteux, qui commence à occuper trop de place.

Et Richelieu d'un sourire, d'un hochement de tête, met en doute les exploits de Cinq-Mars.

Le bruit se répand que Monsieur le Grand a été fort satisfait d'être retiré de l'attaque, tant sa frayeur avait été grande.

Les espions indiquent que Cinq-Mars, humilié, s'est emporté, a tenté de dresser le roi contre Richelieu.

« Il y a eu brouillerie entre le roi et Monsieur le Grand, écrit un espion. Monsieur le Grand a été mal reçu à son retour, de ce que pendant son voyage, il n'a point écrit à Sa Majesté. »

Et ce sont à nouveau les lettres du roi qui se remplissent de plaintes.

« Il plut à Monsieur le Grand me quereller et me faire la mine, écrit le roi. Grâce à Dieu j'ai des témoins et Monsieur le Grand ne saurait rien nier. Il a toujours fait bande à part, ce que je crois qu'il continuera encore... Je n'ai point dormi de rage... Je ne puis plus supporter ses hauteurs, car elles sont venues à trop haut point. »

Sont-ce là propos de roi ?

Richelieu est attristé.

Une nouvelle lettre l'accable.

« Mauvaises humeurs de Monsieur le Grand, raconte Louis XIII. Elles durent toujours quoique j'aie été deux fois à sa chambre pour le prier que si j'avais fait ou dit quelque chose qui pût le fâcher, de le vouloir bien oublier, il dit que je ne l'aime point... Je ne puis plus souffrir ses hauteurs, il croit tout au-dessous de lui et il n'a que faire de personne... Je suis bien marri de vous importuner mais n'ayant que vous seul en qui j'aie confiance entière, je ne puis à qui dire mes déplaisirs qu'à vous... »

36

Que veut donc le roi ? Richelieu est inquiet, en ce début du mois de janvier 1641.

Les lettres de Louis XIII se succèdent, chargées de plaintes, et presque humbles, exprimant un désarroi.

« Je suis bien marri de vous importuner sur les mauvaises humeurs de Monsieur le Grand », écrit le roi à Richelieu.

Il raconte :

« J'ai repris le discours sur la paresse, lui disant que ce vice rendait un homme incapable de toutes bonnes choses et qu'il n'était bon qu'à ceux du Marais, où il avait été nourri, qui étaient du tout adonnés à leurs plaisirs et que s'il voulait continuer cette vie, il fallait qu'il y retournât. »

Mais Cinq-Mars se moque des objurgations du roi.

« Tout cela n'a servi à rien, raconte Louis XIII. Je n'ai ouï aucune nouvelle de sa part et il attend toujours que je l'aille chercher ce à quoi je ne suis point résolu m'ayant traité comme il l'a fait... Je vous donne avis de ceci afin que, s'il vous faisait entendre par ses amis la chose autrement, vous sachiez qu'il vous trompe de toutes les belles paroles qu'il vous dit ou vous fait dire, et qu'il n'en fait rien. »

Qu'attend donc le roi ?

Qu'on chasse Monsieur le Grand ?

Mais la lettre suivante affirme que les difficultés sont réglées, et que Monsieur le Grand est admis au Conseil.

Richelieu s'emporte, refuse cette nomination. Et il sait que Cinq-Mars va essayer de dresser le roi contre son ministre. Et qu'il faudra une nouvelle fois affronter les intrigues, les cabales, les conjurations des Grands.

Les espions rapportent ainsi que M. le duc de Vendôme, le demi-frère du roi, a fait sortir de prison des détenus, afin de les charger d'assassiner l'« infernal Cardinal ».

Le duc s'est défendu de ces accusations, a accepté d'être confronté avec ses accusateurs. Il a pris la route de Paris, mais parvenu aux portes de la capitale, il a chevauché vers le nord. Sa trace a été perdue durant quelques jours, puis il est réapparu à Londres. Cette fuite vaut aveu, mais Richelieu ne veut pas que César de Vendôme soit condamné.

« Les intérêts de l'État ayant toujours été les seuls que j'ai eus devant les yeux, dit-il, je puis sans préjudicier au service du roi supplier Sa Majesté de pardonner à M. de Vendôme et d'approuver la résolution que j'ai prise en mon particulier de ne me jamais souvenir du mal qui a été projeté contre moi. »

Le roi, après s'être obstiné, accepte de suspendre le jugement.

Cette hésitation, cette indécision, que le souverain

manifeste aussi bien dans ses rapports avec Cinq-Mars que dans les affaires d'État, préoccupent Richelieu.

Il observe Louis XIII, qui, même s'il s'efforce de donner le change, s'affaiblit.

Il chasse, il banquette avec Cinq-Mars, mais la maladie le ronge. On le purge. On le saigne. Richelieu veut savoir ce qu'il en est, et les médecins du roi avouent que le souverain va bientôt s'éteindre, peut-être dans six ou dix mois.

Ce sera donc la régence, et il faut s'y préparer.

Richelieu en oublie sa propre faiblesse, ses maux de tête, ses abcès. Il se rapproche d'Anne d'Autriche, intervient pour que le roi, déçu par le Dauphin, ne lui manifeste pas plus d'attachement, renonce à arracher l'enfant à l'éducation de sa mère.

Et Richelieu constate qu'Anne d'Autriche lui en est reconnaissante. S'il y a régence, il faudra compter avec elle. Et avec le Parlement.

Il faut donc ôter à ce dernier les prérogatives qui lui permettraient d'intervenir au moment du décès du roi et de la désignation du régent.

Le Parlement est ainsi réduit à une chambre d'enregistrement.

« Nous avons rendu à l'autorité royale, déclare Richelieu, la force et la majesté royale qu'elle doit avoir en un État monarchique qui ne peut souffrir qu'on mette la main au sceptre du souverain et qu'on partage son autorité. »

Parfois la certitude qu'il a de maîtriser l'avenir, de prévoir les événements, se brise.

Il a l'impression d'être jeté dans un gouffre, et il

ne peut interrompre sa chute, puisque c'est la mort qui l'a précipité dans cet abîme.

S'il mourait avant le roi ? Si cette régence, qui serait le couronnement de son destin, lui échappait, la mort emportant la partie ?

Il prie. Il se reprend. Dieu ne peut vouloir cela. Tant de signes au contraire attestent qu'il protège la destinée de Richelieu.

Comment en douter quand Richelieu voit s'avancer côte à côte sa nièce, Claire-Clémence de Maillé, fille du maréchal de Brézé, et le duc d'Enghien, fils aîné de M. le prince de Condé.

Ce mariage assure l'avenir d'une lignée ?

Richelieu a voulu qu'on n'imagine pas que c'est pour sa fortune qu'un duc d'Enghien épouse une nièce de cardinal. Il a, ignorant l'avarice et l'irritation du prince de Condé, stipulé que sa nièce recevrait de lui six cent mille livres en se mariant, et n'aurait rien à attendre de sa succession. Et le prince de Condé a accepté cette clause, affichant le plus grand enthousiasme pour cette union.

Richelieu est satisfait. Il veut que cette cérémonie soit l'éclatante confirmation de sa puissance, de son rayonnement.

Le 14 janvier 1641, au théâtre du Palais-Cardinal, il fait représenter la tragédie *Mirame*, œuvre de Desmarets, mais fait savoir qu'il a fourni à l'auteur l'idée de la pièce.

Et il n'est pas mécontent qu'on jase sur ce sujet qui raconte la passion de la fille du roi de Mirame pour le favori d'un souverain ennemi.

Ne serait-ce pas une évocation de l'attrait qu'avaient ressenti l'un pour l'autre Buckingham et Anne d'Autriche ?

Il pense que cette rumeur renforce l'idée que l'on se fait de sa puissance.

N'avait-on pas imaginé qu'il avait saisi l'Académie française – son Académie – pour qu'elle corrige les fautes relevées dans *Le Cid*, la tragédie qui avait enflammé Paris en 1637 ?

Et il est vrai que Richelieu avait voulu relire les *Sentiments de l'Académie française sur la tragi-comédie du « Cid »*.

On avait soutenu que Richelieu avait persécuté Corneille, qui, dans *Le Cid*, aurait représenté Anne d'Autriche en Chimène, fustigeant un ministre « infernal ». Peu importe, c'est ainsi qu'on est craint, obéi.

Et d'ailleurs il a gardé les meilleures relations avec Corneille, qui vient de publier *Polyeucte*.

Les représentations théâtrales, l'Académie sont aussi des moyens de gouverner.

Le 7 février dans la même salle du théâtre du Palais-Cardinal, il fait représenter *Le Ballet de la prospérité des armes de France*, où l'on voit apparaître de somptueux décors : « tantôt les campagnes d'Arras, et la plaine de Casale, et tantôt les Alpes couvertes de neige et puis la mer agitée ».

Et Richelieu décide que les généraux ennemis retenus prisonniers à Vincennes pourront assister au spectacle, à la fête qu'est ce mariage.

Le roi est présent, à la lecture du contrat, à la messe dite dans la chapelle du Palais-Cardinal par l'archevêque de Paris et au spectacle de ballet, puis au souper.

« Jamais on n'avait vu Son Éminence de meilleure humeur », confie un témoin.

Ce mariage comble Richelieu.

L'avenir – peut-être la régence si Dieu convoque le roi auprès de lui – se dessine.

Les Habsbourg et leurs alliés sont contraints de reconnaître qu'ils ne peuvent vaincre la France, et en janvier 1641, la Diète d'Empire, à Ratisbonne, charge l'empereur de proposer aux diplomates français d'ouvrir des négociations avec la France, et à Osnabrück des pourparlers avec la Suède.

Richelieu imagine que la guerre peut cesser dans les prochains mois.

Un espion a réussi à se procurer une lettre du cardinal infant, frère du roi d'Espagne Philippe IV, et gouverneur des Pays-Bas.

Richelieu lit les premières lignes avec satisfaction :

« Si la guerre doit continuer avec la France, écrit au mois de mars 1641 le frère du roi d'Espagne, il n'y aura guère de moyen de passer à l'offensive. Les armées espagnoles et impériales sont si réduites qu'elles ne peuvent rien entreprendre. »

Mais les dernières lignes de la lettre ravivent l'inquiétude.

« Il n'y a qu'une ressource, écrit l'Espagnol, se créer des partisans en France et chercher grâce à eux à amener le gouvernement de Paris à se montrer raisonnable… »

Richelieu sait qu'il concentre sur sa personne la haine de si nombreux Grands du royaume que certains d'entre eux n'hésiteraient pas à ranimer une guerre intérieure, dussent-ils ainsi faire perdre au royaume de France la guerre extérieure.

Il se souvient de la tentative d'assassinat imaginée par le duc de Vendôme.

Il n'est pas surpris d'apprendre que le comte de Soissons, le duc de Guise, le duc de Bouillon, avec le soutien de Charles IV de Lorraine, se sont réunis à Sedan, principauté souveraine du duc de Bouillon.

Et leur rancœur, leur amertume, leur jalousie, leur haine sont telles qu'ils lèvent une armée de trois mille hommes.

Ils marchent ou chevauchent vers Paris, avec au bras un brassard blanc pour affirmer qu'ils sont partisans du roi, et qu'ils ne se dressent que contre son ministre, l'« infernal Cardinal ».

Il faut les arrêter, envoyer contre eux l'armée du maréchal de Châtillon.

Les deux armées se rencontrent en avant de Sedan, près du village de Chaumont, et du bois de la Marfée.

Les troupes des Grands battent l'armée royale.

« Mais le ciel a équilibré et fait contrepoids à la victoire du comte de Soissons, en lui faisant perdre la vie. »

Richelieu lit distraitement les récits de la mort du comte de Soissons. Selon les uns, le comte a été tué de plusieurs balles, qui lui ont déchiré le visage, arraché l'œil, fracassé le crâne.

Pour d'autres, il s'est involontairement blessé en relevant son casque, son pistolet en main.

Certains imaginent qu'un espion de Richelieu a

attendu l'occasion propice pour sortir des rangs de la troupe et tirer à bout portant sur le comte de Soissons.

Laissons dire, et ne transformons pas le comte de Soissons en martyr.

Richelieu s'efforce de convaincre Louis XIII de ne point engager un procès posthume contre le comte.

Et il est apaisé quand il obtient du roi l'autorisation de faire inhumer dans la sépulture des Soissons le corps du comte. Il ne faut pas que le royaume se déchire.

Et Richelieu médite la lettre qu'il a reçue du père Carré, son informateur :

« Si M. le comte n'avait pas été tué, il eût été bien reçu de la moitié de Paris, écrit le jésuite.

« C'est le sentiment commun de tout le monde et que toute la France se fût jointe à lui, à cause du sol pour livre et autres vexations que les "partisans" font au peuple qui est très mécontent. »

Richelieu ne l'ignore pas.

Et c'est parce que le champ tout entier peut s'enflammer qu'il veut être impitoyable avec ceux qui brandissent des torches.

Et l'obéissance doit être absolue quand on est chargé de titre et de commandement. Et le châtiment doit être à la mesure de la responsabilité qu'on occupe.

Richelieu examine le cas de l'un de ses fidèles, Saint-Preuil, qu'il a nommé gouverneur d'Arras. Et qui vient d'exterminer la garnison espagnole de Bapaume, alors qu'elle avait obtenu une promesse de sauvegarde, si elle capitulait.

Saint-Preuil a violé la parole donnée par le roi.

Et comme gouverneur d'Arras il est accusé d'avoir

fait mourir un meunier dont il avait enlevé la femme !
Il est condamné à avoir la tête tranchée.

Son défenseur clame que « le moindre de ses services est suffisant pour effacer le plus grand de ses crimes ». En vain.

Saint-Preuil écrit à Richelieu :

« J'emporte avec moi la satisfaction que j'ai été, comme je suis à la mort, sans condition et sans fin, Monseigneur, votre humble, très obéissant et très obligé serviteur et créature, Saint-Preuil. Ce 8 novembre 1641. »

Richelieu admet « que ce gentilhomme a cet avantage qu'il a été regretté du roi et de Son Éminence… Comme sa vie a été d'un vrai et courageux soldat, on peut dire avec vérité que sa mort a été d'un parfait chrétien ».

Et Richelieu ajoute qu'il « eût fait de grandes distances pour sa grâce, si les considérations de l'État ne prévalaient toujours en lui sur les affections particulières ».

L'État d'abord.

37

Richelieu tend son bras, serre le poing, ne détourne pas les yeux.

Le médecin approche son stylet, perce l'abcès et la douleur est si vive que Richelieu a l'impression qu'on lui enfonce une dague dans le cœur.

Il se raidit. Il ne mourra pas, pas encore.

Il veut parcourir toute cette année 1642, celle de ses cinquante-sept ans. Et aller au-delà.

Il ne cherche pas à repousser cette pensée qui l'habite depuis quelques semaines : il veut survivre au roi.

Dieu décidera, mais l'intérêt de l'État, de la dynastie, exige que Louis XIII soit entouré de serviteurs dévoués, corps et âme, à l'État. Le roi est sacré, mais seul il ne peut rien.

Richelieu ferme les yeux. La lame ne s'enfonce plus mais la douleur demeure toujours aussi brûlante, fichée dans l'abcès, dans le cœur. C'est qu'il doute de la volonté du roi. Il a même la certitude que, pour la première fois, Louis XIII, en dépit de toutes les phrases pleines d'affection, veut chasser son ministre, qu'il confie à ses proches, à son favori le marquis de

Cinq-Mars, qu'il est las de la tutelle de l'« infernal Cardinal ».

Richelieu rouvre les yeux. Le médecin s'est retiré. Debout près du lit, se tiennent ses secrétaires d'État fidèles, Chavigny, Sublet de Noyers, et Mazarin qui, enfin, le 16 décembre 1641, a reçu son chapeau de cardinal.

« Ceux-là sont mes yeux, mes oreilles, mes mains. »

Ils dirigent une meute d'espions, qui suivent pas à pas Cinq-Mars et Monsieur frère du roi. Ils se sont glissés dans les Maisons des Grands, et d'abord dans celle de la reine Anne d'Autriche. Ils soudoient femmes de chambre, suivantes, domestiques. Ils ont des affidés dans l'entourage du duc de Bouillon, du duc de Guise, du duc de Vendôme et de ses deux fils, les ducs de Beaufort et de Mercœur.

Et ils s'attachent aux pas du marquis Louis d'Astarac de Fontrailles, un bossu, qui hante les antichambres, âme damnée du parti dévot, homme qui suscite le mépris, et Richelieu se souvient de l'avoir chassé, en le cinglant d'une phrase qui a fait courber plus encore M. de Fontrailles : « Rangez-vous, monsieur de Fontrailles, ne vous montrez point, j'attends un ambassadeur qui n'aime pas voir les monstres. »

Et il y a aussi ce conseiller au parlement de Paris, puis conseiller d'État, de bonne noblesse de robe, François-Auguste de Thou, qui sert de courrier à son ami le marquis de Cinq-Mars et qui court les routes de France, pour rencontrer Gaston d'Orléans, la reine Anne d'Autriche, le duc de Bouillon et le duc de Vendôme. On le suit de Sedan à Narbonne.

Tout ce monde-là voudrait toujours qu'on en finisse de la guerre avec l'Espagne. La condition nécessaire et la conséquence attendue en seraient le départ de Richelieu, le triomphe du parti dévot, et surtout la prise du pouvoir.

Richelieu sait que l'on est prêt à l'assassiner. Et il doute des sentiments du roi.

Tous les espions le confirment.

Le roi se plaint, geint non pas seulement de cette maladie qui tord ses entrailles et le consume, mais de la tutelle du Cardinal.

Un espion a assuré que Louis XIII s'est confié à M. de Cinq-Mars et à Gaston d'Orléans.

« Le roi les a invités à être les ennemis de M. le Cardinal en leur disant qu'il ne disposait plus de rien et qu'il serait heureux s'il pouvait être délivré de cette servitude. »

Richelieu, soulevant lentement son bras, veut écarter ces propos.

Il connaît le roi depuis plus de deux décennies. Louis XIII a rechigné, hésité, maugréé, mais ne l'a jamais abandonné. Qu'on se souvienne qu'il a exilé la reine mère, préférant choisir, contre elle, son ministre.

Le bras de Richelieu retombe.

En sera-t-il toujours ainsi ?

Les ambassadeurs vénitiens se sont confiés, dit Mazarin. Ils soutiennent la politique de M. le cardinal de Richelieu. Or le roi s'est montré las de la guerre contre l'Espagne.

« La guerre, a-t-il dit, est le plus grand tourment des princes. »

Il a déploré les effusions de sang, les périls, les pertes et les échecs, la misère de ses peuples, leurs révoltes.

« Bref, les victoires, les défaites n'aboutissent

toutes également qu'à la destruction des peuples, à la désolation des pays et à des calamités déplorables qui ne peuvent que déplaire aux princes justes et qui me déplaisent à moi seul qui ne désire rien d'autre que le repos public. »

« À moi seul », répète Richelieu.

Le roi a-t-il bien prononcé ces mots ? Mazarin les répète. L'ambassadeur vénitien les a certifiés ajoutant même que le roi avait parlé avec beaucoup d'amertume. Cela signifierait donc qu'il condamne la politique de son ministre.

Et qu'il a rallié le parti des ennemis du Cardinal.

Mais peut-être n'est-ce que l'une de ses sautes d'humeur ? Au moment du choix crucial, il choisira son ministre. Comme il l'a toujours fait. Richelieu dévisage lentement Chavigny, Sublet de Noyers, Mazarin.

Il faut être sur ses gardes, aux aguets. Il faut s'attacher aux pas de tous ceux qui intriguent, dans l'entourage du roi, de la reine, des Grands. Il faut s'emparer des missives et les déchiffrer.

Il faut que ces conjurés s'avancent persuadés qu'ils ne sont pas découverts. Et il faut les démasquer au moment où ils s'apprêtent à agir.

Et il faudra être impitoyable.

Car ils trahissent l'État, le royaume, la dynastie.

Il n'est pas d'autre mot que celui de « trahison » puisque la guerre continue, que les flottes françaises se rassemblent devant Barcelone, que le siège de Perpignan a commencé. Que Richelieu écrit au maréchal de La Meilleraye :

« Quand Perpignan sera rendu, ce que je crois maintenant indubitable, ma joie sera indicible. Une fois

Perpignan aux mains du roi, il faudra encore s'emparer de Salces et délivrer le Roussillon de tous les Espagnols qui s'y trouvent. »

Mais alors que s'annonce la victoire dans la guerre extérieure, les conjurés se réunissent au château de Saint-Germain dans les appartements de Monsieur le Grand. Et autour de Cinq-Mars, il y a Monsieur frère du roi, le duc de Bouillon, M. de Thou et le marquis de Fontrailles, ce bossu monstrueux.

Ils se rencontrent aussi, place Royale, à l'hôtel de Venise.

Les espions suivent M. de Fontrailles, qui franchit les Pyrénées, rencontre les proches de Philippe IV roi d'Espagne, revient en changeant plusieurs fois d'itinéraire.

Sans doute est-il porteur d'un projet d'entente, d'accord, voire de traité, entre les conjurés et l'Espagne.

Ces hommes-là, dans leur haine et leur ambition, sont prêts à tout. On a suivi dans les Cévennes un M. de Chavanhac, chargé par Cinq-Mars de soulever les huguenots, afin de ranimer la guerre de Religion, à laquelle Chavanhac a participé autrefois.

Trahison de l'État !

Ceux-là, Richelieu le sait, sont si profondément engagés dans la conjuration, qu'ils sont prêts à le tuer ! C'est même le but de leur cabale.

Richelieu, au fur et à mesure que les rapports de ses espions lui en déroulent les fils, découvre l'ampleur de la conspiration. Gaston d'Orléans réclame au roi d'Espagne des centaines de milliers d'écus, une armée de près de vingt mille hommes, dont six mille cavaliers, une rente annuelle, et en échange promet l'abandon des alliances de la France avec les puissances hérétiques, Suédois et princes allemands !

Est-il possible que Louis XIII accepte une telle soumission à l'adversaire ?

Mais Richelieu l'apprend, le roi est affaibli par la maladie, son humeur oscille entre l'amertume et la mélancolie.

Et Richelieu lui-même doit faire un effort démesuré pour surmonter la maladie, les fièvres, l'infection.

Et cependant, en dépit de ces corps malades, il faut quitter Paris pour se rendre en Roussillon, là où les armées royales assiègent Perpignan.

Richelieu est anxieux. Il ne chemine pas aux côtés du roi. Chacun a son cortège, et l'on ne doit se retrouver qu'à Lyon puis à Narbonne.

Et cela laisse le temps à ses ennemis de préparer son assassinat. Il connaît le nom des officiers des gardes du roi, prêts à obéir à M. le Grand Écuyer, et d'autant plus facilement que Cinq-Mars prétend agir au nom du roi.

Et comment ces officiers – Tréville, La Salle, des Essarts, Tilladet – pourraient-ils en douter, puisque Monsieur le Grand est le favori du roi ?

« Le premier péril que je connus en ce voyage, confiera Richelieu, fut d'être tué dans Lyon, sans que j'eusse pu me garantir si Dieu n'eût arrêté quelques-uns de ceux qui étaient dans cette conspiration. »

Gaston d'Orléans, une nouvelle fois, s'est dérobé au moment suprême.

« Le deuxième dessein que ce démon infernal fit fut

de me faire tuer dans Narbonne, dans mon lit, dessein d'autant plus détestable qu'il l'autorisait au nom du roi dans l'esprit de ceux qu'il rendait ses complices en leur faisant croire méchamment et faussement que le roi serait bien aise d'être défait de moi. »

Si cela était ?

Si le roi en avait décidé ainsi, à tout le moins de laisser faire les assassins ?

Richelieu est taraudé par l'angoisse, quand il apprend que Louis XIII, malade, a repris la route de Paris, et qu'il est ainsi sous l'influence des conjurés.

Il faut partir à sa suite, le rejoindre, et une fois de plus contraindre le roi à choisir entre son favori et son ministre.

Mais un coup de dague peut mettre fin au redressement et à la gloire du royaume.

Le 23 mai 1642, Richelieu dicte son testament.

Il précise :

« On est très certain qu'on attaque mon innocence, ne rien dire est donner les moyens aux méchants de venir à leurs fins. »

Il faut parler fort au roi :

« Si Dieu eût appelé le Cardinal, Votre Majesté eût expérimenté ce qu'elle eût perdu. Ce serait bien pis si vous le perdiez par vous-même, vu que le perdant ainsi, Votre Majesté perdrait toute la créance que l'on a en elle. »

Que le roi choisisse !

Richelieu a la main qui tremble quand il décachette le pli que Chavigny vient de lui remettre.

C'est le moment crucial de sa vie.

Il déplie la missive.

Voilà la copie du traité qui a été conclu entre Philippe IV roi d'Espagne, Gaston d'Orléans et les conjurés.

Le roi, devant cette preuve de la trahison de Cinq-Mars, et des Grands, celle renouvelée de son propre frère, devra choisir.

Richelieu serre le poignet de Chavigny. Nul besoin de demander comment le secrétaire d'État s'est procuré ce traité.

La reine Anne d'Autriche est une femme à l'esprit aiguisé.

Elle a craint qu'on ne la privât de ses deux fils, qu'on la renvoyât en Espagne puisque les conjurés l'avaient avertie de leurs projets, et qu'elle les avait par son silence confortés dans leur résolution.

Elle avait eu connaissance du traité avec l'Espagne.

Elle le livrait à Richelieu.

Elle pensait à la mort du roi, à la régence, à l'appui de Richelieu dont elle aurait besoin.

Elle signait, en confiant ce traité à Richelieu, la condamnation des conjurés.

« Elle entend lier sa fortune à celle de M. le Cardinal, dit Chavigny à Richelieu. Elle sait bien que Votre Éminence sera elle aussi de son côté et ne l'abandonnera point. »

Richelieu relit le texte du traité.

Il murmure :

« Ô Dieu, il faut que Tu aies bien soin de ce royaume et de ma personne. »

Il prie quelques instants puis commande :

« Lisez cela et faites-en des copies. »

Il charge Chavigny et Noyers de les porter au roi, et

d'obtenir – et d'exiger – l'arrestation de Cinq-Mars et des conjurés.

Richelieu écoute le récit de cette entrevue entre ses secrétaires d'État et le roi.

Le roi est malade, disent-ils. Il est allongé sur un matelas qu'on a placé dans son carrosse.

« Il endure d'étranges douleurs dans les intestins à cause de l'ardeur et de l'acrimonie des humeurs qu'elle vide depuis deux jours. »

Le roi, quand il lit le texte, est abattu, désemparé. Il s'est même interrogé sur la juste transcription des noms.

Monsieur le Grand, est-ce possible ?

« Le roi s'est trouvé mal toute la nuit et sur les deux heures, Sa Majesté a pris médecine puis après elle a dormi deux heures et elle m'a dit quel saut a fait Monsieur le Grand, et cela deux ou trois fois de suite... »

Enfin le 12 juin, le roi a signé les ordres d'arrestation de Cinq-Mars et de De Thou.

« J'estime le plus tôt que Mgr le cardinal Mazarin pourrait venir ici serait le meilleur, écrit Chavigny, car en vérité je reconnais que Sa Majesté a besoin de consolation et qu'elle a le cœur fort serré. »

Richelieu baisse la tête.

Il a toute confiance en Mazarin.

Il a gagné.

38

Richelieu n'éprouve aucune joie à triompher.

La vie est harassante. Et les hommes sont si lâches, si souvent.

Monsieur frère du roi proteste d'abord avec hauteur de son innocence. Puis, averti qu'on dispose des preuves de sa trahison, il révèle tout ce qu'il sait et accable donc Cinq-Mars et de Thou.

Mais une fois de plus sa lâcheté et sa situation le sauvent. On ne peut pas toucher un cheveu de la tête du frère du roi.

« Pour mon frère, dit Louis XIII, s'il me découvre tout ce qu'il sait sans réserve, il recevra les effets de ma bonté, comme il en a déjà reçu plusieurs fois dans le passé. »

Richelieu prend acte de l'attitude du roi : Louis XIII a sauvé Gaston d'Orléans mais il a donné les ordres nécessaires au démantèlement de la conjuration.

Richelieu pourtant ne peut être satisfait.

Le ressentiment, l'amertume l'emportent.

Alors qu'il s'apprête à quitter Narbonne, pour remonter la vallée du Rhône, afin de rencontrer le oi à Tarascon, on l'avertit qu'il y a des risques qu'il oit arrêté à Narbonne, sur ordre du roi.

Il quitte aussitôt la ville.

Il est épuisé. Les médecins ne cessent d'inciser 'abcès qui ne guérit pas, continue de creuser son ras droit.

Quant au roi, il n'est pas en meilleure santé.

Richelieu lit lentement la lettre que lui adresse Noyers, qui voyage aux côtés du roi :

« En vérité la quantité de médecine qu'on lui donne accable la douleur naturelle... Mais la purgation que le roi prit hier lui ayant fait jeter quantité d'humeurs mordicantes, Sa Majesté en est restée grandement incommodée aux hémorroïdes. »

Richelieu lorsqu'il retrouve le souverain à Tarascon ne ressent ni compassion, ni indulgence.

Ils sont allongés côte à côte dans deux lits proches.

Richelieu a voulu que les secrétaires d'État Chavigny et Noyers assistent à l'entrevue, ce 28 juin 1642.

Il ne veut plus rien céder à Louis XIII.

Il refuse de rentrer avec lui à Paris, bien que le roi « pleure à chaudes larmes ».

Il exige d'obtenir les pleins pouvoirs afin d'organiser à sa guise le tribunal qui jugera Cinq-Mars et de Thou.

Lorsqu'il quitte le roi, il charge Chavigny et Noyers de continuer à harceler Louis XIII, afin d'obtenir de lui une condamnation sans réserve de Monsieur le Grand, son favori tant aimé.

Louis XIII cède enfin et, dans une lettre du 6 août 1642, se montre impitoyable. Cinq-Mars n'est plus qu'un imposteur, qu'un calomniateur, qui a voulu échauffer le roi contre « son cousin le cardinal de Richelieu ».

« Ce que j'ai souffert quand ses mauvais offices demeuraient dans les bornes de la modération. Mais quand il a passé jusqu'à cette extrémité de me proposer de me défaire de mondit cousin et de s'offrir à le faire, j'ai eu en horreur ses mauvaises pensées et les ai détestées, en sorte que n'ayant trouvé son compte avec moi dans l'approbation de ses méchants desseins, il se serait lié au roi d'Espagne contre ma personne et mon État, par désespoir de ne pouvoir emporter ce qu'il désirait. »

Cette lettre, que Richelieu lit et relit, lui paraît aussi accablante pour le roi que pour Cinq-Mars.

Il faut maintenant que la hache du bourreau tombe sur le cou de Cinq-Mars et de De Thou.

Richelieu apprend alors qu'il gagne Lyon, allongé sur une litière, que Cinq-Mars a tenté de s'évader. Il donne l'ordre qu'on le transfère sous bonne garde à Lyon où il sera jugé.

De Thou, lui, suit le cortège du Cardinal qui à partir de Viviers voyage en bateau aménagé pour recevoir sa litière.

À l'étape, on porte Richelieu jusqu'aux demeures où il doit loger. On brise les croisées des fenêtres, on repousse les pierres de taille pour qu'on puisse faire passer le lit, par un pont de bois, de la rue à la maison.

Le procès à Lyon s'ouvre alors que Perpignan vient de capituler le 9 septembre.

Richelieu en reçoit la nouvelle sans éprouver de la joie.

C'est une tâche ardue qui s'achève.

Il faut que le procès contre Cinq-Mars et de Thou soit aussi implacable qu'une reddition.

Il fait menacer Cinq-Mars de la torture, afin qu'il avoue, accable de Thou, auquel on a fait croire que Cinq-Mars a déjà livré tous les secrets de la conspiration, ce qui est faux.

Et de Thou sera contraint d'avouer puisque Cinq-Mars l'a fait.

Le piège s'est refermé.

À l'unanimité, Cinq-Mars est condamné à mort, de Thou l'est aussi mais à l'unanimité moins deux voix.

Richelieu lorsqu'il apprend la double condamnation se redresse, murmure d'une voix éteinte :

« Me voilà délivré d'un pesant fardeau. »

Puis tout à coup il s'exclame :

« Ils n'ont point de bourreau ! »

Et il veut que l'on n'attende pas pour trancher les têtes.

Il faut qu'elles tombent dans l'après-midi même du jour du jugement le 12 septembre 1642.

Il veut qu'on lui fasse le récit de l'exécution sur la place des Terreaux.

Une foule immense s'est rassemblée. Les condamnés doivent poser la tête sur le sommet d'un poteau, et pour cela s'agenouiller sur une banquette.

Le bourreau n'est qu'un remplaçant payé cent écus. Le titulaire de la charge est malade.

Cinq-Mars descend du carrosse qui a conduit jusqu'au pied de l'échafaud les deux condamnés.

De Thou reste dans la voiture dont on referme les portes afin qu'il ne voie pas l'exécution.

Une boucherie. La tête n'est pas tranchée par le premier coup. Le bourreau doit scier les trachées et les deux carotides. Le sort de De Thou est pire encore. Plusieurs coups n'y suffisent pas. La foule insulte le bourreau, qui donne cinq coups pour que la tête roule enfin.

Richelieu a écouté ces récits avec attention, les yeux clos.

« Monsieur le Grand, murmure-t-il, est mort avec constance et quelque affectation de mépriser la mort, il a porté son humeur hautaine jusque sur l'échafaud. M. de Thou est mort avec plus d'inquiétude, grande dévotion et grande humilité. »

Il l'a emporté.

Plus aucun favori ne viendra s'opposer à son pouvoir. Il écrit à Noyers qui va s'inspirer de sa lettre pour parler à Louis XIII. Et il pèse chaque mot, car il veut que le roi mesure la situation nouvelle en laquelle chacun d'eux se trouve :

« J'ai tant de choses à vous écrire, que je ne saurais le faire, commence Richelieu. Ces trois mots vous apprendront que Perpignan est aux mains du roi et que Monsieur le Grand et M. de Thou sont en l'autre monde où je prie Dieu qu'ils soient heureux. Je vous dirai davantage une autre fois. »

Et Noyers répond :

« Sa Majesté ne me parut point affligée, lorsque je lui dis la nouvelle de la mort de Monsieur le Grand et de M. de Thou, seulement elle a témoigné d'impatience de savoir s'ils sont morts chrétiennement. »

Il n'est pas pressé de revoir ce roi qu'il a tant servi, auquel il a voué toute sa vie, et dont il a si souvent avec angoisse attendu les décisions et guetté les changements d'humeur.

Ce temps est fini.

Il lit avec indifférence les lettres de Chavigny, qui est auprès du roi :

« Sa Majesté a été ravie d'apprendre par moi des nouvelles de la santé de monseigneur et de la passion qu'il a de le voir. Sa Majesté en témoigne une impatience qui n'est pas imaginable. Elle m'a dit ce matin étant de la meilleure humeur où je l'ai vue depuis un an : "Vous voyez la joie que me donne l'arrivée de M. le Cardinal. Je ne pourrais plus vivre sans être avec lui." »

Alors, que le roi cède, qu'il accepte de renvoyer ce M. de Tréville, capitaine des mousquetaires à cheval et autres officiers des gardes du roi.

Mais le 13 novembre 1642, Chavigny écrit :

« L'esprit du roi est toujours dans la même disposition. Il connaît qu'il ne peut éviter de faire ce qu'on lui demande et a d'extrêmes peines à s'y résoudre. »

Mais il faudra bien qu'il s'exécute.

À la fin du mois de novembre, Richelieu peut enfin signer la décision d'éloignement du roi de quatre officiers. C'est la première fois depuis longtemps qu'il peut écrire, son abcès au bras ayant enfin séché.

Il a le sentiment d'avoir franchi, en cette année 1642, les plus grands obstacles qu'il ait rencontrés tout au long de sa vie.

Mais le roi a plié.

La reine Anne d'Autriche est devenue une alliée.

Et la reine mère, Marie de Médicis, est morte le 3 juillet. Tout va bien. La conquête du Roussillon est achevée. Les alliés suédois l'ont emporté contre les Impériaux à Breitenfeld le 2 novembre.

Une négociation de paix va s'ouvrir à Münster et à Osnabrück.

Tout va bien.

Mais dans la nuit du vendredi 28 novembre 1642, une violente douleur au côté droit force Richelieu à se recroqueviller, comme si la pointe d'une épée venait de s'enfoncer dans son flanc.

39

Richelieu connaît la maladie.

Il a vécu avec la souffrance et il croit d'abord qu'il saura une nouvelle fois la contenir, la refouler et reprendre ce chemin douloureux qu'est la vie.

Il continue donc de travailler, de dicter, de recevoir Chavigny, Noyers, Mazarin.

Il apprécie à chaque instant davantage l'intelligence et l'habileté, la courtoisie et l'affabilité de ce jeune cardinal italien qui, sous le velours et la soie des sourires, cache une résolution et une détermination sans faille.

Il faut que Mazarin soit, « si la mort vient », le principal ministre du roi, le chef du Conseil.

Cette pensée envahit Richelieu.

« Si la mort vient… »

Elle est là. Il la sent qui s'insinue rapidement, comme une eau pourrie, nauséabonde, dans toutes les parties de son corps.

Le lundi 1er décembre, il ne peut plus se lever et la fièvre tout à coup le brûle comme jamais.

Il travaille encore, mais il suffit de quelques minutes pour que sa pensée se brouille.

Il lui faut faire un effort démesuré pour, de la main, demander à un secrétaire de se pencher, parce qu'il ne peut plus que murmurer.

Il veut ajouter quelques phrases à son testament, afin que le partage de ses biens ne désavantage aucun de ses héritiers.

Le roi vient deux fois.

Il faut trouver la force nécessaire pour lui transmettre encore des avis, lui dresser l'état de la politique du royaume.

Mais tout ce qui fut la vie s'éloigne si vite !

Richelieu demande le mardi 2 décembre que le curé de Saint-Eustache lui administre l'extrême-onction.

Il murmure quand le curé l'invite à pardonner à ses ennemis, qu'il n'en eut jamais de personnels, qu'ils furent seulement les ennemis de l'État.

Sa voix se fait plus faible encore.

Il demande à sa nièce Mme d'Aiguillon, qui se tient à côté du lit, qui s'afflige, qu'il a fallu saigner deux fois tant sa douleur est grande, de sortir. Il ne veut point qu'elle assiste à son agonie.

« Vous avez une trop grande tendresse, lui dit-il. Souvenez-vous que je vous ai toujours aimée et estimée plus que personne, et retirez-vous, car il ne serait pas à propos que... »

Il ne dit pas les derniers mots, mais chacun comprend qu'il ne veut pas que Mme d'Aiguillon le voie expirer.

Il ne se plaint pas. Il ne pleure ni ne se lamente.

Le jeudi 4 décembre, dans la matinée, alors qu'il semble aller mieux, et que sa nièce toujours présente 'assure qu'une religieuse a eu une vision – le Cardinal ne mourrait pas de cette maladie-là –, il dit encore : « Croyez-moi, il n'y a point de vérités qu'en l'Évangile, c'est à celles-là seules qu'il faut croire... »

On lui administre un remède, ce 4 décembre, apporté par un apothicaire de Troyes, fort savant en médecine. La mixture pour quelques heures apporte un soulagement, une espérance. Mais à compter de midi, ce jeudi 4 décembre, la conscience s'émiette, s'efface et la mort enveloppe et étouffe le vif.

Le lendemain du décès, le vendredi 5 décembre 1642 donc, l'ambassadeur vénitien Giustiniani écrit : « En présence de la mort, le cardinal de Richelieu a manifesté des sentiments de véritable piété et une constante fermeté d'esprit digne du haut degré des éminentes qualités qui l'ont rendu supérieur pendant son ministère à tous les exemples donnés par les hommes d'État du passé... »

Certains témoins assurent que le roi ne vit le Cardinal qu'un peu avant qu'il mourût, et « l'ayant trouvé fort mal, en sortit fort gai ».

D'autres affirment « que le roi a agi de si bonne sorte en la maladie et la mort de M. le Cardinal qu'il en a été admiré de tout le monde... Mais en son âme il en était fort aise et fut ravi d'en être défait, il ne le nia point à ses familiers... »

Quatre jours durant le peuple de Paris défile devant le corps de Richelieu exposé en habit de cardinal avec la chape et le bonnet de pourpre.

Au pied du lit recouvert de brocart la couronne de duc et le manteau ducal, et sur une crédence, une croix d'argent autour de laquelle brillent les cierges dans des chandeliers d'argent.

Assis au chevet sur une chaise, M. de Bar, capitaine des gardes de Son Éminence.

À droite et à gauche, des religieux des divers ordres psalmodient.

C'est le 13 décembre 1642, à la nuit tombée, que le cercueil posé sur un char, entouré de pages portant des flambeaux, se dirige vers la petite chapelle de la Sorbonne.

L'église destinée à recevoir le tombeau de Richelieu, commencée en 1636 à la demande du Cardinal, n'est pas achevée.

Les six chevaux qui tirent le char sont houssés de noir et de blanc.

Au-dessus du char est dressé un grand poêle de velours noir, croisé de satin blanc aux armes de Son Éminence.

Dans l'église, le curé de Saint-Eustache, M. Le Tonnelier, commence un discours en latin. Il rappelle que le Cardinal au moment où on lui a présenté le saint sacrement a dit :

« Voilà mon juge qui me jugera bientôt : je le prie de bon cœur qu'il me condamne si j'ai eu autre intention que le bien de la religion et de l'État. »

Tout à coup le curé terrassé par la vieillesse et l'émotion s'évanouit, et on est obligé de le porter derrière le chœur.

Le roi, le 9 décembre, avait confié aux ambassadeurs :

« Je ressens très vivement, comme vous le voyez, la mort du Cardinal. Je veux être constant et ferme dans les maximes et les avis du susdit seigneur Cardinal, car je veux que toutes choses restent comme elles sont, sans les modifier. Je veux me servir des mêmes ministres et comme le cardinal de Mazarin est plus que tout autre au courant des projets et des maximes du susdit Cardinal, j'ai voulu l'agréger à mon Conseil… »

Le défunt cardinal Armand Jean du Plessis de Richelieu semble régner après sa mort.

ÉPILOGUE

1643

« Je vois mes forces
qui commencent à diminuer,
j'ai demandé à Dieu cette nuit,
que si c'était Sa Volonté
de disposer de moi, je suppliais
Sa Divine Majesté d'abréger
la longueur de ma maladie. »

Louis XIII,
dimanche 19 avril 1643

Le 21 février 1643, « le roi est tombé malade d'une longue et mortelle maladie. Une espèce de dysenterie avec des accès de fièvre ».

Pour une seule année, il avait avalé deux cent douze purgatifs et subi deux cent quinze lavements et avait dû supporter une cinquantaine de saignées. À la fin mars, une légère amélioration se fait sentir, mais elle est de courte durée.

Le dimanche 19 avril, le roi dit à son médecin Bouvard :

« Vous savez qu'il y a longtemps que j'ai mauvaise opinion de cette maladie… Je vois bien qu'il faut mourir. »

Il fait ouvrir les fenêtres du château de Saint-Germain. Il aperçoit au loin la basilique de Saint-Denis :

« Voilà ma dernière maison où je me prépare pour aller gaiement. »

Il sait maintenant qu'il lui faut organiser ici-bas son départ et le gouvernement du royaume. Il veut être Louis le Juste, ne pas prendre le risque de laisser derrière lui un innocent puni. Car bientôt il comparaîtra devant Dieu.

Les exilés sont autorisés à regagner le royaume.

Les prisonniers sortent de la Bastille.

Il se réconcilie avec Monsieur, son frère, et lui dit :

« Je suis disposé à vous accueillir non comme votre roi mais comme votre père, votre frère et votre bon ami. »

Et il accepte, après une nouvelle bénédiction nuptiale, de reconnaître le mariage de Gaston d'Orléans avec la princesse de Lorraine.

Quand la mort l'aura emporté, il veut qu'Anne d'Autriche soit la régente du royaume. Le cardinal de Mazarin sera chef du Conseil, et Gaston d'Orléans, lieutenant général du roi mineur.

Le 21 avril, le jeune Dauphin est baptisé, tenu sur les fonts par le cardinal Mazarin et la princesse de Condé.

Le Parlement enregistre ces décisions.

Louis XIII ne veut pas que son esprit soit détourné de ses actes de piété qui préparent la rencontre avec Dieu, et le jugement du Seigneur.

Et cependant, les Grands – le maréchal de La Meilleraye, Gaston d'Orléans, le prince de Condé, le duc de Vendôme et ses fils – s'épient, redoutent d'être victimes de l'un ou de l'autre, ne paraissent plus à la Cour qu'entourés de cavaliers, de fidèles, la main sur le pommeau de leurs épées.

Mazarin les observe, craint le retour de ces guerres civiles, ces « frondes » qui opposent les Grands au roi, maintenant que Richelieu s'en est allé, que le roi agonise, et que le souverain est un enfant de cinq ans, guidé par une reine espagnole, Anne d'Autriche, et un prélat italien, Giulio Mazarini !

Mais le roi n'a plus la force que de prier.

Fièvre accablante. Entrailles ulcérées.

« Abondante évacuation de matières et d'un très gros ver vivant… Samedi matin il a rejeté par la bouche un autre ver et c'est une chose horrible et un mémorable exemple de l'humaine misère que de voir le premier et le plus puissant roi de la chrétienté transformé en cadavre avant sa mort, devenu un lieu de pourriture et un sépulcre pour les vers. Les respirations du roi ne sont plus que des spasmes d'agonie et il n'y a plus absolument aucune espérance de vie… »

La chambre du roi est envahie.

On se lamente. On pleure. On prie.

« Mon Dieu, recevez-moi à miséricorde, dit le roi. Prions Dieu. »

« Il jeta le dernier soupir à deux heures trois quarts après midi, le jeudi quatorzième de mai 1643. »

Après avoir été exposé trois jours durant au château de Saint-Germain, le corps de Louis XIII est, sans solennité et sans cérémonie, porté en la basilique de Saint-Denis.

Louis le Juste, pleuré par son peuple, n'a pas voulu, dit-on, d'obsèques royales qui auraient coûté trois millions de livres.

Et une fois encore, il aurait fallu pressurer le peuple.

On raconte aussi qu'avant de mourir le roi a eu une vision.

Il a rêvé d'une difficile bataille livrée par le duc d'Enghien, le fils du prince de Condé.

À la fin, le duc d'Enghien l'a emporté.

Le 19 mai 1643, cinq jours après la mort du roi, et son rêve prémonitoire, le duc d'Enghien écrase l'infanterie espagnole à Rocroi.

On raconte encore que, après son baptême le 21 avril, le Dauphin a été conduit devant son père.

« Comment vous appelez-vous à présent ? », lui demande le roi.

« Je m'appelle Louis XIV, mon papa. »

« Pas encore, mon fils, reprend Louis XIII ; pas encore mais ce sera pour bientôt. »

Ce n'est qu'une fable de Cour, mais tout le monde la répète.

Table des matières

POCKET N° 16474

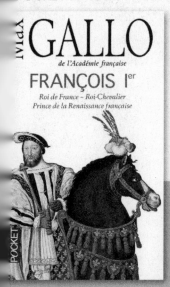

MAX **GALLO**
de l'Académie française

FRANÇOIS Ier

Roi de France – Roi-Chevalier
Prince de la Renaissance française

POCKET

« *Pour Max Gallo,
l'Histoire de France est
une seconde vie.* »

Jean-Marc Bastière
Le Figaro Littéraire

Max GALLO

FRANÇOIS Ier

Le 25 janvier 1515, François Ier est sacré roi de France à Reims. Dès le mois de septembre, à Marignan, il devient Roi-Chevalier, et n'a de cesse d'imposer son autorité face à ses puissants voisins, notamment Charles Quint, son éternel rival. Il voue une réelle passion aux arts, aussi bien la peinture que les lettres, et permet à la Renaissance italienne de s'épanouir dans son royaume. Protecteur de Léonard de Vinci, il commande des œuvres aux plus grands artistes. Roi bâtisseur, il agrandit le royaume tout en le parant de merveilles architecturales, comme Chambord ou Fontainebleau. Roi visionnaire, enfin, il repousse les frontières et construit les prémices de la centralisation. La France moderne est en passe de naître.

Retrouvez toute l'actualité de Pocket sur :

www.pocket.fr

Composition et mise en pages
Nord Compo à Villeneuve-d'Ascq

Imprimé en Espagne par
CPI
à Barcelone
en mars 2017

POCKET - 12, avenue d'Italie – 75627 Paris Cedex 13

Dépôt légal : mars 2017
S26825/01